會飲考
007

甜點的歷史

La Très Belle et très exquise Histoire des Gâteaux et des friandises

瑪格洛娜·圖桑－撒瑪（Maguelonne Toussaint-Samat）著
譚鍾瑜 譯

把我的一些東西獻給你

M·T·S·

序

「貪愛甜食」與「甜食」

法文的「gourmandise」（貪愛甜食；貪愛美食）指的是人對某些食物，特別是對呈現出甜味的食物感受到無可抵擋的誘惑。而這些食物本身亦稱作「gourmandises」或「douceurs」（甜食）。除了因大量含糖產生了在營養及能量價值上的好處以外，吃甜食在大多數人身上亦生出無比的悅樂。

「論到暴飲暴食：此乃失禮之舉，不僅有害健康，也損及食之樂趣。我貪婪地吃了多少東西：我常常咬到我的舌頭，有時還因匆忙而咬到手指。」

——米榭．德．蒙田，《隨筆》，一五九〇年

在食物史中我們並不知「貪愛甜食」這字於何時出現，也就是說在人類史中這像是一種突變，由對吃的單純需求脫軌而出，終結於完全受嗜甜食之欲的支配。一旦飽食的需要得到滿足，我們首先便屈服於那些比日常糧食更受喜愛的食物，這種選擇是奢侈飲食之首要。貪愛甜食也和人類的存在同樣古老，我們在西班牙瓦倫西亞附近的阿黑涅洞窟裡距今一萬兩千年前的壁畫和印度中部帕夏馬迪的石窟壁畫中可以觀賞到。帕夏馬迪的壁畫描繪著在懸崖峭壁上採集野蜜的危險舉動。我們勇敢的遠祖早就有一張貪愛甜食的嘴！（要注意高度演進的動物也是貪愛甜食的。）

當文明出現，人會想在龐大的集體盛宴中食用特殊的食物，意即稀有且誘人的食物，來突顯社會生活或宗教生活的重大時刻。通常來說，動物甚至是俘虜的血腥獻祭，就會構成這份十足特別菜單中的主要菜餚；祭司則藉由對其有保護及協助之恩的神祇獻上祭物來展開慶典。

在長期被禁止使用刀刃的女性這邊，女人生來就負有讓植物授粉、萌芽及結實的任務。她們以新近的收成或初次的收穫，植物性食物或乳製

品，盡可能地準備美味的供品，向相關神祇（向來為女神）祈求再一次的施恩。那麼，什麼是極其美味的味道？不就是最甜美、最誘人的甜味，蜂蜜的味道。

於是，用穀粉、牲畜的奶汁、樹木的果實以及蜂蜜，由已經是生活創造者的女性製作的糕點，就這樣成為女性的祭品。稍晚在糕點製作中加入了蛋，此乃重生的重要象徵。

一出生就喜愛甜味

一出生就喜愛甜味

我們將食物分為酸、苦、鹹、甜四類基本味覺。這些味覺感知的強弱因人而異，但自呱呱落地起，乳之甘味仍不可避免地對新生兒最具吸引力。這種愛好是天生，因為在羊水中，在母親的胎內即已獲得。甜味經由舌面及舌尖的「接收器」傳送至能鑑別其味的大腦。悅樂的概念由此和甜味連結在一起。

法語中甜點相關字彙的變遷

自一三二八年起，pâtisserie（糕點）起初指的是由混合了麵粉、水或鮮乳酪的麵團（pâte，由希臘文 pastê「和了麵粉的醬汁」而來）製作而成的食品，裡面包裹著切碎成糊狀的肉類、魚肉或水果，燒烤成餡餅。剛開始時糕點的寫法為 pastitzerie，然後變成 pasticerie，而製作餡餅的人也因此稱作 pasticier。昔日（到現在也一直如此），糕餅師傅專精於各類鹹甜餡餅、圓餡餅、奶油水果塔、蛋糕、點心及果醬的製作。直到法國大革命時期，他們的地位都被視為比廚師還高。其專業的工作場所為 office（從中世紀的拉丁文 officiare「擔任某種職務」而來），是與廚房相鄰之地。gâteau（蛋糕）這樣的現代寫法出現在路易十三在位期間。這位法國國王也是個貪愛美食的國王：在他還很年輕時，休閒活動便是在羅浮宮的廚房內全神貫注於烹製煎蛋、糕點及果醬。在前一個世紀，蛋糕的寫法還是 gasteau，是從中世紀早期的 wastels 轉變為 gastels（複數為 li gastiax）而來。其實，此字的始祖是查理曼時代混合了拉丁語及法蘭克語口語的「通俗羅曼語」wastellum，指的是所有濃稠的粥狀物。這也是說，在這個蠻族的時代中，可沒有什麼美味好享受。連希臘羅馬的精緻細膩也消逝在記憶中。

直到十四世紀，情況並無改變，沒有什麼精緻的東西。那時法國北部的歐伊勒語在 gasche 這字的意義上仍是混淆不清的。這字既是泥水工程中水和石膏的混合物，也是作麵團的麵粉調和物，由此變為 gastels。字彙和其指涉的食物，就是時代的見證。

friandise（甜點）這個字在十四世紀中葉才進入法語中，乃由 frilans 衍生而來，專指宮廷中的美味食物。這個字的語源來自動詞 frire（來自拉丁文的 frigere），frire 此時尚未有「在滾沸的油中烹煮」的意思，僅僅是「經由烹煮將水分除去」，然後是「燒烤」或「在鐵架上燒烤」。接著，friandise 在某段時期裡有表達「特別喜愛甜食的傾向」此意。不久以後則使用 gourmandise 這個字來表達此意，這字也另有極美味的菜餚之意。然而在另一方面，自文藝復興時期以後，friandise 的意思僅僅是一小塊糖果。

在中世紀，人一說到 gloutonnie（嘴饞），就如於一三九三年出版的《巴黎的家長》一書所說的，是個缺點。但蒙田在其《隨筆》以及哈伯雷在其《第四之書》中使用 gouliardise 是為了提及過份貪食的嘴。而後此字漸漸棄而不用，因為被 gourmandise 所取代。至於 gourmandise 這字像是……從天而降，而且當然是降落在餐桌上！十五世紀之初在好些著作中就可見到此字。另外值得一提的是，在五十年前說的是 gourmanderie。語言學家無法發現這字的字根。gourmand 這字似乎是法國的特異表達法，並不令人驚訝。根據吉侯的說法，與 gourmand 相似的 gourmet 應該是高盧—羅馬語的 gormu 的後裔，意指（可能如此！）「喉嚨」，為葡萄酒商僕從的綽號（約在一一〇〇年從此字生出 gromme，且在將來產生出英文的 groom）。常常混淆在一起的 gourmand 及 gourmet 在起初指的是貪婪吃喝之人。最後，自十七世紀初起，根據拉．布呂耶的說法，gourmand（或 friand）用於特別喜愛甜食之人的身上，而 gourmet 則用來稱呼鑑賞美食者。

若還有人稱貪愛美食為善良之人的罪惡的話，乃是為了機智地駁斥數個世紀以來，以七大罪為基礎的教育方式，貪愛美食為七大罪的第四名。這份令人憂鬱的單子可能是因為西元五世紀苦行僧（其中有知名的尚．卡湘）的掛慮而制定，所依據的則是使徒保羅的書信《加拉太書》第五章「肉體的情欲與聖靈相爭」，譴責無節制的飲食。然而自十七世紀以來，貪愛美食不再意謂著「暴飲暴食」，但是……對甜食的偏好呢？

「美食家……族群中的佼佼者，擁有吃得好、吃到心滿意足的天分：我們不會再看到一個能吃得這麼多且吃得那麼好的人；他還是佳餚的裁判，不大允許你對他反對的滋味產生興趣。」

——尚．德．拉．布呂耶，《有個性的人》

緊接著，在一個長期以男性為中心的世界裡，快速商業化的糕餅製作成為男性的領域，而各種文化裡的宗教或社會慶典傳統食物和家中點心則讓女性去照料。

「貪食之罪有二：一是吃了太豐盛的食物，二是貪婪且過分地提及飲食。暴飲暴食之罪乃是魔鬼之樂。」

——《巴黎的家長》，一三九三年

但從二十世紀以來，所謂技術的進步逐漸將糕餅產業變成像是兩大美食派系之間的小角落，一個在專業的行家以及慷慨大方的母親之間的角落。在新興的「市場學」的推動下，隨手可買的現成精緻甜點——糖果、巧克力、餅乾、果醬、冰淇淋及糕點——自此加入了家庭的日常生活中。

然而，許許多多男人和女人以閱讀烹飪刊物、雜誌、食譜來打發週日，也越來越受到食譜的鼓動而動手和麵。這或許指出了某種重回原點的普遍傾向。二十一世紀是否會是個熱愛甜食的世紀還不得而知。

AMANDINES
DE PROVENCE
BISCUITS
H. LALO
Dessert
Exquis

「藝術有五種。其中最大的是糕點製作。」

馬利－安東．卡漢姆

八十種主要糕點一覽

點　年　表

約西元十年	中世紀	十一及十二世紀	十三及十四世紀
阿庇修斯的什錦牛奶蛋糕／帕提那		布丁的始祖塔伊斯 蛋捲及鬆餅 麵餅 環形小餅乾 尼約勒	塔伊馮蘋果塔（酥麵團） 牛奶雞蛋烘餅 塔慕茲（三角乳酪餅）達里歐 聖路易的牛奶燉米 薩瓦蛋糕

一六五三年	一八六三年	一六九一年	一七二五年	一七三〇年
蘋果雞蛋圓餡餅 糕點奶油餡 杏仁蛋白餅蘋果「修頌」	可 頌	馬夏洛奶油夾烤蛋白 馬夏洛焦糖布丁	庫格洛夫	巴巴／蘭姆酒水果蛋糕

卡漢姆獨領風騷的時代及糕點的大眾化（十九世紀）

一八〇〇年	一八〇七年	一八一〇年	一八一四年
熱那亞蛋糕	蒙給／「做壞的」蛋糕 千層酥	皇后燉米	波維里耶的酥脆甜點 卡漢姆的冰慕斯

一八五一年	一八五二年	一八五五年	一八五七年	約一八六〇年	一八六四年
修女泡芙	里基約的油酥餅（油酥麵團）	馬拉可夫 熱那亞比斯吉	摩卡咖啡蛋糕及奶油餡	卡特—卡荷蛋糕	美女海倫煮梨

一八九四年	一八九六年	二十世紀以降	美好年代
梅爾巴水蜜桃	蘇載特可麗餅		漂浮之島蛋白球塔當蘋果塔 歌劇院蛋糕 莎巴女王 草莓鮮奶油蛋糕……

主　　要　　糕

古代

年代	糕點
約西元前一八〇〇年	亞伯拉罕的餅
約西元前一二五〇年	拉美西斯二世時期的棗椰夾心小麵包
約西元前四五〇年	佩里克雷斯時期的始祖乾果蛋糕
約西元前二〇〇年	卡托的普拉謙塔

年代	糕點
十五世紀	香料蛋糕 摺疊千層酥皮
一四六二年	維庸奶油酥餅 普波蘭 （泡芙麵團）

文藝復興時期

年代	糕點
十六世紀	杏仁奶油餡　攪奶油 布里歐許奶油圓球 蛋糕（發酵麵團） 主顯節國王蛋糕

波旁王朝時期

年代	糕點
一六五〇年	哈格諾的 杏仁小塔
一七三七年	文森・德・拉・沙佩勒 的愛之井奶油塔
一七三九年	墨農的冰糖細條酥 墨農的指形餅乾 墨農的巧克力餅乾 （最早的巧克力糕點）
約一七五五年	瑪德蓮 貝殼狀蛋糕
十八世紀末	修女的屁 （一種鼓起來的油煎餡餅） 夏荷洛特
一八一五年	卡漢姆的巴瓦華茲 奶油凍甜點 卡漢姆的舒芙雷 卡漢姆的花式小點心
一八二二年	糖漬水果 麵包布丁
一八四〇年	覆有烤蛋白 的牛奶雞烘餅 聖歐諾黑
一八四三年	愛之井 卡漢姆的 酥脆甜點
一八四五年	薩瓦漢蛋糕
一八五〇年	布荷達鎵蛋糕 閃電泡芙
一八六七年	挪威蛋捲 千層派
一八八〇年	英式水果蛋糕
一八八七年	瓦許漢
一八八八年	金磚蛋糕
一八九〇年	薩蘭波泡芙
一八九一年	巴黎一 布列斯特泡芙

可口的甜點繪圖，出自畢頓夫人 1861 年出版的《持家寶典》，是維多利亞時代最暢銷的食譜書。

世界各國著名糕點

德國
蘋果捲及黑森林蛋糕
奧地利
札赫蛋糕及林茨蛋糕
比利時
聖誕節的耶穌麵包、
布里歐許風味的葡萄乾麵包及米塔
中國
八寶飯……
英國
聖誕節布丁
希臘及中東
巴克拉瓦
西班牙
醉蛋糕
美國
南瓜派及乳酪蛋糕
義大利
英式醬汁夾餡蛋糕及提拉米蘇……
俄國
帕斯哈……

法國鄉土糕點

上諾曼第的酥皮包蘋果
薩瓦的聖傑尼斯布里歐許
波爾多的坎雷（溝槽小蛋糕）
里摩日的櫻桃燒薄餅
科西嘉的栗子可麗餅
歐維涅的燒薄餅
布列塔尼的庫伊尼阿曼
加斯科涅的帕斯提斯
朗克多的甜帕斯提松
安傑的李子餡餅
阿爾薩斯的蘋果塔
尼斯的甜菜圓餡餅

法國宗教及社會節慶之糕點

聖誕節的柴薪蛋糕
主顯節國王烘餅及王國蛋糕
可麗餅及炸糕
五旬節的「鴿舍」蛋糕
甜點高塔及結婚蛋糕

「在這裡所探討的題材可不像以下標題所表現的那麼輕佻。」

——弗蘭斯瓦．哈伯雷（1494-1553）

《大嘉剛圖亞之無可限量的一生》作者序

第一章

是 ENTREMETS 還是 DESSERT ？
還有 GOÛTER 呢？

僅僅從被稱作「歷史」的時代開始，我們才使用文字資料來證明人類的習俗和傳統。可以肯定地說，從那時起，西方文明已經養成了以各種美食佳餚，或乾燥、或新鮮、或烹煮過的各樣水果，以及各色甜品來組成一餐的習慣——起碼在能夠辦到的人家中。直到西元一千年初所謂的砂糖登場前，蜂蜜是唯一能用來添加甘味的食品。

要等到十二世紀末，在法國或在英格蘭，一餐的最後一道菜才被稱為「desserte」，當時的人使用「desservir」（撤去餐具）這個字來表示清理餐桌上的空盤或剩菜。「dessert」這個字則在一六三二年被收入《科特葛拉夫字典》。當時會用糖煮水果、新鮮水果、乾果及糖漬水果合組成一道什錦拼盤（fruit 一字源於義大利文的 frutta，意謂「點心」）。甚至是端上一道「froumentée」，即以薑或番紅花增添香味的牛奶雞蛋麥粉粥，並搭配上野味。十四世紀時，小糕點才開始被端上桌。

在中世紀，一頓高級的飯只有在呈上「issue」或「yssue」（來自德文的 Nachtisch，字面意指「餐後」；或西班牙文的 postre，意指「結束」）的數分鐘後，才算是真正的結束。這道散場菜照慣例會分送香料味道濃烈且美味的肉桂滋補酒，並搭配一些小型的烘烤糕點食用。之後，大家起身離座，洗手擦手，朗誦飯後經。最後在同聲說完阿門後，僕役會端上仍舊充滿香料味的酒「boute-hors」，以及精心陳列在糖果盒中、為了幫助消化並在告辭前使口氣清新的「房間蜜餞」。我們會在後面再談到這種糖果的祖先。就本義而言，依其根源，餐後點心從一開始就不是件小事。

在文藝復興時期，由於砂糖的普及，以及來自新世界的食物如可可亞、咖啡、香草莢與好幾種水果，餐後點心也大大地豐富了起來。農業，特別是果樹的種植有了長足的進步。水果也自此以後變得更加多產且美味多汁。

晚餐之後，開始端上餐後點心。

後來，當來自義大利的凱薩琳．梅迪奇嫁給未來的法國國王亨利二世時，其優秀的糕餅師及製糖師更為已經極其豐盛的中世紀甜點，帶來不少新菜色。

伊比利半島的專長——砂糖加工，開始激發出一些真正的傑作。這種以化開的西黃蓍膠去混合極細糖霜的糖錠製作法，產生了一種能夠切割的膏狀物，可用作於砂糖細工。

果醬變得大為流行。事實上，四旬齋期間已不再禁用奶油，凝乳狀的新鮮乳酪、或是以燈芯草籃瀝乾的軟乾酪，亦都大量用於甜點烹調，或搭配著鮮奶油或香料直接食用。

該如何看待夏爾九世在一五六三年一月二十日頒布了一道意圖約束富裕者豪華飲食的法令，要求餐後點心「不得超過六道水果、餡餅、糕餅或乳酪……」？這條敕令雖在十六世紀末前修改了六次，還是形同具文。

相反地，如今我們該如何看待自十九世紀

以來，為了懲戒個性太強的兒童而剝奪其飯後甜點，卻不知這對小頑童的成長和精神都極為不利？飯後點心不只是美味而已，對健康也是必要的，因為它能提供能量、富含多種維他命、高鈣且滋補。雨果當年就已十分贊同此一觀點。

今日，所謂的entremets乃是在一餐結束時端上來、一道當作飯後點心的甜食，但就如小侯貝字典所詳述，entremets「並不包括糕點」。也就是說不包括乾麵團製品，通常是以雞蛋、牛奶、穀物或水果等等調製而成的稠膩食物，有熱的、冷的或冰的。

若再加上那甘甜又可口圓潤的味道，只要一提到entremets，總會讓人聯想到溫情和美食。這樣的感情就像是對母親或祖母所抱持的情感那樣，因為在任何一道entremets——即使加工製作的——背後，也隱藏著經過轉化的、屬於家庭傳統的樸實簡單作法。而童年在我們每一個人心中，永遠存在。

但是，可別把entremets當作是屬於嬰兒的食物。在高級料理中，其製作需要夠格的專家才能執行。直到十九世紀，這些專家仍被尊稱為「entremettier」。

昔日點心之華美

依字面來看，entremets指的是「在（兩道）菜餚之間」（entre les mets）。而在中世紀到美好年代（1899-1914）的盛大筵席裡，問題在於entremets是在第三道菜和第四道菜之間、還是擺在最後出菜。但首先，這個字並不意謂著筵席裡的最後一道精緻料理；這字在歷史的進程中曾有極為不同的詞義。

且聽中世紀盛宴專家布呂諾．洛修[1]為我們描述的初期entremets：

「詞源上，entremets指的是一段筵席流程裡的中斷時間。在十四世紀初，這段中斷時間是為了向君主、也可能是為了向席上地位最高的賓客，端上一道額外的菜餚。如此場合中的entremets 內容極為多樣，也往往結束在那些能夠讓廚師以複雜精緻的烹飪展現才華、諸如肉凍或果凍此類的佳餚上。進入十五世紀，這種小休止變得更加重要，勃艮第的宮廷在此番新定義裡扮演了發動者的角色。首先，entremets 不再限於只上一道菜，而是可在同一場筵席中反覆來個好幾回合。另一方面，entremets 不再只是烹飪和建築，簡直就是戲劇了。勃艮第宴會中提供的菜餚，便將這種形形色色如實反映了出來……」

這些在類型上同樣多變的戲劇式 entremets 被當作「布景式 entremets」。用來裝飾舞台、機器裝備或默劇背景的繪畫布景，通常都含有政治寓意。而在大型宴會中，每一桌通常都享有若干特別的 entremets，其豪華與否和數量多寡，自然與受邀賓客的身分息息相關。

這就像與知名「雉雞宴」【2】同時代的馬闕．德．艾斯顧西在其《編年史》中所描述的。在一四五四年二月十七日的里耳，在莽夫夏爾公爵那桌，賓客觀賞的第二道 entremets 是「一個全身赤裸的小童站在岩石上，不停地『尿』出玫瑰水來」。而在最長的第二輪席上，「二十八個活生生的人在餡餅中演奏著不同的樂器」。

文藝復興時期，在凱薩琳．梅迪奇的影響下，宴席以舞會取代了布景式 entremets 與其戲劇式的演出。布宏多姆在其《輕佻仕女傳》中有許多精采的描述。今日，在盛大的晚宴中，在端出餐後點心及香檳之前，我們仍堅持舞上一段。

十七世紀時——直到法國大革命的年代——

【1】作者註：呂諾．洛修，Bruno Laurioux, "Banquet, entremets et cuisine à la cour de Bourgogne", introduction in *Splendeurs de la Cour de Bourgogne*, R. Laffont.

【2】譯註：此宴開於一四五四年二月十七日的里耳，以善人菲利浦為首的勃艮第領主在宴會中發願參加十字軍，以奪回君士坦丁堡。

法國王后凱薩琳・德・梅迪奇(1519-1589),貪愛美食是其傳奇的一部份。

在上 entremets 時於席上唱歌是種流行，就連國王的宴席也是如此。這些叫做「vaudeville」（諷刺民歌）的歌曲有時顯得頗為輕浮，而德・葛拉蒙伯爵則是箇中高手。

金羊毛騎士團的盛宴點心

「若有點心（entremets），應在第三道時呈上，膳食總管要決定是否為其增添盛宴彩飾。第四道菜結束後，則為每人個別呈上肉桂滋補酒及蛋捲。司膳攜來肉桂滋補酒，首席麵包總管把蛋捲端到公爵的席上——若無公爵的允准，便不能呈上蛋捲。接著才為廳中全體賓客擺上蛋捲。……

用餐完畢後，四位高級官員及使節在同一時間率先自席中起身，他們的桌面會被收拾乾淨。而後，司務清理主桌，騎士全體起身離席並向他們的首領致意、行屈膝禮，公爵府中的指導神父或禮拜堂的主任神父則負責朗讀這一天的飯後經。緊接著，膳食總管命人攜來蜜餞，呈給公爵的蜜餞會放在加蓋糖果盒裡，其他糖果

乾式糖煮茴香

取一些青翠柔軟的茴香圓莖或嫩枝，置於水中煮開。煮熟後放入冷水中，然後瀝乾。接著（用少許水）煮糖，將茴香放入，用大火煮開，直至攝氏一〇五度至一一〇度*。將糖漿撤離爐火，取出茴香，置於麥桿上使其乾燥。

——《法國的果醬師傅》，巴黎，一六六〇年

*譯註：法文原文為 à la plume

盒則否，應該有若干糖果盒。」

——歐利維耶．德．拉．馬許之〈回憶錄〉，於《勃艮第宮廷之輝煌》

當時一場高級筵席的菜餚高達八道，於是entremets便取代了今日我們所稱呼的dessert，成為最後三道菜之中的一道。entremets總是放在水果前，每個人可隨已意取用。

夏爾五世在位時，塔伊馮的知名食譜《食物供給者》已經為「日常」飲食提供了多種或甜或鹹的點心（entremets）食譜，人們可以在fromentée（一種粥）、taillis（麵包水果乾布丁）、填入餡料的雞、七鰓鰻肉凍或重新披上羽毛的天鵝之間做選擇。

葛特夏克博士的名著《食物暨美食史》中，記載著一份從一六六八年的文件《健康術》裡發現的菜單，頗值得信賴。

「……第六道菜：炸糕、千層蛋糕、圓餡餅、各種顏色的果凍、牛奶杏仁凍糕、芹菜、刺菜薊。

第七道菜：各色水果——生鮮的、煮過的、裹了糖的，各式糊狀食物、餡餅、新鮮杏仁、糖漬核桃。

第八道菜：糖煮水果、果醬、小杏仁餅、陶罐裝的糖煮食品、冰鎮糕餅、糖煮茴香、糖衣杏仁。」

一四五七年十二月二十二日

福瓦大主教宴會的菜單

第一道菜

糖雞、仔兔肉配杏仁糊、冷沙司、酸酒、野味湯

第二道菜

填餡山羊肩肉、海鮮配巴西利檸檬杏仁醬、重新披上羽毛的小孔雀、糖鶴鶉

俄羅斯風的牛奶杏仁凍糕

糖粉 300 公克
去皮的杏仁 290 公克
取皮的苦杏仁 10 公克
吉利丁 30 公克
鮮奶油 1 公升

糖和吉利丁溶於兩杯量的熱水中。杏仁搗碎後慢慢摻入一半量的鮮奶油中，過篩以取得醬汁。混合前述兩者，過篩，攪拌均勻。把剩下的鮮奶油打發至密實，再與已做好的醬汁互相摻合。填入模子裡，冷藏。在鋪有摺疊布巾的冰涼圓盤上，將牛奶杏仁凍糕脫模。

——莒勒・顧非*食譜的第四八〇道配方，一八六七年。

*作者註：莒勒・顧非（1807-1877），卡漢姆的愛徒。

第三道菜

雞蛋麵糊炸糕、裹上蛋汁的倫巴底風炸麵包片、洋梨、炸柳橙、果凍、小野兔餡餅

水果拼盤

鮮奶油及草莓、以燈芯草籃瀝乾的軟乾酪及杏仁

但在十七世紀，虔誠的老饕在四旬齋期間不會吃蛋，就算在entremets中也不會加蛋。這就是為何一六六一年的知名食譜《法國的廚師》為守齋者提供了一長串的建議，其中有鯉魚泥、扁豆泥，也有糖烤蘋果（蘋果加上奶油及肉桂放入爐中烘烤）和糖漿李子（使用來自圖爾的李子或一般李子）。而為了不讓身體在禁欲苦修中日漸衰弱下去，另外一些entremet提供給「四旬齋以外的齋戒日」：焗烤蘑菇或布巾「松露」、杏仁肉凍濃湯或燉「龜」，甚至是杏仁奶油圓餡餅、「朝鮮薊」炸糕、數種奶油蔬菜。假如允許以鮮奶油烹調的菜式，新鮮雞蛋也是同樣被允許的。

直到第一次世界大戰期間，蔬菜entremets會隨著烤肉在甜點之前被端上來，糕餅、水果或最可能出現的乳酪，尤其常被當作一頓正式大餐的結尾。因此，美好年代末年是鹹式entremets的尾聲，甜的entremets從此與dessert混淆在一起。

乳製品自古羅馬的patina以來便是entremets的主要構成，且至今依然。就像在第82頁阿庇修斯所教導的，法國人仍舊稱呼這種用牛奶、打散的雞蛋、加上蜂蜜的甘味醬汁為英式醬汁。

不但如此，從這種醬汁的調製出發，還產生了冰淇淋，義大利籍的咖啡店老闆普羅科佩就使其在巴黎大為風行。但我們之後會見到以最原始最巧妙的形式，用儲雪、水果果肉或軟乾酪為基

在花園中享用下午茶的三位女士，1886 年。

底做成的冰淇淋。據推測，這種冰淇淋可回溯至三、四千年前，而且來自中國。

若提到攪奶油或香提奶油，則不能不提到它享有盛名的出身。據說，攪奶油是瓦泰爾在位於香提的孔德家族城堡中所發明的。

說到這裡就該想到，中世紀的飲食學家並不建議在春季和夏季的餐後食用凝乳或軟乾酪，正如尚—路易・弗隆德漢及歐第勒・何東在普拉提那的《論正當之歡娛》法文版（1475）中所提到：「在春季或夏季，應在上第一道菜時食用凝乳，然後再開始食用任何其他肉類。使其如同在其他季節中一樣，完全不會產生其他壞處……」

自一八三〇年起，entremets 將會開始興盛起來，就和任何其他的甜點（pâtisserie）一樣。

當今，我們最熟悉的知名 entremets 應該是被卡漢姆悉心保存下來的 blanc-manger（牛奶杏仁凍糕）。一如名稱所示，牛奶杏仁凍糕的顏色一直是白色。這道自中世紀起就深受歡迎的點心，

GOÛTER、COLLATION 以及英式下午茶

約十六世紀中期，法文出現了「goûter」（下午的點心、小吃）一字，意思是介於白日與晚間餐飲之間的輕食。但上流階層的人為了將布爾喬亞用語與通俗用語區別開來，比較喜歡使用「collation」這個字，也就是希臘文中的 hespérisma（下午近傍晚時額外附加的一餐）。隨後，接下來的世代一如恢復兒時舊習般地，接受了「goûter」此字，這個字也在一七四〇年進入法蘭西學院。

然而應該要注意的是，即使在今日，無論是誰，只要他在覺得需要時於一天中任何時刻享用輕食，那麼點心就保有一種兒童式的內涵。不過在攝政時期，來自凡爾賽或其他地方的上流人士讓下午的輕食變得更加高雅了。通常在下午五點左右享用，並以人人都得喝、來自亞洲的琥珀色液體「茶」作為借代，稱呼此頓輕食為「茶會」，茶飲並伴隨著各色糕點。後伊麗莎白時代的英國風尚啟發了這種茶會傳統，其中的禮節和茶飲一樣，主要都是屬於女性的文化。

的確，從這個時代開始，英格蘭人的愛國心全都結合起來，大力地支持倫敦市商會的貿易公司，這些冒險家商人的活動尤其圍繞著大宗的砂糖與茶葉買賣。另一方面，雖然其國家「美食學」有極濃厚的本位主義，英勇的英國婦女仍然在家中，成為「最美味的自製糕點」歐洲冠軍：香料油酥餅、英式水果蛋糕、小圓麵包、馬芬蛋糕、餅乾，還有奶酥派、柑橘果醬與橘子果凍，

以及其他許多好東西（若把不算是糕點的小黃瓜三明治排除在外的話）……

同樣地，從文藝復興時期開始，全英格蘭都會在下午時分聚在家中或東道主家裡；夏季時在花園蔽蔭處，冬季時則在火爐前。這個放鬆及享用美食的時刻叫做 banquetting stuffe，起初只在仕紳階級中流行。但沒幾年後，這樣的宴會快速地平民化。而自從對茶葉課以重稅的克倫威爾死後，下午五點的下午茶已經成為女王陛下臣民的必要儀式。前述的快速平民化趨勢只比這股潮流稍微早了幾年，也伴隨著這股下午茶潮流的成形。

一六一五年，在茶葉引進歐洲的五年之後，葛瓦斯．馬克罕出版了《英格蘭的家庭主婦》一書。據他聲稱，此乃一位貴婦委託給他的手稿。我們則在此書中首次發現好些自此成為經典的糕點食譜，在在顯示出這種週而復始的技藝自遠古時期起就是女性文化的一部分。一如蛋糕是童話故事裡的高度象徵元素。還記得夏爾．佩侯的《驢皮公主》嗎。

所以，請等著看下午四點的點心和下午五點的茶點進入老饕的光榮榜上吧，我們不能不提及。

起初是一道無論用餐到哪一階段都可以上菜的混合式菜餚。十四世紀的《食物供給者》說，這是一道甜鹹兼具，以凍膠狀白肉甚至是魚肉，用杏仁粉調稠的美味濃湯。

十七世紀中期都還有人烹製這道佳餚，但在法國大革命前已幾乎消失（參考《法國的廚師》），墨農在其《布爾喬亞女廚師》中亦未提及。之後，因為不想再被當作只是使用杏仁粉及吉利丁做成的鹹味肉湯，blanc-manger 在拿破崙帝國末期成為典型的餐後點心並蔚為風潮。安東・卡漢姆在其食譜中詳細記載了配方，他建議使用馬拉斯加酸櫻桃酒、蘭姆酒、枸櫞、香草或咖啡等來增添杏仁醬汁的香氣。

第二章

甜點製作者的歷史

就像中世紀教會所教導的天地創造日一樣不可靠，在甜點製作者方面，根據柏拉圖的說法，是卡帕多家人泰阿里翁在西元前四五七年發明了以麵粉和蜂蜜製成的糕點。這只是希臘人習以為常的象徵性傳說之一。我們稍後會說到關於古代蛋糕的第一則書寫紀錄，雖然那也已經屬於某種傳統。

是的，自西元前二千五百年起，陵墓繪畫及各種文獻都證實了埃及麵包師的技術，他們就像亞述人一樣能製作家常麵包或精緻美味的麵包。而這要歸功於對麵包製作入迷的希臘人，在市場上至少販賣二十四種不同的糕餅，其中還有許多地方特產。除了來自提安的克里西普在《製作麵包的藝術》中列舉的三十餘種麵包食譜以外，我們還知道其他五十餘種配方。

剛剛說過，男性把這種變得商業化且因此成為財源的活動據為己有，磨粉及和麵的繁重任務便留給了女性僕役。

一般希臘人的生活很簡單。他們極少在家裡烹製餐點，因為缺乏工具、場所及人員。在佩里克雷斯的時代，小康階級的公民尤其將金錢花費在家以外的地方：他們的德拉克馬（古希臘銀幣）花在 artokopëion（麵包製作者）或 artopolëion（麵包經銷商）那裡；他們的精力則花在公共廣場上高談闊論。除非真的很窮，一般希臘人都有個會做菜、或說幾乎什麼都做的奴隸，也就是 opsopoïos（製作食物的人）或說 mageiros（和麵工），他們起初專門製作家常麵包，而後負責每日飲食。

但是，自古以來，家常點心與家庭美食的製作，一如大型邀宴中的蛋糕或甜點，都是交由女性來負責，亦即 démiurgia（直譯字面為女性工匠）。也別忘記宗教儀式中的各種供品。

之後在西元初期，按照古羅馬人的方式，糕點製作者和麵包製作者分離了開來，家中的男性奴隸也在此同時自詡為糕點製作者。從此以後，

文藝復興時期的廚房

糕餅工匠這份職業成了男人的職務。今日，若我們是扳著手指在數算擁有好地段名店的女廚師，那麼在她自己的烹飪祕方以及親友口福之外的地方，女糕點師並不存在。

在羅馬，糕餅師和麵包師通常來自希臘，助手則是高盧人（高盧人發明了啤酒酵母的用法，能讓麵團好好地發酵）。這些移入勞工得到了合組地方性團體——有著嚴苛規矩與儀典的團體——的權利：經由蛋糕底下的個人標記，可以辨認出每一間糕餅鋪的主人，是真正印度式的種姓制度。在桑斯（位於勃艮第地區）考古挖掘出一個石模，模內就有用浮雕手法刻成的標記。

但即使是食譜被大量保留了下來，關於糕點師與他們的製作，相關描述與文獻仍相對地稀少罕見。在那爾波內的碑銘博物館（位於法國南部）中有許多馬賽克鑲嵌畫及墓碑銘文，其中最特別的是一尊龐貝城的小雕像，呈現出一位端著托盤的流動糕餅小販。不過，此雕像也因其將淫畫記錄下來而特別知名。

然而，因之聯想到街頭小販、糕點與甜品零售攤的重要性卻極有意思。他們尤其喜歡聚集在學校及浴場門口，甚至跑到神廟附近販賣祭品或在馬戲表演中做生意。

恰如其名 pistor dulciarius 所顯示的，古羅馬的糕點師製作所有的甜點，我們說的 confiserie（糖果、甜食）因此也包括在他們的製作範圍內。在一開始，confire[1]（用糖漬，拉丁文為 condire）是種為了保存食物、使其味道更佳的烹調手法，是種需精心照料且費時的燒煮方法。

Mille tibi dulces operum manus ista figuras extruet.
Huic uni parca laborat apis.

這首詩的意思是：「這手為你做出了千樣甜點。只有它，像隻勤儉的蜜蜂在工作著。」

——第十四集短詩，第一二二首

「起來！糕餅師已將早餐兜售給孩子了，高冠鳥（公雞）宣告著白日之降臨，在任何一處都可聽見其聲。」

——馬西亞里斯，第十四集短詩，第二二三首

直到中世紀，以蜂蜜、乾果或種子為基本材料的糖漬品都沒有太多改變。中世紀時，糖漬品因為許多來自阿拉伯的特產而變得更加豐富，雖然阿拉伯的糖漬配方其實並無不同。之後，蔗糖普及起來並取代了蜂蜜。但這將是另一段歷史，我們會在後面提到製糖專家的到來。

蜂蜜跟蜂蠟一樣是蜜蜂的恩賜。但數千年以來，蜂蜜依然是唯一的甜味劑。中世紀的香料蛋糕製作者（淵源流長的香料蛋糕向來以蜂蜜為基

【1】作者註：conditor 是用糖漬手法製作甜點、準備高等美食的工匠。普林尼稱其為作家，甚至是歷史學家。因為，在某程度上來說，他們必須將事件「糖漬」起來以保存其記憶，並做出具有高級美味的成果。特在此提及。

本素材）和宗教儀式大蠟燭（以蜂蠟製成）製造商，總被視為隸屬於相同的單一行業，也就是文藝復興時期的同業公會。

中世紀是個喜愛制定規章的時代。在路易九世治下，巴黎市長艾田．布瓦洛制定了一本所有職業的官方正式專業詞彙目錄《技術及職業之書》。

在所有能想像得到的職業之中——甚至在我們今日無法想像的其他職業裡頭——talmelier 和 oblayer／oubloyer／oublaieur 或甚至是 oublieu，儘管存在已久，卻都是從一二七〇年起接受調查登記的。但在那時，並沒有隻字片語提及適合任何一種糕餅師的條例。所謂的糕餅師，當時並不存在。

巴黎的小酒館老闆通常都會供應一些鹹餡餅，以及或是摻了蜂蜜、或是塞入水果的甜餡餅。聖路易（即路易九世）甚至頒發了執照給他們，准許他們每日工作——除了星期日。此類特權並未授與麵包師，他們只能在那三十個用排鐘宣告的年度重大節日，才可以停工休息。

起初，人們用 talmelier 這個字來稱呼麵包師，因為他們得依照法律規定的比例來使用篩子篩選麵粉，且比例還會依據豐收或歉收而有所變化。至於 obloyer，他們是唯一得到製作聖餐必需品——聖餐麵餅（oblée）——許可的工匠。又因為是在教會的監督下進行製作，更為其身分增添了重要性。

聖餐麵餅如我們所知的是種無酵薄餅，教會和信徒將之視為聖物。因為聖餐麵餅是在彌撒中獻上，所以是奉獻（oblation）的一部份，此行業的中世紀名稱 obloyer 亦來自於此。明文禁止雇用「任何」女性來製作「在教堂中舉行儀式用的薄餅」，古代是由女性負責製作聖餅的記憶，早已完全丟失了。

國王擁有自家禮拜堂、主持神父、所有為了使王宮——真正的城中之城——順利運轉的人員，製作聖餅的工匠自然也在編制之中。高個子菲利浦（1317）國王的宮中規章裡，便可見到司膳官尚・德・維何儂負責製作日常的麵包、餡餅及聖餐麵餅。

很快地，製作聖餅的工匠運用其才能，做出了與他們熟悉的聖餐麵餅相似的糕點。在重大節日、贖罪日、儀式隊伍、大赦年或朝聖活動中，他們生產出極大量的「贖罪鬆餅」。修士非常注意這些工匠的品德：「聖餅製作師、夥計及學徒……不可玩骰子……須有良好的身世及好名聲……須使用貨色道地的良質雞蛋……不可在猶太人的旅店內做買賣！」

最後終於，在經過一番權利協調，只須向教會主管機關繳交少許稅金以後，工匠能夠製作並販賣這些極為輕盈，捲成筒狀的小鬆餅了，就像我們在古老畫作中見到的一樣。直到第一次世界大戰，蛋捲（oublie）都極受兒童的喜愛。整個十九世紀期間，蛋捲多半使用一種奇怪的圓筒狀盒子到處叫賣，那種盒子同時也是樂透搖彩機的替代品，可以在許多當年的版畫中見到。蛋捲攤販會用一種相當知名的曲調來招徠顧客，調子亦被收入知名彙編《巴黎的叫賣聲》中。

然而，這首歌也有淫穢的版本，並因之終結在某位已經聽膩的巴黎警察總監手上！一七七二年禁止叫賣蛋捲，違者判處拘役並課以大筆罰金。同時還在禁令中加入了對此一大眾化甜食的惡意批判，將之形容為「缺點多多，不值得讓它進入人體裡」。但這道禁令很快地就遭人……遺忘（oublié）。

剛剛我們看見了尚・德・維何儂在宮廷中負責製作麵包、餡餅及聖餐麵餅。也就是說，餡餅和其製作者——糕餅師就這樣登上了舞台。

麵團、餡餅及糕餅師

根據葛德福瓦古法文字典，在克雷提安・德・特洛瓦（約1135-1183）的一首詩裡，剁得極碎的肉類、野味或魚肉被稱為pasté，較諸我們將此一職業稱為pasticier，至少還早了兩世紀。

考慮到保存生肉的困難以及食物供應的不可靠，肉餅自中世紀起即大受歡迎，因為可以把極少的小肉塊妥善利用，將之搭配新鮮的香料草葉、乾香料、麵包心、雞蛋等一起剁碎成糊，放入模子，再擺進灰燼中烹煮，或是擺進爐灶中——在爐灶已經普及的特殊人家家裡。

然而，與一般公認的說法相反，約莫到十二世紀，將肉餡包入和水麵皮中的想法尚未出現。

就像一本一三八〇年由義大利阿西西的某位神父「N」所撰寫的抄本所顯示的——這位神父以拉丁文記載了三十多份喜愛法式烹調法的倫巴底布爾喬亞家庭食譜[2]，用挑選過的碎肉做成或大或小的香腸，裹上麵粉，肉餡的濕氣將變成或薄或厚的麵皮。再放進味道濃厚的高湯或豬油中烹煮，或是夾在兩片瓦中於灰燼裡烘烤，然後就會得到某種或大或小類似肉餡捲，可供個人食用或多人分食的食物。這也才是最早的餡餅。

但是，在所有已經實現的想法中，大眾對中世紀的盛宴最感興趣，總是認為我們在前面所提的entremets包括了極為巨大的餡餅，麵皮中還藏有真人演出的餘興節目、放出來的飛鳥、演員或表演音樂的人……。

但為了烹製這樣的餡餅，可能需要若干對當時而言無比巨大的爐灶，即使對現代人來說也是如此！也從未有當時的記載詳述這些有麵皮的餡餅。原因不必多說，因為我們老早就說過，這

【2】作者註：Thèse E.H.E.S.S. à éditer par Maguelonne Toussaint-Samat.

種餡餅屬於「布景式 entremets」，是用紙板混合物、帆布與石膏構成，並塗上色彩的。

因此，筵席中「第一道活生生的 entremets」是假的，是真正的餡餅的模仿。編年史家馬闕・德・艾斯顧西也未多加提及。而他報導的是一四五四年二月十七日在里耳，由勃艮第大公及其子夏侯雷大公所舉辦，發願前往土耳其的雉雞宴中的一段插曲。要等到一九二九年二月十四日在美國芝加哥，才能見到另一個仿製的蛋糕，內藏有全副武裝的演員，上演了令人不快的情人節大屠殺。

「……若要做好麵團／要在麵團中加上蛋／用上等的小麥麵粉／做麵皮，使之稍稍粗糙／若想要像聰明人做事／就不要加香料及乳酪／將麵團以適當的溫度烘烤／爐膛中要鋪滿火灰／當麵團烤得剛好時／沒有什麼比這更好。」

——加賽斯・德・拉・布雨涅，《悅樂之書》。

當然，《食物供應者》和《巴黎的家長》在十四世紀末提供了許多可供食用的餡餅食譜，但並未強調麵皮的製作方法。我們應該感激善人尚、夏爾五世、夏爾六世這幾位國王的神父加賽斯・德・拉・布雨涅，在他以詩寫成的餡餅食譜中，麵皮絕非假造，而是記載在一本迷人的著作《悅樂之書》之中。

完美糕餅師的權利及責任

在這個時代裡，糕餅師無論受雇與否，都要製作各種肉類、魚類、乳酪及水果餡餅，其實與烤肉舖老闆及廚師極為相似。

就像從前的希臘人或羅馬人，由於不方便下廚，中世紀城市居民的飲食大部分都購自那些由烤肉舖、糕餅舖、熟食舖或街頭小販準備好的熟食與菜餚。顯示了這些不同行業之間的激烈競爭。需要法令規章來規範每一種行業的權限及專業。

源自聖餐麵餅師行會的糕餅師行會總算在一四四〇年夏爾七世在位期間，從巴黎市長安布華茲．多洛里的手中獲得首次行會章程（但在另一方面，香料蛋糕的製作者遲至一百年後才組成獨立的同業公會，並有自己的徽章、箴言及旗幟）。而當蔗糖逐漸普及時，香料商及藥劑師則各自緊緊扣住了製糖及糖漬水果的專營權。

麵包師拖了很久以後，終於放棄了製作並販賣蛋糕、炸糕及烘餅的權利。糕餅師則將之據為己有。之後，糕餅師福星高照，在某段時間內將隨著蛋糕販賣葡萄酒的許可同樣佔為己有，直到小酒館老闆與之對抗為止。

從路易九世在位開始，無數的訴訟案件描繪了食品業者之間經常相當粗暴的關係。但在路易十一世座下，因為在對付封建制度的爭鬥中需要行會的支持，於是糕餅師從中得利，順勢要求收回被夏爾六世取消的特權，例如讓肉類可以包進餡餅裡，卻也使豬肉食品商大為不快。接著便出現了一些最滑稽、最荒謬且沒完沒了的訴訟案。

最後，在一四九七年六月六日，巴黎市長在與商會會長取得共識的情況下，公佈了一道法令，其中一一列舉出合乎糕點製作及交易規定的詳細使用權。這項判決對數種身分極為有利，特別是關於蠶豆的規定——藏在主顯節販賣的國王烘餅中的那個。

> 「糕餅師傅須承諾竭盡其所能地展現並教導其行業諸事，以及所有他能在其中參與及斡旋者，並提供食物及住宿之處，且待之猶如己出。」
>
> ——須經公證人過目，而後在夏特雷堡國王之訴訟代理人辦公室及修會辦公室登記的學徒契約彙編，十七與十八世紀

如此一來，歷史學者便能鎖定日期來談論這種糕餅和習俗，就像我們在之後的章節中要做的。

大家或許知道，同樣是在小酒館老闆的壓力

糕餅師和廚師的直筒高帽之由來

直到十九世紀的前二十五年，這些專家的帽飾僅是一頂簡單的無邊棉質軟帽，就像麵粉廠廠主戴的一樣，因為他們都使用麵粉。我們可在古代的版畫中見到。然而，一八二三年某一天，在喬治四世宮廷廚房中工作的卡漢姆接待了一位來自宮中的小女孩。她以好奇的眼光看著宮中大人物們重視的美味果凍及糖錠製作。這個迷人的小女孩戴著一頂帽子，帽子和夏洛特王后的有點像。法國糕點大師稱讚這可愛的孩子，喊道：「如果能將這讓我們看起來像病人的軟帽換成像這樣輕盈的皺褶高筒帽，便能兼顧品味和清潔了！」大師的助手如莒勒．顧非、馬恭迪及小布雷通通拍手叫好。於是，每個人都去做了這樣的帽子，直筒高帽也自此被所有的餐飲業者採用。只有西布斯特一直不願戴上直筒高帽，過世時仍戴著無邊軟帽。

帽子的大小首先是依照戴帽之人的等級而定*為了讓帽子保持挺直，帽子做成打摺的圓筒並上了漿。但英格蘭的糕餅師是例外，他們比較喜歡烘餅狀、中間塌陷的無邊圓帽。如今，我們以不織布取代了漿過且不易保養的細緻布料。

*作者註：因此大廚被稱為大軟帽。麵包師則選擇了正好套住頭部的小圓帽，製糖師的選擇與麵包師相同，但是是藍色的。

果凍廣告，1901 年。

下，糕餅師不能讓人在店內吃蛋糕，因為這會為「同業」帶來損害。於是大家就在街上，圍著帶著滿籃糕餅，大聲招攬過往行人的學徒身邊吃起蛋糕來。不過，品德有問題的人是不可以在街上兜售糕點的。

和麵包師一樣，糕餅師每個晚上都應在門前燒掉未賣完的商品，才不會讓不新鮮的東西在隔天攙假賣出。此外，一項極嚴格的檢查亦允許一經查獲便能立刻銷毀當天不符合規範的商品。這項一四四〇年的判決即為見證，禁止「用脫脂牛奶或發酸、發霉的牛奶，製作牛奶雞蛋烘餅和塔餅」。

若糕餅師什麼都做不出來，無人能成為糕餅師。當學徒需要五年的時間，並要通考試——但師傅之子是例外，因為他「出生於一個他願意選擇的環境中」。

經過技術教育的學徒還要當上三年的伙計，同時在三年即將屆滿時向管事會展示其「傑作」

以取得師傅身份。應考者通常會在其中一位管事師傅的監督下，在其家中做出六道餡餅，並且帶上花束，向每一主考者做禮貌上的拜訪。所有費用則須自理。

管事會——行會在當時稱作行會管事會[3]，因為要獲得師傅頭銜須在會中宣誓——有四名成員，每兩年選舉一次。每位師傅不可招收兩名以上的學徒，學徒年紀通常是十五歲左右。當時禁止招收已婚學徒，但學徒可在學習期間結婚並與配偶住在一起，未婚的人則住在師傅家中。

當學徒必須付費：事先付四元法國古幣（約二十歐元），再向國王上繳五毛錢稅金，同時再向行會繳交五毛錢，師傅也得向行會上繳相同金額。

法規規定師傅對待學徒須如「家庭中的好父親」，但亦授權體罰，就像是對自己的兒子一般，法規亦禁止師傅之妻責打學徒。巴黎的糕餅師行會在聖禮拜堂的地下室進行聚會，並以大天使米迦勒為主保聖者。大天使之秤象徵了對材料重量的精確要求（但，精確的重量僅能從經驗中習得。直到十八世紀，食譜上都沒有任何關於重量的指示）。互助會仍然受到聖米迦勒的保佑，但一九九七年後，就連最後一個互助會也消失了。

啟蒙時代，蛋糕的時代

啟蒙時代見證了偉大糕餅師的降臨。這不只是智性的時代，也是熱愛美食的時代。

事實上在全歐洲，技術、配方及產品都已有驚人的發展。爐灶的概念有了大幅進步，得以改善烹調方法並構思發明出更複雜的法子。更別忘了在蔗糖之後，巧克力也進入了我們的生活習慣中。雖然糕餅師並非立刻就接納了它，但在那之後……誕生的只有奇蹟！

【3】譯者註：其字源為jurer，意為宣誓。

路易十六的首相涂爾戈用 corporation（同業公會）取代了 métier（行業）和 confrérie（行會），糕餅師同業公會從此叫做「糕餅師—蛋捲工匠—製作者同業公會」。但直到法國大革命，同業公會的內規變得越來越嚴格，工人幾乎無法成為師傅。然後在一七九四年六月二十日以後，再也沒有糕餅師同業公會。再也沒有任何的同業公會了……

在十八世紀中葉之前，糕餅師的店面跟烤肉鋪或小酒館還很相像。店內有個大爐子、若干張當著顧客的面製作餡餅及蛋糕的桌子。但在攝政時期，店內的裝潢有了改變，就像在凡爾賽宮裡的裝潢一樣！店面變得舒適，裝潢和陳列架也極為講究。

這種對美的關心迅速激起了對「好」的渴望，自此以後，這種關心不僅在蛋糕的外形上佔據了重要的地位，對店鋪的門面，甚至女性售貨員的外貌，也是如此。

一七一八年，薩爾斯堡主教的糕點官哈格出版了一部附有三一八幅插圖的著作，陳述糕點裝飾及製作的各項先進技巧。我們可在圖書館或古書店中找到一些此年代的版畫。

糕餅師的徽章

糕餅師的行會管事會擁有自己的徽章：在縱條紋上擺了一把黑色爐鏟，兩旁有餡餅的銀質徽章。一五二二年，巴黎市長吉歐姆·德·阿雷格何決定頒布法令，禁止餡餅以含稅價格販售，堅持價格得更便宜，上肉也不能包入餡餅中。亦因如此，餡餅的味道變差、變壞了。

同樣地，「波蘭國王史塔尼斯拉斯御膳長暨燒酒釀製者」約瑟夫．吉耶獻給甜點的珍貴著作《法國製糖者》，其中的十三幅版畫也見證了洛林宮廷的精緻考究。cannamelle 意指甘蔗的糖，也指那些已裹上糖的水果或糖漬水果，周圍用糖和麵粉混合成的彩色花朵及樹枝等裝飾來呈現的菜餚。

在巴黎，一位「大君王」糕餅店的知名製糖—糕餅師，每逢新年都會推出以極精巧複雜的手法製成的甜點塔。他在一七八〇年展出了以海戰為題的甜點裝飾，全城的人都來觀賞，絡繹不絕。

當然，接著來臨的法國大革命改變了許多事物。但糕餅師不需要為瑪麗—安東尼王后的不當反應負責。據傳她曾說「向著凡爾賽宮前進的婦女沒有麵包，可以吃布里歐許（奶油圓球蛋糕）」。

Faire une "brioche"（做了個布里歐許）的另外一個意思便是，「做了椿蠢事」……。

卡漢姆及其後繼者

在法國君主政體隕歿後，支撐法國社會結構基礎五百多年的行會舊制度也隨之消失了。一七九一年四月一日的法令以商業及工作自由為名，強迫繳納營業稅，並得配合種種保安規定。看在許多大師傅眼裡，這簡直就是場惡作劇。

之後，同年六月十四日，同樣以自由之名提出了另一條法令，禁止商人、匠人、工人「聚集」（原文如此），禁止選舉出能夠審議並建立規則的主席、秘書或理事。

總算，在第三共和時期，因法令違反了大革命的個人主義原則，故而准許組成共同利益團體。第一批工會籌備組織於一八七二年至一八八四年間，互助會也興盛了起來。

然而，十九世紀相當混亂的社會氣氛有助於那些最偉大的糕餅師的發展和興起。他們是現代職業的真正先驅，知道如何利用首次工業進步。

相對於其物質上的困乏，他們擷取新技術的最佳部分，並用技巧及無限的耐心來加以彌補。我們依然驚訝於這些人製作糕餅與糖果（糕餅的「同伴」）的創造力，這些糕餅糖果是真正的工藝。在這個「發明」了美食家的世紀，他們的作品成為真正的美妙。

巴黎糕餅店的叫賣聲

糕餅店伙計

我這邊的小杏仁糕
給葛提耶、吉歐姆和米修
每早，我都要喊著
麵餅、蛋糕、熱餡餅

布里歐許叫賣者

老主顧，快來買布里歐許
一塊錢四個
我真的賺得不多
我在這可要說個不停

鬆餅叫賣者

好吃的小塔和漂亮的鬆餅
漂亮的鬆餅！
要配上綠醬
燙嘴的！
美美的硬糕熱騰騰的
烤得焦黃，拿去，我賣了。

叫賣冰淇淋的推車小販

開創全新糕餅世紀的是瑪麗—安東．卡漢姆，又名小安東．卡漢姆。卡漢姆的命運就像傳奇故事中的英雄。這個宛如姆指仙童，生於窮困的普通工人家庭，排行十五或二十，在十歲時遭到遺棄的孩子，成了甜點業的聖像。他那美如天成的名字是造物主的神來之筆。這位「美食家」——其死亡證明這樣稱呼他——既是令人驚異、如傳奇般的廚師，也是位糕餅師。他也是素描畫家、建築師、發明家、作家……而且還是特務！我們將在其世紀來臨時述說他的故事（請參見第193頁）。

在卡漢姆的偉大後繼者中，馬上便會提及莒勒．顧非，我們也將在後面介紹他。顧非直接受教於卡漢姆。他雖然名列大師，卻因屬於另一世代而有所不同。在顧非的眾多著作中，這裡要特別提到《糕點之書》，因為他是第一位在其食譜中指出劑量的糕餅師。顧非也是第一批瓦斯爐灶的熱心支持者！他說：「很遺憾這項新發明仍然不夠普及，大家對這個烹調好幫手的認識也還不夠。」

「在擬訂每一項基本指示時，我眼不離鐘，手不離秤。」

——顧非，《廚藝之書》，一八六七年

十九世紀編年史中還有其他許多有名的糕餅師，今日所見的大部分知名糕點都應歸功於他們，雖然不知為何某些烹飪法及點心已經遭到了遺忘。也許還是流行的問題？

現代糕餅師皆是高手，因為他們享有極完美的食材。他們的櫥窗除了展示精心設計的拿手糕點，還同時排列著經典甜點、泡芙、蘭姆酒水果蛋糕、小水果塔及其他讓好幾代人大享口福的美味點心，我們仍應想到第二次世界大戰期間糧食配給的光景。在那時，大家被種種克難糕餅所吸引，那些東西沒有使用奶油、麵粉、糖、鮮奶

如何在二十一世紀成為糕餅師？

從今以後：程序之簡化；能力之工巧精細

- 未來的學徒一方面必須找到一位能傳授技藝的師傅，另一方面，須於所在省份向教育暨學徒中心註冊。
- 在兩年期間，研讀和實際操作應交互進行，十五天（或一星期）在學校研習，接著十五天（或一星期）跟在師傅身旁實習。
- 兩年之後，通過專業技術合格證考試的學徒可成為工匠，但要繼續學習技能，以便晉升不同的專業等級。
- 最少應該具備八至十年的工作經歷，才能成為一位好的糕餅工匠。
- 在得到專業技術合格證後的數年內，糕餅工匠若願意更進一步，可參加師傅文憑的考試。再過一陣子，若極-具天賦，可設法獲得最高職銜：法蘭西頂尖工匠。此職銜賦予工匠在工作服上配戴三色衣領的權利。
- 只有在我們自己擁有專業技術合格證以後，才可雇用工匠或是去贊助學徒。雖然有些糕餅職業教育中心的學生不需要跟著從授業師傅學習，但大師們皆肯定實習和經驗是無可取代的。最後應該要知道的是，第一批從事糕餅業的女性是在德國和瑞士，如今二地的女性業者仍然比法國還多。

油，卻用了一些稀有而未受管制的原料做成。這類非常奇怪也不好看的代用品，只有糕餅師的才華才能將其變成美食。

在戰後，大家又可以隨心所欲地享用以最佳產品做成的最棒的蛋糕了。

最後，應以仰慕之心提及習藝手工業公會會員及法蘭西頂尖工匠用糖或巧克力製成的傑作：在這麼一個仿擬的幸福工作中，為了重造大自然中的極美事物：花朵、水果、葉簇、雀鳥、彩蝶……，糕餅師觸及了繪畫、建築、雕塑、甚至是玻璃工藝。

他們的大作是如此地美妙，讓人不敢咬上褻瀆的一口。然而，請相信我，那將是何等的美味啊！

第三章

製作甜點的原料

如果能把維持石器時代人類體力的基本食物烹調歸類為烹飪的話，我們便被領入了以下思考：「烹飪激起了工具的使用，接著則激發了改善飲食之必備用具的使用」，而工具的使用是文明創始中一項不容忽視的要素。同時，選擇能夠提供食物的環境有利於游牧民族的定居。

直到那時還在游牧的獵人，第一次在禾本植物盛產的土地上長久地安頓下來。例如在土耳其的陶魯斯—札格羅斯，然後在埃及和努比亞。這些野生的穀物讓人類樂意直接開挖其陋居中的石頭，用石磨和石臼把從附近原野採集而來的種子碾碎，特別是能適應當時氣候條件的原始大麥。

接著，在巴勒斯坦的猶大山附近發現了野生小麥，最有名的遺址耶利哥見證了在泥濘土地上最早期的隨意播種，如有必要，不用花太多力氣就能灌溉這樣的土地。這些極古老的收成生產出了大麥，以及兩種貨真價實的原始小麥：單粒小麥與二粒小麥。

這件事讓人明白所謂的「舊世界」，也就是從歐洲至亞洲的西方世界之過往。然而，對於被稱為「新世界」——因為很晚才被舊世界的人發現——的地球另外一半居民來說，提供他們營養的穀物卻是在其他地方無法找到的玉米。

考古學家所能發現的第一頓簡陋玉米餐痕跡可以回溯至約七千年前，在墨西哥南部的泰華坎河谷洞穴中，一個被啃過、如小指第一指節大小的玉米穗。

已經有三千五百年了，這種古老的玉米經過了兩千年來不斷的變化，經過了從南美擴展到北美的變動，已成為我們熟悉的、「絕佳且豐饒」的穀類[1]。就像古代文物挖掘對考古學家證明的一樣，打從世界各處的農業走上軌道，自此以後被安置在多產女性的符號底下、守護著採集與收

【1】作者註：Maguelonne Toussaint-Samat, *Histoire naturelle et morale de la nourriture*

製作麵團

割的大地之母，其相關崇拜也跟著開始了。

從中，我們亦能清楚見到遠古拾取者與女性象徵意義的明顯關聯。大地的「胸脯」和母親的胸脯之間的比較，或植物經常性的週期循環與女性生理之間的比較，總讓人聯想到最初的農業：夏天收割的大麥和小麥，得在九個月前的秋天就播種下去。而把它們做成食物的準備工作，同樣交由家中母親或某位女性來掌管，前面已經提過。

關於酵母

歷史學家的研究像是偵探的調查。他得探索某個非常古老的時期卻無日期參照。但是，有些人卻認為以正史的眼光來看，這些研究目標不但微不足道且平淡無奇，對於那些標誌出國家民族命運的事件來說，這些研究目標更是既無關聯、亦無影響。在正式文獻裡，此類研究找不到錨定之處。

麵包的麵團就是如此，更別提蛋糕的麵團了。雖然麵包被公認為是大部分人類的主食，雖然美食的幸福感延續了某種能讓人類精神休息的滿足感，大部分的講師與教授卻完全不以為意。但是，我們得承認自被納粹殺害的年鑑學派歷史學家馬克·布洛赫以降，一些在法國及其他地方成立的研究團體認為，食物的歷史——今後配得上稱為正史了——滋養了所有的人類編年史，無論是敘述事件、還是趨勢分析。

這樣的開端，可以說，要去發現各種食物的歷程仍然相當困難。一個重要演進步驟會在微小事件的幽微之處揭露出來，或隱藏在高潮迭起之中。種種假設也要推斷、證實及檢驗，直到證據能讓人信服或將之否決。我們有可能誤入歧途，而往另一方向重新出發。

在此，我們從瑪茲開始探索。這種由若干穀物麵粉揉製而成、易於烘烤的烘餅狀麵團【2】，後來變成或厚或薄的圓形大麵包。在一開始，對於西方文明，我們當然知道在新石器時代的地中海盆地東部的某處發生過什麼事，但我們不知道這樣的事在其他地方是何時發生的。（世界各處的各個時期並非完全同步，往往有上千年的差距！）

就這樣，當年的某一天，在某處，某位家庭主婦用一點水揉好了給家人吃的瑪茲麵團卻將之棄而不顧，也沒烤。當然，理由為何我們完全不知：遺忘、忽略、外在的問題……。

大家都知道在近東這地方事情後來是怎樣演變的。暴曬在如此高溫下——太陽運轉了整整一個白天——的烘餅整個變大、膨脹了起來，當那位家庭主婦來收拾的時候，餅就像懷孕婦女的肚子似的鼓脹。儘管伴隨著無庸置疑的驚訝，她

【2】作者註：例如在印度，素來食用叫做夏帕提斯的未發酵烘餅。以全麥或白麵粉及水製作，並在手掌上壓平。人們會在餅上塗上融化的澄清奶油，以便貼在類似大甕的烤爐內壁上，並事先用柴火加熱烤爐至足夠的溫高。

還是料理了這個瑪茲。烘餅顯然沒有生出小烘餅來，卻在烘烤後保有適當大小及鼓凸，並散發出全新且開胃的滋味和香氣。於是，同等份量的麵粉卻能餵飽更多的人，消化起來也更容易。

這就是了，凡事總有個開始，「那件事」就

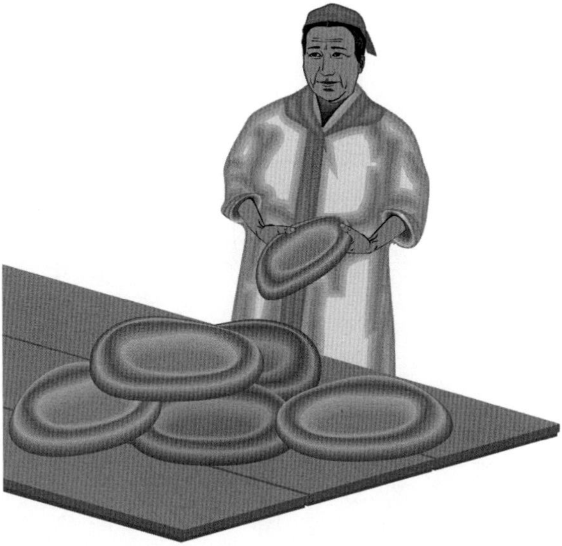

這樣開始了，毫無疑問。而後，同樣的工作程序又再重新試了一次，並得到一樣的良好結果。這個祕密因此傳播了開來……總算。但「祕密」？因為這牽涉到了女性的歷史！——這道食譜太好用了。

但當時的人們還不知道——許多人至今也仍然忽略——此奧妙的真正祕密：到底是哪種魔法增加了被遺忘的麵團體積，並讓它在料理後變得更加美味、更容易消化？讓我們來揭露這個祕密：在空氣中。

尤其是在乾燥且炎熱的環境裡，當周圍的空氣通過一團被遺忘且無遮蓋的麵團上方，並帶來了塵埃，塵埃會停留在麵團上。而這就是重點！

在由不同渣滓形成的塵埃中，有許多肉眼難以察覺的極小微生物。這些初級生物、單細胞生物——精確來講就是極微小的真菌——因為在空中隨風飄盪時、在不適合生長的地方時缺乏營養，因此會形成極頑強的孢子，就像蘑菇或松露那樣。這些孢子可以等上好幾年，當環境變得有利於萌芽時，真菌便會受到誘使而復甦、進行繁殖。又有什麼會比一個營養的麵團溫床更適合呢？這些極微小的真菌也就是酵母——天生注定要在利於發酵的環境中引出此番現象。但是，它是如何引起的？

如果偶然或一陣風將酵母留在含有天然醣類的食物上，像是烘餅麵團中的麵粉、熬煮過的穀類、肉類或植物或牛乳的湯汁，酵母就會開始吸取氧氣並呼出二氧化碳，就像你我一樣。只是，酵母一邊吸取氧氣，一邊會把其寄宿物中的碳水化合物[3]（醣類）分解出來。

此現象就是發酵，也被稱為酒精發酵，因為它來自於葡萄酒、啤酒或蘋果酒的釀造製作之中，也來自所有麵包糕餅的發酵麵團裡。在後者的情況中，麵團的發起是因為酵母散發出來的二氧化碳。如此發起來的麵團則成為麵肥，帶有「能量」，只要把其中一部分攙在另一份新鮮的麵團中，就能把「能量」傳遞過去；置身於新的滋養環境中的酵母會不斷地繁殖。我們便可如此這般一直進行下去。

但是，我們也可以使用化學發粉讓某些麵團發起來，而不需要發酵。不過，僅僅使用那些可以做麵包的穀類，將無法做出恰當且發起狀況良好的糕餅。只有那些含有足夠澱粉——能夠滿足酵母的碳水化合物——的穀物麵粉才可以。因此，可用來製作麵包的穀物中：小麥（非常適合）、大麥（效果較差）、燕麥（一點都不合適）。玉米（完全不行）則只能做些扁平的薄餅。麵包和蛋糕皆是小麥、大麥或燕麥文明所特有的。

在布洛赫的門生，歷史學家賈克・胡梭領

【3】作者註：碳水化合物的化學式為CH_2ON。全麥麵粉中的碳水化合物含量達71％。白麵粉為76.1％。

製作麵團的數千年歷史

—咬嚼穀粒—

● 最早期的人類啃咬著小小的穀穗，然後剝開並取出完整的種子，將之用石頭打碎或磨碎。起初是生吃，後來用火烤過。火烤是一大進步，特別是對小麥和大麥而言，因為可以清除無法消化的糠，使穀子更容易壓碎，品質也變得更好。

● 很自然地，當時的人是用手來食用這種原始的「粗麵粉」。

—用水製作麵糊或熬汁—

● 隨著技術的改善，「粗麵粉」越來越細，越來越精純，直到終於成為純麵粉。這種進步——在麵粉中加入水，做成稀薄或濃稠的麵糊，可以生吃或煮食，也可飲用*或食用——值得注意，可將其視為首次的烹調行為**。

—揉麵之後：瑪茲或薄餅—

● 把厚麵團揉成扁平烘餅形狀的「瑪茲」，放在扁平的石頭或陶板上用火烘烤，或放在模中，置於灰燼或預熱過的爐中烘烤。

—發酵之後：麵包麵團或蛋糕麵團—

● 只能使用一種可以製作麵包的穀物。*** 比如：雙粒小麥、小麥、大麥、燕麥、黑麥、蕎麥、玉米。

● 在揉好的生麵團中加入另一團已經事先發酵好的生麵團，成為麵肥。

● 麵團會在二氧化碳氣泡的力量下膨脹起來，徹底發酵。

● 麵團是否放入模子裡都可以，也可以放在石板或赤土陶瓦上。

● 在火堆餘燼的鐘形罩底下烘烤麵團，或放在預熱過的爐子中。也可將麵團分成塊，在蜂蜜中或滾燙的油脂中煎炸。烹調時，在麵團中攙進一些配料可以讓滋味變得更好。

如此一來，麵團成為了基本食物，並被視為一切膳食的基礎。這也是許多宗教儀式或社會慶典使用麵包或糕餅的原因。

* 作者註：cervoise（古高盧人喝的啤酒）與後來的啤酒，都是經過烹煮及發酵的穀類熬汁。

** 作者註：阿茲提克的玉米女神奇科美克阿特也被尊崇為是第一位知道如何烹飪和製作糕點的女性。

*** 作者註：可以做麵包的麵粉中含有碳水化合物。碳水化合物會釋放能讓麵團發起來的氣體，有助於發酵。

導的研究《魁北克森林中的茶葉及麵包》[4]中，提到了巴尼克這種在十八、十九世紀期間，美洲印第安人從蘇格蘭皮貨商那裡學來的麵包。他們也很欣賞一種叫做泰克雷普的厚實薄餅——其實就是瑪茲烘餅。泰克雷普多半放在鍋中以柴火烹煮；或放入當地人所謂的haute friture，也就是放入海狸油或豬油中炸，再灑上楓糖，以便做成「節慶專屬的甜點」。「小麥麵粉徹頭徹尾地變成了印第安獵人的食物。甚至是種他們在交易站購買、用毛皮進行交換的主食……。這種麵包……混合了麵粉、烘焙糕餅用粉、鹽、以及我們希望的濃稠度的水而做成。」

當時的「烘焙糕餅用粉」是鹽和喜鹽植物（此類植物會吸收土壤中的天然鹽分）之灰燼以及「泡鹼」的混合物。印第安人已經在五萬年前蒸發掉的湖泊遺址中，採集泡鹼這種礦物碳酸鈉，例如在懷俄明州。

這種可做出漂亮蓬鬆蛋糕的鄉野配方在十九世紀成為英語中的baking powder（泡打粉）。法國人則在一八七〇年戰後稱此化學發粉為亞爾薩斯粉。

酵母的象徵意義

「在福音書中，酵母的象徵意義顯露在以下兩方面：在一方面，酵母是製作麵包的活性要素——靈命轉變的象徵。另一方面，我們要再次提起今日聖餐麵餅這種未經發酵的麵包所構成的含意——酵母的缺席表達了純潔及犧牲的概念。」

——皮耶・葛里宗，《象徵字典》，Séghers 出版社

【4】作者註：Jacques Rousseau, " Thé et pain dans la forêt québéquoise ", *Pour une histoire de l'alimentation. Cahier des Annales*, n?28, École pratique des hautes études et Librairie Colin.

法蘭西科學院在一七〇一年舉辦了一場競賽，以找出能夠讓氯化鈉（在地表上極多）轉化成鹼灰（蘇打）的最佳方法。鹼灰又名碳酸鈉。當時已可隱約預見此物在工業上的種種用途，尤其是在醫藥方面。

化學家尼可拉．勒布隆獲得了勝利並創立了一間小工廠。可惜的是，小工廠在一七九三年時因為法國大革命而關閉。一八〇八年時有人試圖再次生產這樣產品，但拿破崙對此不感興趣，所以到一八四六年為止一直乏人問津。

事實上，德國的歐艾特克醫師在那時已經調配出以小蘇打（碳酸氫鈉）和酒石酸混合做成的

除了酵母還是酵母

被稱為啤酒酵母的新鮮酵母長得像乳液，是從翻騰的釀造麥芽汁、大麥汁、黑麥汁或玉米汁表面採集而來的。釀酒業會在酵母冷卻後調節其狀態。最純的酵母用於糕點製作，使用時一定要避免接觸到極熱的水，不然會殺死酵母，理想溫度為攝氏三十六至三十七度。啤酒酵母則是高盧人發明的，他們是古高盧啤酒 cervoise——無啤酒花的啤酒的釀造者。

被稱為麵包酵母的乾酵母或粒狀酵母與啤酒酵母出於同源且不會變質，它的沉睡特性只有在接觸到微溫及加糖的液體時才會醒過來。

發粉是一種在大量碳酸氣體的推動之下增加麵團體積，使其在烹調時製造出希望效果的粉末。十九世紀末才開始真正地使用發粉。發粉是從小蘇打的化學作用中得到的產物。

化學發粉。酒石酸源於葡萄酒殘留在桶中的含鹽沉澱物，現今仍用於糕點製作上。

與此同時，兩位紐約的麵包師兼糕餅師，約翰・杜艾特及奧斯丁・喬其也試圖將發粉的配方商業化，希望能讓前往大西部的旅客或移民，一路上製作麵包更為方便。

史書並未說明這兩人如何在法國人勒布隆滿是灰塵的專利證書中探尋，但他們所做的試驗是決定性的：在蛋糕麵團中將精製碳酸鈉與牛奶混合，將得到與傳統酵母同樣的效果。這兩位合作者成立了一家公司，開採懷俄明州著名的泡鹼礦床，每年從中提取三十六萬噸的「鹼灰」。這些「鹼灰」可以做出多少座的蛋糕山！

另外，優格中的乳酸菌酵素也可以讓蛋糕麵團發起來。法國所有幼稚園的小朋友都做過優格蛋糕。其他的酵素，如醋裡的醋酸酵素，同樣也被用在讓蛋糕麵團發起來的傳統配方中。

眾神的甜美饋贈：蜂蜜，接著是糖

蜂蜜成就了蛋糕。本來只不過是日常食物的麵包，添上了這個偶然的附加物後沒有變成別的，只成為具體化的幸福。蜂蜜是一種為了標誌出一件獨特之事而指定的特殊食物。我們一方面因其美味而滿足，另一方面，蜂蜜曾是，現在也仍然是，真正的大自然奇蹟……，就像是魏吉爾所說的「這眾神的甜美餽贈」。

學者當然會藉由化學式來解釋花蜜（天然的植物糖）如何經由採蜜的蜜蜂轉化為蜂蜜。蜜蜂在蜂箱的蜂巢中吐出花蜜之前，會先在嗉囊中消化過。這種作用，就像是蜜蜂所有的活動一樣，近乎奇蹟——可用科學解釋的奇蹟。

蜂蜜中含有蜜蜂採集各類花卉而來的芳香物質。從遠古開始，我們便賦予蜂蜜治療的、甚至是魔法的效力，就算不神奇，無論如何也具有象徵意義。峰蜜很快地便介入了人和眾神

的關係之間。

蜂蜜被選為希臘土地神祇，如迪米特、潘、迪奧尼索斯或阿波羅眾神贖罪牲祭的供品，但也同樣地獻給地獄之神，因為蜂蜜也象徵著光明。蜂蜜還馬上混入了祭品糕餅的麵粉中，以使其更加美味……，蜂蜜甚至被添加在亞歷桑那州霍皮斯印第安人或馬雅人的玉米薄餅裡。

相反地，希伯來人以及亞述人並不會為他們的神祇獻上蜂蜜（亦不供獻蛋糕）。這或許是個禁忌，因為就某方面而言，蜂蜜算是種排泄物。但這並不妨礙其他人的獻祭。在運用時，蜂蜜不只用於糕餅或甜點，也被當作是調味品而在許多肉類或魚類佳餚中，與其他多種調味料混合使用，時至今日仍是如此。但這就是另一段故事了。

正如我們早先提到的，所有的希臘羅馬糕餅中都添加了蜂蜜，宙斯最清楚這些糕餅的為數眾多。或是攙進麵團及其他可能的材料中，或是淋在做好的糕餅上。蜜餅正是如此。這種古羅馬人的含蜜芝麻麵包在切段及油炸前要先浸在液態的蜂蜜中。

拜占庭人酷愛grouta，一種把加入大量蜂蜜的小麥糊重新放在灰燼中烹煮的食物。這道菜日後將成為中世紀勃艮第知名的gaulde，以黍稷和蜂蜜製成的名菜。

誇飾

《諷世書》的拉丁作者佩托紐斯戲稱詩為 mellita verborum globula（言辭之蜜糕），亦即「說的糕點」。globula 是鼓起來的蜂蜜小蛋糕，為小泡芙的一種。

十世紀的唐朝人把麵粉和蜂蜜和在一起做成了蜜餅。我們會在後面說到這種餅，它或許是香料蛋糕的老祖先。

我們會重新見到以上等的硬質粗粒小麥粉加在等量的蜂蜜中，再用熱水攪和做成的拜占庭麥糊，並配上乾果及融化的奶油，成為突尼西亞的 hassidat b'el acel，冷卻後切段食用。而馬格里布人就像所有的阿拉伯人一樣，廣泛地使用蜂蜜，他們的糕點數千年來都是黏糊糊的，卻也極為美味，令人吃得津津有味。

梵文的羅摩耶那史詩如此描述一場西元前十三世紀的宴會：「若干桌面上擺滿了甜食、糖漿飲料及可嚼食的甘蔗。」

甘蔗這種高約四公尺的禾本植物內有髓質可供抽取，並經由榨汁與乾燥獲得糖。甘蔗可能源於孟加拉。

以上假設將得到中國人——總算有一次不是他們發明的了——的印證：「唐太宗派遣工人在印度，特別是在摩偈陀（孟加拉）學習製糖的方法」，蘇敬的《博物志》如是說。

約莫在西元前五百年時，大流士的波斯遠征軍就已在印度河河谷見到「這種不需要用到蜜蜂就可得著蜜汁的蘆葦」。他們小心翼翼地守護著這個祕密，並首創進出口貿易。沙漠商隊把糖分送到了整個中東及地中海世界。最後，亞述人將甘蔗的種植推廣到黑海、撒哈拉及波斯灣，使得很瞭解情況的聖經也提到了從遠方來的「菖蒲」（即甘蔗）。

一直到中世紀，糖的價格都極為昂貴，且比我們所能想像的還要貴，甚至比黃金更貴。因為糖是異國產物，列於香料之林，更因其極端稀有與昂貴而被當作是能夠治療各種疾病、比藥還好還有效的物品。相反地，直到十世紀，都沒有任何糖用於食物的指示，即使是在大富豪家中亦然。

西元九六六年，剛剛從潟湖沙地冒出頭的威尼斯為這種威尼斯船隻運送的傳奇食品建造了貨棧。就像我們現在說的「駱駝沙漠旅行商隊」一樣，馱著腫塊的牲畜代替了卡車。沒多久，威尼斯就急著仿效早已在克里特島上建造煉糖廠的阿拉伯人，其阿拉伯名 Qandi，意思也就是「糖」。

西元一千年，整個中東都散發著焦糖的味道（caramel，從中世紀拉丁文 cannamella 而來，意即甘蔗；除非是涉及到一種近似阿拉伯 kurat al milh（甜鹽球）的東西。我們於是了解，這些美妙的氣味如何吸引了最精緻優雅的西方封建勢力，其渴望致富的軍隊以十字軍為幌子，蜂擁前往勒凡沿海地區（地中海東岸），就像朝向糖漿罐子的蒼蠅。

十字軍東征以後，歐洲仰賴商船隊與深思熟慮的資本家來販售與加工糖。這會兒輪到新世界來供應甘蔗了。因為有一位克里斯多夫·哥倫布的同伴在一五〇六年於西屬聖多明尼加的悉心照料，很快地，西方便得到了更多的，病患吃不起、富人送不起的糖。前述市價高峰早已崩坍，價格下跌不止。

老實說，或許是從西元一千年起，藥劑師兼香料商早已力圖得到市場中最好的一塊。他們或許說服了那些不自知的病人。用粉末、糖漿、蜂蜜等調製而成的軟糖式藥劑——昂貴的甜味藥品——讓位給一些令人感到舒服的高雅食品。他

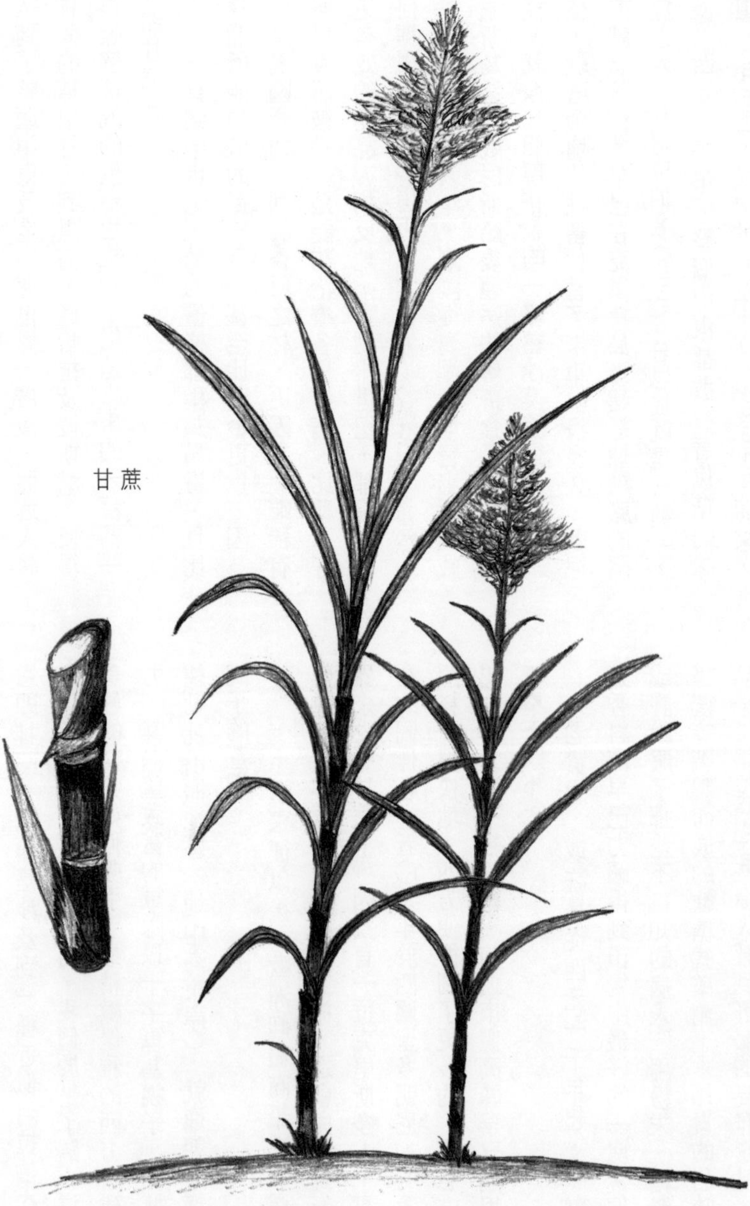
甘蔗

們也提供消化藥品，亦即幾種用種子或香料塊做成的糖果、或是裹上糖的乾果。這些著名的房間蜜餞會在關於果醬及蜜餞的篇章中再次提及。

從蜜餞到果醬不過是一步而已。因為躍上了君王、高級神職人員及富豪的餐桌，糖在糕點製作方面可不認輸，也在烹飪方面與變得有點過時的蜂蜜進行著競爭。

那時的烹飪之門朝向西班牙敞開著。從八世紀起，西班牙南部就被阿拉伯人佔領，北部也受到阿拉伯人一定的影響。從庇里牛斯山到直布羅陀，美味精緻的阿拉伯—安達魯西亞菜餚極受好評，既是鹹甜味混雜菜式的冠軍，也是老饕的最愛。

對阿拉伯人來說，用糖是最政治正確的，簡直可以說是全民的責任。不過基督徒也不願被當作是貧苦的人，比如說在瓦倫西亞的基督徒。正如南錫大學的研究者桂哈所深入研究的【5】，十五世紀初的亞拉崗宮廷無節制地使用糖「這種在沿海灌溉平原地區的物產。就算糖不是種日常使用品，仍被視為是烹飪時的調味用香料。糖也取代了蜂蜜，成為當地名產蜜餞及糕餅的成分。」

一四一三年，若相信這段節錄自瓦倫西亞公證人的記載——「城市以極為豐盛的糕點款待國王與其隨扈」。雖然宮廷的主要供應香料商，聖塔菲的尼可勞擁有當地最大的種植場，王室的會計官員常來此點交種植場出產的大糖塊，這位基督徒的產品還是只夠當地老饕享用。法國貴族及亞維農教廷只能享受中東異教徒生產的糖。況且以量來說，簡直就是天文數字了。

另一則跟糖的歷史有關的事情也同樣值得桂哈注意：還是在西班牙，大約在一五七〇年時，為了亞拉崗國王孫女的婚禮，有一位藥劑師約

【5】作者註：In *Manger et boire au Moyen Âge*, Actes du colloque de Nice, 1982, Centre d'études médiévales de Nice/Les Belles Lettres, 1984.

MEKROUT TOUNES

突尼西亞名點
極古老的食譜

我在一磅非常細的小麥粗粒粉中，加入五、六匙融化的羔羊脂肪或融化的奶油或植物油。我得到了一個甚乾的麵團可以擀麵。我把麵團做成若干約十五公分寬的粗麥粉條。在另一方面，我準備了加入去核「戴格拉」椰棗及以少許肉桂粉增添香味的麵團。我用椰棗麵團裝飾粗麥粉條，將其摺成兩半，並再輕輕擀過一次。接著，我把這些麥粉條切成長約六公分的長方形，放入植物油、或是以植物油和融化的羔羊脂油混合成的油中炸。炸好後我把油瀝乾，把它浸泡在液狀蜂蜜中，然後再取出來瀝乾。mekrout可熱食或在冷卻後食用，並能長期保存。

——《烏米・泰亞巴的突尼西亞菜》，一九三七年。

翰・吉拉貝「發揮其才能。製作了至少四百一十六公斤的糖煮水果、小蜜餞及果醬。其大作更用了五十個杏仁糕組成，是阿拉伯及東方的遺產。」

理由為何？糖一直被歸類為藥用香料，當時在整個歐洲，只有藥劑師兼香料商獲得製糖的授權，而非糕餅師。打從遠古時代起，人們一向認為甜味菜餚有益健康，因為它讓消化變得更容易。為了這個原因，才在用餐結束時呈上yssue，也就是dessert（甜點）。而這樣的習慣一直持續至今。甘蔗的學名Saccharum officinarum也一直用到現在。

桂哈還告訴了我們一個有趣的細節：「通常在分派甜食的同時，會附上叫做 pans de gaçull o llavamans 的香皂，以便清潔因為品嘗甜食而弄得黏糊糊的手指頭。」

最後，可別忘了西班牙貴婦塔娣內宅邸中令人垂涎的美食。為了幫國王歡慶聖誕節，製糖師貝爾多美歐・布朗奇早在五十五年前就製作了一道美食：糖漬鮪魚舌，並存放在六個漂亮的陶罐中。

只剩下義大利沒有出現糖的製造和使用。雖然義大利總是大聲喊著自己也有份，但卻一直缺乏任何的證據。可能是製作糕餅的名家都隨著梅迪奇家族的兩位王后，凱薩琳和瑪麗來到法國，豐富了法國廚藝作品集的甜點及糖之應用篇章也說不定。但有些傳說真的會氣死人！

其實自十五世紀初期起，法國的廚師和糕點師便開始凌駕於其歐洲同行之上。亞拉崗紅衣主教的私人史官唐・安托紐・貝阿提斯就是見證人。他曾隨著這位西班牙的高級神職人員遊遍歐洲。貝阿提斯對於激發他靈感的法國菜及其製作者讚譽有加：「……在法國可喝到上好的湯，吃到餡餅及各式各樣的蛋糕」，他這麼做出結論。

然而，若讚賞威尼斯的油炸糖糕這件事是公正的，那就應該要立刻提到和米蘭歷任公爵維斯康提・斯弗爾札有關的蛋白糖霜，一如皮亞謙察當地人歐爾添索・蘭迪，《論義大利最值得注意且奇異的事物》作者指出的，斯弗爾札家族是一群大饕家。他這本書出版於一五五三年，並收藏在斯弗爾札城堡中。

其實，「那個大發現」是阿布魯佐地區一個家族的發現。此家族的母親梅麗貝阿發現了混合啤酒花【6】、西瓜子及細砂糖的方法，她女兒則發明了「結合糖」——將煮過的糖加入打發的蛋白

【6】作者註：這裡是指極苦的野啤酒花，因其助消化和利尿功能而被使用。

糖水「盛宴」

「十八世紀認為糖水是極美味的飲料，當時有所謂的糖水「盛宴」。糖水杯被引進沙龍並和利可酒一起大為流行。」——路易．費吉耶，《工業的奇蹟：製糖工業》，巴黎，一八六八年。

混合而成。

這種製作義大利式蛋白糖霜的方法，雖然尚未規定其名，但當然是一件「最值得注意的事物」。[7]無論如何，這是第一次在文獻中提到和糖一起打發的發泡蛋白。

在其他法國文獻中，一六五三年的《法國糕餅師》——當時的書店暢銷書——就有「發泡蛋白餅乾」。餅中的開心果改良自那個「鄉下女人」的西瓜子。很難相信人們斷言蛋白糖霜的食譜源於十八世紀中葉時是認真嚴肅的。他們將此道食譜歸於瑞士糕餅師賈斯帕利尼，他在薩克斯—科堡公國的美林根創業，亦是蛋白糖霜名為meringue的由來。在卡漢姆發明擠花袋以前，我們用湯匙把蛋白糖霜橫置於烤盤上。據說瑪麗．安東尼很喜歡在凡爾賽的小提亞儂宮中做這道甜點。

蛋白霜的不同名稱和應用，法國的、瑞士或義大利的，考慮到了糖的不同煮法（或不必煮）。

在十五世紀前半的法國，根據菲利浦及瑪麗．海曼的分析，糖的消耗量已經是一三〇〇年的兩倍以上。印刷出來的食譜——《食物供應者》即將問世——包含了比手抄本更多的餡餅和甜味菜餚烹調方法。海曼夫婦發掘出了那時候都尚未發表的五十幾道配方[8]。這些並非印刷術效應，而是豐裕的結果。

我們也可見到自十六世紀末起，果醬書開始流行了起來。就像在英格蘭家庭主婦的家政書籍中一樣，有超過一大半的文章都在講自製甜點。同時間，藥劑師的壟斷勢力也開始式微了：在家中製作甜食要便宜許多。最著名的文章是諾斯特拉達姆斯的文章。我們在後面會再提到。

然後，這些製作果醬的書成為配膳室中的參考書，有別於廚房用的參考書。因為就像我們已經知道的，糖是在配膳室中製造的，而非在廚房。

一六五一年時，農學家尼可拉·德·玻訥豐的《法國園丁》一書，即是為了鄉村地主夫人而寫，著眼於其領土產物的管理。請記住，「confire」（用糖漬）在當時亦可用「conserver」來表達。

在傳統上，和《法國糕餅師》成對的《法國果醬製造者》是附在拉·瓦黑納於一六五一年初版，極富盛名的《法國廚師》一書裡的。不過，據說此書跟市場行銷有關，因為拉·瓦黑納可能根本沒有參與寫作。一六九二年，書店內出現了馬夏洛的名著《果醬、利可酒及水果之新知》，書中第一次見到插圖，兩份餐桌圖的邊框畫了各種水果，餐桌上的甜點則是大大小小的糕點。

撰寫《王室與布爾喬亞的廚師》的馬夏洛繪製了一幅義式冰糕（冰淇淋夾心杏仁糕）的插圖，圖中還有一具果汁冰糕調製器。

在一六九二年到一七三〇年間，甜食的製作變得多樣化，冰淇淋的製作尤其佔了多數。就在艾米致力於將冰淇淋的製作方法寫成一整本《做好冰淇淋的藝術》時，冰淇淋的重要地位也在一七六八年達到顛峰。

且讓我們瞄一眼知名的《布爾喬亞女廚師》

【7】作者註：*In Bolletini Storico della Svizzera Italiana*, 1893, p. 188

【8】作者註：P. et M. Hyman, "L'honnête et volupté" in *Livres en Bouches, catalogue de l'expositon de la bibliothèque de l'Arsenal*, 2001-2002.

發泡蛋白餅乾

取四分之一斤最白、最精緻純淨的糖或玫瑰花香糖，將之煮成濃稠的糖漿，然後加入兩份打發成慕斯狀的蛋白，將這兩樣東西攪打在一起，再將之展延在紙上，做成小餅乾的形狀，放入烤爐中以小火烘烤。

——《法國糕餅師》

（1746）作者墨農於一七五〇年構思的「點心桌」，那時他才剛剛完成《製作甜食的司廚長》：「……瞧瞧點綴著這花壇的每個糖製圖案，用不同顏色砂糖裝飾的薩克森陶人、樹木、乾果、花盆、綠廊、花環，還有這些色彩繽紛的毛蟲狀方格。這需要何等的才智！何等的品味！多可愛的對稱！」

糕餅和甜食是唯一兩種光用看的就能讓人發胖的食品。我們仍然處於千年來廚藝雜誌中美麗插圖的黃金年代，墨農為此展示了若干版畫，其中之一是用糖錠做成的《基爾凱女巫的宮殿》。

不久之後（1751），這種裝飾狂熱（十九世紀末被卡漢姆重新恢復），在吉耶一本名為《法國的焦糖製作者》——雖然只有一些內行人才知道此書這點頗為奇怪——的書中被毫不遲疑地證明了。而所謂的焦糖製作者，我們都知道就是負責照料和處理焦糖的，亦即煮過的糖。書中的美麗版畫重現了舊式的拔絲及糖錠做法。從十七世紀末開始，糖不再只是一種香料，而是製作糕點的主要原料了。

另外，咖啡和巧克力的飲用風潮也讓糖的總消耗量在整個十八世紀增加了三倍。就風氣和社會而言，甜食的消費逐漸普及。糖促成了歐洲經濟前所未見的飛躍發展，帶來了長達兩個世紀之久的榮景！從安地列斯群島和巴西至舊大陸的大西洋沿岸港口，在各國創立的西印度公司的推波助瀾下，密集的海運發展了起來。煉糖廠宛如雨後春筍般紛紛設立。就像早已察覺風向的勇敢中產階級一樣，貴族在開墾、運輸、工廠及糖的商業交易上都持有股份。簡而言之，每個人都獲得了甜頭並感到滿意。

然而，糖漿在新世界種植場的密集生產很快地提出了一個大問題：勞動力。就利潤而言，勞動力越便宜越好。由於當地人不是逃亡就是遭到屠殺，無法協助這項大事業，只得求助於古人選擇的、從未銷聲匿跡的解決方法：奴隸制度。為了重組美洲人力資源而在非洲所進行的掠奪，讓西方人得以大佔便宜並對此深感慶幸。一位優秀的道明會傳教士拉巴神父在一七〇〇年代利用待在法屬安地列斯群島期間，教導被運送到這些地方的新基督徒群眾，並發明了從甘蔗糖漿中蒸餾出新的酒類，蘭姆酒（rhum，從當地的克里奧爾語**rumbullion**而來，意思是「滾沸的糖漿」）的做法。糖應該大大感謝拉巴神父的新發明。拉巴神父的啟迪應該是來自於當時早已遭人遺忘的馬可波羅，在其遊記中可以讀到：「他們（印度人）釀出極好的糖酒，而這酒會很快地讓人喝醉。」

享樂島上的旅行

「……在平靜的海面上航行了很久之後，我們從遠處瞥見一座有著糖煮水果山、冰糖與焦糖岩石、以及糖漿小河在鄉間蜿蜒的糖島。極為嘴饞的島上居民舔著每一條道路，在河水中洗完澡後吸吮著他們的手指。還有一座甘草森林，旅客只要稍微張嘴，風就會把大樹上的鬆餅吹下來，帶到他們的口中……」

——弗蘭斯瓦．薩利涅亞克．德．莫特——費內

糖塔

就和在比利時南部一樣，在法國北部，若不在節慶餐後來點著名的糖塔，就不算過節了。糖塔可回溯至十七世紀後半，當時運抵敦克爾克港的廢糖蜜——安地列斯群島的粗糖——就是在此地區的十二座煉糖廠中精煉的，其中最古老的一座煉糖場在里耳，於一六八〇年開始運轉。

傳統上，糖塔是用在當時已經可以取得的粗紅糖（劣質砂糖）做成，大多西並在其書中*指出，這種粗紅糖是北方省份的特產。

雖然對家庭主婦來說糖塔非常好做，但麵包師傅賣的量可沒少過。首先要使用布里歐許（奶油圓球蛋糕）麵團，將這種發酵的奶油麵團盡可能地攤平在直徑約二十五公分的模子中，任其發酵膨脹，再覆以大量的粗紅糖。然後，若是有錢人家，會加上一碗混合了三個打好的雞蛋的濃厚鮮奶油。不然就是覆以混合了一個雞蛋及鮮奶油的白砂糖。放入預熱過的烤箱中烘烤八至十分鐘。

當地人會為訪客奉上一大早就在爐邊溫熱、當地稱之為咖啡的菊苣茶**來搭配糖塔，並另外奉上一小塊方糖，讓人含在口中配茶喝。

——參考自 Inventaire culinaire de la France, Nord et Pas de Calais. Albin Michel: CNAC.

*作者註：Le Grand d'Aussy, Histoire de la vie privée des François, 1782, t. II, p. 280, Laurent Beaupré, librairie à Paris.

**chicorée à café，根可代替咖啡的菊苣。

隆，為勃艮第大公閣下之教育所作之寓言集，巴黎，J. Estienne 出版社，一七〇一年。

若無這位聖人和每一位將數百萬黑人卸下安置在種植場的黑奴販子，我們可能會永遠放棄新世界、製糖工業、蘭姆酒及其所有相關利益。只是，在安逸之中，無人聽見一位充滿憐憫的作家發出來的微弱聲音。這位作家就是昂希・貝納丹・德・聖—皮耶，其名著《保羅和薇吉妮》讓讀者灑下不少眼淚，但當他說：「我不知道咖啡和糖是否為歐洲幸福之必須，但我很清楚這兩種植物讓世界的兩個部份都變得極為不幸。」的時候，卻甚至連一聲嘆息都得不到。

亨利四世在位時，蔗糖原本可以變得不是那麼不可或缺，當時的顧問歐利維耶・德・賽何指出，甜菜同樣含有豐富的糖份。但這些意見直到一七四五年柏林化學家安德雷阿斯・馬格拉夫從甜菜的根莖中取出糖的結晶為止，並沒有得到任何的迴響。但有一件事必須指出來，普魯士對於安地列斯群島和奴隸販賣沒有任何的興趣。

不過，當馬格拉夫的門生弗蘭斯瓦—艾米勒・阿夏於一七八六年在西利西亞成立了一座煉糖廠時，普魯士的君主也受到了吸引。意識到安地列斯群島產糖工業不可靠的英格蘭，對阿夏開出了豐厚優渥的酬勞，但他拒絕接受，不理不睬的態度一如先前法國主動湊上來時一樣。他可沒忘記祖先，法國的雨格諾教徒[9]曾因路易十四的迫害而逃亡國外。

最後終於，拿破崙在大陸封鎖時期，下令種植三萬兩千公頃的甜菜並撥了一大筆款子給科學院，使得班傑明・德雷賽在一八一二年，成為第一個以工業方法成功製作甜菜糖的人。今日，甜菜糖佔世界糖產量的百分之四十，蔗糖則為百分之六十。

【9】法國新教徒

砂糖，被糕點魔術師施以魔法的粉末

- 奶油醬汁的作法是將糖漿倒入蛋黃中攪拌，再加上油膏狀的奶油。滾燙的糖漿能消滅蛋黃中的細菌，且使醬汁滑膩。
- 若在攪打蛋白時加入砂糖以及數滴能使之凝固的檸檬汁，打發的蛋白會更緊實。此點在製作舒芙雷、慕斯及蛋白霜時非常重要。
- 在打發的蛋白中加入一湯匙砂糖有助於其與蛋糕麵糊的混合。
- 為了讓塔皮麵團有酥酥的口感，糖的量應是麵粉的一半。
- 為了避免塔皮底部在烘烤時變軟，應在放置水果前混合灑上等量的細麵包粉及細砂糖。
- 要讓蛋糕脫模變得更容易，可在裝填麵糊前，於已塗上奶油的模內灑上砂糖。此建議亦適用於任何一種的甜舒芙雷。
- 若先沾過加糖的檸檬汁，蘋果塔中的削皮蘋果會較慢變黑。
- 在糖煮水果快煮好時才加糖，會讓滋味變得更好。
- 冰凍水果以前，應在保鮮袋中加入砂糖（每一公斤的水果配上一百公克的糖）及檸檬汁（每一公斤的水果需一顆檸檬），然後搖晃袋子。水果的香氣及顏色可以保存得較好，也較耐久。」

——節錄自 M. P. Bernardin et A. Perrier-Robert 之《糖之大全》，©Solar 出版社

但是，糕餅甜點師以產品品質為由，將特權賦予了蔗糖，他們認為蔗糖更甜，因為它更細、更白、更純粹。他們也認為蔗糖比較高貴。在日常用語中，「pure sucre」（純糖）意謂著完美。

奶油不只是奶油

倘若糖和蜂蜜成就了蛋糕，那麼「油質物體」，特別是奶油，則讓蛋糕變得更為美好。事實上，在揉製的麵粉和水中加入奶油時，油脂粒子會鑽進麵筋（穀蛋白）的絲狀體之間，加強麵團的彈性和柔潤。蛋糕易融於口的程度端視油脂的選擇，滋味亦是如此。

在現代，製作不同的糕餅有不同的油脂可供選擇。對於任何一種甜或不甜的麵團來說，奶油、植物油或椰子油的味道皆屬上乘，而且是天然的。乾椰肉則留給大量生產的餅乾製造業使用。

豬油、小牛或牛，甚至家禽的動物性脂肪也是自然產品，但味道明顯，因此適合製作鹹味糕餅。工業產品乳瑪琳來自於脫臭加工處理的動物或植物油脂，優點是價格便宜且有某些營養價值。不過優秀的糕餅師無法想像不是「新鮮純奶

「小牛之繩」

將麵粉、蛋黃、奶油、糖、玫瑰水及鹽和成麵團。再加上少許白乳酪，將麵團揉至緊實，加入一片奶油，將麵團揉成約兩指的厚度，放入烤箱烘烤。烘烤後取出，切成半指長的菱形，將融化的奶油淋在其上，再撒上糖。

——無名，《頂好食譜》，里昂，一五四二年

椰子粉的廣告，1885 年。

油」的產品。也有一些未含奶油的糕餅，例如薩瓦蛋糕。

奶油不僅在糕餅的滋味上發揮作用，不同的使用方法也會讓麵團的「結構」有所不同。就如我們在任何一本食譜中見到的油酥餅、英式水果蛋糕或卡特—卡荷、基本酥麵團、千層酥、蘋果捲或帕斯提斯，每種糕餅中的奶油分子皆以特殊的方法與麵粉分子和糖分子結合在一起。這是糕餅製作的另一個美麗奇蹟！即使化學或物理能夠解釋此番煉金術，對門外漢來說仍是奇蹟。

在這裡要透露一個生手不知道的小祕密：軟化的油膏狀奶油與用在某些特殊烹調法裡的融化奶油，兩者特性不盡相同，例如金磚蛋糕的製作方法。遵守明確的規則——支配了不同的製作方法——糕餅製作才會成功。一般來說，糕餅製作並非即興創作，而是種講求精確的科學。我們將會一再提及。

依據目前藏於柏林中東博物館、可回溯至蘇爾基王在位第四十年時的蘇美黏土板上所刻的楔形文字帳目，我們可以確認，西元前四千年在美索不達米亞已經出現了乳製品。而即使沒有任何正式證據，但奶油和乳酪在比西元前四千年更早之前就被製造出來的說法，依舊塵囂甚上。

我們還擁有一些不甚清楚的文獻。一般的意見是認為，乳和乳酪是從山羊和綿羊身上獲得的。因為在這樣的氣候中，羊群分布範圍比用作駕車牲口的牛隻更廣。若那時已有奶油，應該和現在的阿拉伯奶油沒什麼兩樣：出自母綿羊，白色，極濃膩，味道像侯克堡乳酪。而山羊乳除了用來製作乳酪，並不用於製作奶油。

然而，要是古代文獻提到大量的乳酪是因為在當年那種沒有任何舒適的起居設備、沒有衛生學、沒有治療護理的時代，只有這種方法可以保存羊乳。那麼白乳酪，即瀝乾的凝乳，便擁有被單獨製造出來的傾向。但在楔形文字的帳簿以外，並未有其他文獻提及奶油，除了在加斯東・

奶油和攪乳器

馬斯佩羅翻譯的著名柏林紙莎草紙（約西元前一五〇〇年）上，在敘述一個埃及海盜的一生時寫道，在西乃半島的東北方，接近以拉他的地方，貝都因人製作「各式各樣的奶油及乳酪」。敘述中未提及用法。

和希臘人一樣，古羅馬人不怎麼重視奶油，他們稱之為 buturos 或 buturum，字面之義為「母牛的乳酪」【10】。不過他們的糕餅製作卻大量使用真正的乳酪，不論是新鮮乳酪或是白乳酪。和魏吉爾一樣，無人表示對牛奶的喜好（牛一直是駕車的牲口），對來自山羊或綿羊的乳酪也是如此，就像所有的環地中海地區一樣。

奶油在缺乏牧場的地區一向較不受喜愛，即使是歐洲地區也一樣。在揉製麵團時，傳統上僅單純使用植物油、豬油，或不久以前仍然在使用的、煮開的奶的「奶皮」。

雖然我們約略瞭解為數眾多的希臘蛋糕的每一種作法，雖然我們只讀過一次古羅馬人阿庇修斯的著作（《奢華之書》）就能舉出書中提過的，在放進爐子烘烤前，要先將麵粉和油製成的麵團包覆在令人垂涎的蜜火腿上，但是，古代的糕餅食譜在油脂比例和應用方法上卻幾乎什麼都沒說。

即使中世紀的菜譜彙編內有許多圓餡餅、

【10】作者註：通常帶有腐臭味。阿庇修斯在兩道食譜中用到鹹奶油，但未用在糕餅上。

關於奶油

法國擁有最多樣化的奶油「產區」。奶油這種產品自成一類，卻又擁有種種細微的差異。事實上，只有奶油能將清淡、精緻及滑膩賦予麵團與蛋糕，而無脂肪令人不悅的氣味。

不過，糕餅師是用「乾」奶油來「tourer」（用奶油和麵）的。若我們知道，依照法規，奶油必須含有百分八十二的脂類及百分之十六的水份時，必然會感到十分驚訝。如何選擇不同地區的奶油，哪種奶油適合哪一類糕餅的製作，常讓外行人深感困惑。

「乾」奶油適合做乾麵團、鬆脆麵團、基本酥麵團、油酥麵團或摺疊千層派皮麵團。原因在於，「乾」奶油較易維持住，不會讓揉好的麵團軟化，又能同時保持柔軟，但它無法伸縮、展延而不破裂。具有某種更柔軟口感的奶油，多半專門用來製作奶油醬汁及易溶於口的麵團，例如布里歐許、熱那亞蛋糕、卡特—卡荷、瑪德蓮及泡芙麵團，它們能發揮出極佳的滑膩感。

儘管製作奶油的製程中有一定的管控，但季節的節奏、氣候、每一地區的農牧狀況等等，都會使奶油之間有著不同的特色。

在夏宏—普瓦圖、布列塔尼以及東部地區，奶油比較硬，且一整年都比其他地區更「乾」，也比較白。

在諾曼第及山區，奶油較軟，較「油」，也比較黃。

為了讓所準備的各類麵團皆能盡善盡美，糕餅師會慎重使用不同的奶油以發揮其優點。但是，無論如何，新鮮的上等奶油仍是成功的基本要素。

奶油塔、餡餅，餡餅麵皮的製作卻屬於麵包師及糕餅師。這些不在廚房而在其他地方工作的人做事向來全憑個人經驗。每個職人都保有自己的祕方，且不願意與他人交流。

不管怎樣，餡餅麵皮不過是相當簡單的麵團，是豬油酥麵團中的一種。植物油——橄欖油、核桃油或大麻子油——的價格極為昂貴。而因為諾曼人（當他們還是斯堪地那維亞人時就已經在使用了）才普及開來的奶油，在正餐之外則是吃生的，當時的人認為這樣可以殺菌。

十六世紀中期出版了《頂好食譜》。這本暢銷書已十分具有現代感，並將以二十多種不同名稱再版無數次。在其超越時代的電報風格文體中，不知名的作者提供了一道白乳酪餅乾食譜——名稱是讓人非常好奇的「小牛之繩」——其中的材料及作法總算有了指示，卻仍然沒有任何的劑量。

接著到了一六〇四年。已具有一定組織的糕餅師大有進步。出版社亦然。但法國不安定的環境卻使編纂者無心編書，他們自滿於再版和重新包裝上個世紀的暢銷著作。

不過，一顆新星照亮了歐洲的廚藝天空。一顆比利時之星。畢竟不是只有法國菜而已，還有法語地區的菜餚啊。

書的標題宣稱，這位蒙德馬松人隆瑟洛．德．卡斯多曾在一個美好的城市列日擔任過三位主教君主的廚師，這是參考價值之一。再者，他非常了解自己擅長的專業。即將退休之際，這位剛晉升的布爾喬亞推出了一本非常傑出的著作。

隆瑟洛大師的《廚藝入門》（當時在列日 Onze Mille Vierges 教堂附近的 Poilon d'or 販售）甚至值得上是「無比的傑出」，因為此書展現了一座絕佳的糕餅製作寶庫。《廚藝入門》以法文書寫，十分國際化。書中除了讓人充分感受到法蘭德斯地區的生活藝術，還提到當時的奇特物事，同時並讓我們飽饗來自義大利、阿拉伯—安達魯西亞、奧地利—匈牙利、愛爾蘭、葡萄牙等地的盛宴。

我們不只學到如何製作隆瑟洛大師的「蘋果捲」麵團：製作時需若干雞蛋，些許奶油，揉上十五分鐘……；還能學到如何依據麵團的用途來選擇油脂並決定使用的份量，例如：豬油用在豬肉小餡餅，奶油用於發酵的布里歐許，其上覆以葡萄乾與蔗糖……。請記住，我們的大廚來自奶油之鄉。

但在這一切中，上帝的角色為何？是的，應該好好想想。我們都快要忘了封齋期及必要的齋戒日了。從十四世紀起，人們每逢懺悔日就會陷入加倍的罪惡感中，因而犧牲了蛋糕。老饕對於必須放棄這些用奶油、乳酪或豬油做成的美食更是心有不甘。但塞翁失馬焉知非福，這也激發了製作能力與想像力。多虧了各色乾果及新鮮水果、果醬、牛奶及植物油，亦多虧了在宗教上的寬免，人找到了能滿足口腹之慾的東西，並在獲准食用的日子裡彌補回來。封齋期不再嚴峻了。

悲哀的是，在現代，封齋期事實上幾乎已不存在，我們卻將之重新發明——以大腿脂肪團之神及膽固醇之神的名義。這個叫做「自我養生法」的新興宗教，其信徒任憑「代糖」及現成「抹醬」（不必烹煮）差遣，例如混在乳清中的大豆卵磷脂。[11]我們無法稱呼用這些玩意做成的東西叫做蛋糕。

“AB OVO”

在古羅馬，生日蛋糕並非在慶祝生日的大餐後品嘗，而是獻給保護神的。老卡托為最傳統的 libum 蛋糕提供了作法，非常簡單：「小心地和好一磅麵粉、兩磅搗碎的鮮乳酪及一顆

【11】作者註：一種以加了磷的脂類為基礎的黏合劑，也可從蛋黃中取得，故名。

蛋。用陶土蓋子覆上，放入熱爐中烘烤。」

阿庇修斯則為私人使用提供了一道甜點，作法是：「將胡椒、松子、蜂蜜、蕓香及淡黃色的葡萄酒搗在一起，加上奶及麵團，與若干個蛋一起烹調。食用時淋上蜂蜜並灑上辛香料。」

這種以淡黃色葡萄酒製成的拉丁「蛋糕」若是剔除掉其中的胡椒和蕓香（一種用來殺蟲，氣味難聞的藥草）就會非常好吃。但即使這道食譜裡的蛋和其他材料任人估計份量，要知道的是，一般古羅馬人在糕餅及菜餚製作上，是很節制地在使用蛋的。

如同許多開發中國家的人民，古代人認為蛋的營養價值比不上生產蛋的家禽。除了古羅馬的巨富人家，一般人通常不會浪費這樣的財富，而且他們只使用雞蛋，並把其他較珍貴的家禽的蛋留下來繁殖。在以前，家禽飼養場中只有鵝或鴨。人們也不會食用拿來抱窩的蛋。

其實，母雞和公雞一直到大約西元前五世紀才出現在希臘。從馬來西亞到地中海，紅棕色塚雉所經歷的路程事實上極為遙遠。牠們在長途旅程中漸漸改良：被捕捉、被飼養在印度河流域、傳到波斯，在呂底亞深受富裕美食家國王米達斯的喜愛。當時，雞在雅典[12]與羅馬仍相當罕見。雞舍設於神廟附近，因為這些雞形目的鳥類將在神廟中成為聖鳥，供占卜官所用。占卜官會依其啄食方式來判定吉凶。

同時，雞蛋加入了人類的飲食。首先是那些

【12】作者註：在佩里克雷斯（495 B.C.-429 B.C.）之後，使用雞蛋的食譜甚為稀少。文法學者兼美食家波路克斯曾講解布丁的祖先 thryon 的作法：將豬油、腦、雞蛋及新鮮乳酪和在一起。用無花果葉包裹起來，放入禽鳥或山羊羔的高湯中烹煮。然後放在滾燙的蜂蜜中炸。

珍貴的供品蛋糕，就像我們先前品嘗過的 libum。

當雞蛋的數量變得大量而充裕，並在西元二十五年攻入廚房之際，阿庇修斯（或其甜點師）撰寫了幾份用雞蛋做甜點的珍貴食譜，像是剛剛提過的 dulcia，只要去掉當年的辛香料仍然永垂不朽；還有名字源自希臘—拉丁文的 turopatina 牛奶蛋糊（turo 為凝乳，patina 為混合）。值得注意的是，阿庇修斯在此詳細敘述了材料的份量。

西元八三七年所舉辦的亞琛主教會議禁止在封齋期中使用蛋，但因為蛋已成為全歐洲日常飲食的一部份，尤其是在修道院中，教會很快就睜一隻眼閉一隻眼了。只要不含奶油與豬油，每個

蛋的象徵

蛋普遍被視為創造的象徵，因為其中的胚胎可發展為生命之表現。對古埃及人來說，「蛋」這個字是陰性的。蛋也是大自然季節更迭及其重生的象徵。蛋和生命的循環有極密切的關聯，許多傳統亦將之賦予神奇的功能。這些都可在許多故事中見到……。

我們也發現蛋與祭祀有關。獻祭時或原封不動呈上、或做成聖糕。這些供品屬於春天的土地及重新甦醒的大地，是慶祝祭典的一部分，甚至出現在各種圍繞著「誕生」的私人慶典上。復活節彩蛋即是一例。

對於煉金術士來說，蛋曾是每一種蛻變的中心、方式及主題。

——皮耶．葛里宗，《象徵字典》，Séghers 出版社

阿庇修斯的 TUROPATINA 牛奶蛋糊

取一些牛奶，還有一個盤子，將蜂蜜混合在牛奶中做為牛奶之甘味，每一 sextarium* 加五個雞蛋，或每一 hemina** 加三個雞蛋。將蛋和奶打至均勻，用布過濾到一只庫邁製作的盤子中，以小火烹煮。煮好後撒上辛香料食用。

* 作者註：古時液體容量單位，約 0.547 公升。

** 作者註：古時液體容量單位，約 0.2736 公升。

人都可以品嘗用蛋做的點心。

不過，因為一場亞維農教宗克雷蒙六世加冕的特別宴會，一三四四年的封齋期後卻要再等上兩個月才能吃到蛋。這場盛宴集結了無數賓客，歷史學家卻思忖著教宗的司務長是如何且在哪裡收集來製作五萬個塔及餡餅需要的三千兩百五十打雞蛋。或許為了取得這麼多的雞蛋，遂延長了在許多窮苦老百姓眼中極嚴苛的封齋期？

然而，這些蛋夠新鮮嗎？中世紀可不拿品質來開玩笑，杏仁依然是唯一有效的預防方法。說到這裡，我們想起了在阿姆斯特丹國立美術館中，布洛麥特一幅令人激賞的畫作《賣雞蛋的商婦》。雖然畫中這位老實婦人所生活的年代晚了許多，約一六三二年，就我們的觀察，也還是只有一個無需敲破就能檢驗雞蛋新鮮與否的方法：把雞蛋拿到燭光前檢驗。

無庸置疑，教宗吃的雞蛋比較有保障。一三七七年整年的六千個雞蛋，都由第戎的兩間家禽商供應給勃艮第公爵的屠夫歐班・古贊。aubin 在古法文中的意思就是「蛋白」。

其他的數目也令人疑惑。一七九四年五月十七日在巴黎糕餅師莒布瓦的地窖中查扣了三千個雞蛋。法國大革命的缺糧導致了此項原料的消失，但雞蛋是美味蛋糕不可或缺之物，美味的蛋

製作糕點的雞蛋

蛋黃的黏合特性使其被用來製作麵團及醬汁。若長時間用力攪拌蛋黃和糖，可將氣泡包在其中，就像打發的蛋白一樣。打發起來的蛋黃會變得較白。蛋糕在烘焙時體積會增加，例如海綿蛋糕，因為熱不僅使空氣膨脹，也使濕潤麵團中的水蒸氣膨脹。水蒸氣在極微小的水滴推力下，會膨脹到蛋糕中所有材料皆凝固為止。蛋糕於是鼓了起來，而且變得非常輕盈。

蛋白最常打發成泡沫。打發使其體積大增，因為其中含有氣泡。同樣是打發，先加入一小撮鹽或數滴檸檬汁有助某種程度的冷凝，可用來加入各式醬汁中（視食譜而定）以獲得些許輕盈感。但因為是生的，最後仍會坍陷下來。

若要用來烘焙，打發的蛋白有助於麵團膨脹，就像在製作舒芙雷時一樣，但舒芙雷同樣會坍陷，因為包含在其中的濕潤氣泡會因冷卻而失去其體積。不過在塌落時，打發起來的蛋黃卻因加入了牛奶而得以保持柔軟。這是舒芙雷一出爐就得馬上享用的原因。

糕更是這位前宮廷供應商的榮譽所在。那時需要糧票才能獲得以單顆數算的雞蛋，就像奶油（當時最受歡迎的是凡夫奶油）、植物油、鹽，甚至是肉類一樣。雞蛋的地位向來重要。當然還要準備足夠的金錢才能買到這些東西。遭伙計告發的糕餅師莒布瓦嘗到了住在地窖的滋味——在巴黎裁判所附屬監獄的地牢中，他在那裡會碰到許多老顧客。

巧克力，神的美食

我們即將說到一八三二年才發明出來、供大家一起分享的巧克力大蛋糕了。那是在奧地利的維也納，此一天才發現則歸功於梅特涅親王的糕餅師弗蘭茨·札赫。在稍後的年代中會提到札赫的事蹟。

維也納是糕點的天堂，這城市似乎也注定成為蛋糕之王的降臨地。巧克力蛋糕變成了美食的巔峰，甚至幾乎成為美食巔峰的同義詞。

之所以需要在糕點的歷史中耐心等待如此長的時間，是因為西方文明接受巧克力的時間甚晚，也因為我們花了四個世紀的時間來加工製造，然後才創造出那些非個人獨享的大蛋糕。

可可亞是製作眾人皆知的巧克力的原料，其學名出現甚晚，於一七三七年由偉大的瑞士博物學家卡爾·馮·林內命名。此一希臘—拉丁學名theobroma在科學界就像是應該的那樣，意思是「神的食物」。

某個名為巴修的人在一六八五年三月二十日的醫藥論文中主張，可可亞就是諸神的食物，而非ambroisie（神話中，奧林帕斯山上的眾神食物）。他反映了當時歐洲人認知可可亞的狀況：一五一九年十一月的某一天，在阿茲特克帝國的首都墨西哥城，指揮西班牙部隊的征服者科泰斯受到了莫克特祖瑪皇帝及其臣民的熱烈歡迎。

這些人以為重新見到了他們愛戴的神明，之

裝箱巧克力的工廠女工，約克郡，1949 年。

前消失在東方海洋上的羽蛇神魁查爾科阿特。祂是自然、空氣、水、音樂、詩歌之神，也是天堂的園丁。而魁查爾科阿特管轄的 cacahuatl 樹的果實中有極肥碩的種子，將之焙炒、壓碎且在滾水中調和後，會成為一種神奇的飲料：眾神飲用的 tchocoatl。

這種神聖且有催情功效之譽的飲料只授予塵世中的貴族與士兵，並使用蜂蜜、香草還有麝香及辣椒來增添香氣；若上戰場時需要熱量，則加入玉米粉。

被剝奪了葡萄酒，西班牙人習慣了不放麝香及辣椒的 tchocoatl。征服墨西哥且殺害兩代皇帝的科泰斯於一五二七年回到家鄉時，餐桌上總少不了一個盛得滿滿的巧克力壺。

在傳教士及初期移居者的讚賞出現以前，可可亞在歐洲並未真正流傳開來。直到一五八五年，當第一批大量的可可豆從維拉克魯茲運來時，儘管價格高昂，卻銷售的非常之快。

巧克力餅乾

取六個新鮮的雞蛋。將其中四個敲破，其蛋黃和蛋白分置於兩個瓦缽中。將一盎斯半*壓得極碎的巧克力及六盎斯的細砂糖加入蛋黃中，一起攪打十五分鐘以上，接著加進打發的蛋白。均勻混合後慢慢加入六盎斯麵粉，並持續攪拌。用湯匙將餅乾麵糊輕輕放在用奶油塗過的烘焙紙上，撒上一些細砂糖做為糖面，以小火烘烤即可。

——墨農，《布爾喬亞女廚師》，布魯塞爾，一七七四年。

注意：文中並無提到另外兩顆蛋的用途，或許是只使用其蛋白？其量用於「做壞的」蛋糕模中正好可做成一個供眾人分享的蛋糕。

*作者註：一盎斯等於 30.094 公克。

兩位來自西班牙，相繼成為法國王后的安娜和瑪麗—泰瑞莎，一是路易十三的妻子，一是路易十四的妻子，讓凡爾賽的宮廷認識了可可亞。但根據編年史家維紐·德·馬偉爾的說法，路易十三的首相之弟，里昂樞機主教阿爾豐斯·德·黎希留才是「第一個在自家使用此藥物的法國人」。樞機主教使用「某些西班牙修士帶到法國的祕方巧克力，可解氣鬱」。

巧克力不再被視為香料，此風尚已過，卻仍舊被當作藥品，正如塞維涅侯爵夫人在其著名的書簡中所證明的。巧克力要等到一七七四年墨農的《布爾喬亞女廚師》才首次成為糕點用料，製作出美味的巧克力指形餅乾。值得注意的是，一

可可樹與果實

六五九年就已經懂得製作固體巧克力了，所以若沒有買到粉狀巧克力，在這道食譜中得將巧克力碾碎來使用。

事實上，從英格蘭開始，巧克力風潮在整個十八世紀遍及全歐，但德國仍長期將之視為藥品。法國宮廷中的貴族身上總帶有裝著麝香味巧克力糖錠的糖果盒。人稱這種糖果為 muscadine（麝香糖），風雅人士則稱為 muscadin。

一七七八年，喜歡在家中修修弄弄的食品雜貨商多黑先生向巴黎醫藥學院展示了他發明用來製作巧克力的水力機器，專利證上寫著「無需使用人手，就能研磨可可糊，並與不同的材料混合」。

然而，一七八〇年，一位名叫杜圖的優秀藥劑師在聖德尼街五十六號開業，雇了六個工人，堅持以手工製作當時的貴族飲料巧克力，一天限量二十五到三十磅。每磅售價為六至八法郎。杜圖主張唯有一流藥劑師之手才能確保配方的正確

阿茲特克人所繪的可可樹，他們認為可可豆是天神賜與的食物。

從可可豆到巧克力粉

可可樹源於中美洲，樹高中等，如今栽植於全球潮濕的熱帶地區。可可樹的果實（cabosse，西班牙文為 cabezza）長得像拉長的嬰兒頭顱，懸掛在樹幹或粗壯的樹枝上。果實內白色且味酸的果肉含有許多稱作可可豆的種子。果實變成棕色時即為成熟，可供摘採。

收成以後，讓種子發酵一星期，使香味散發出來，就像馬雅人及阿茲特克人以前做的那樣。然後使其乾燥，以去掉果核的苦澀。

接著，焙炒去掉表膜及胚芽的可可豆，軋碎，不斷磨細，直到成為可可脂含量百分之五十以上的流質糊狀物。可可脂極為珍貴，內含巧克力特有之香味物質的絕大一部分，並讓巧克力變得柔軟滑潤。從可可脂中提取一定的比例，即可獲得可可粉。

用於食用、製作糕餅、製作糖果的巧克力基本上都富含可可脂，但會在製作時依據產品特性而混合不同的材料（糖、牛奶、香料等等）。之所以說「基本上」是因為，歐洲的法規允許未含天然油脂的便宜花俏小玩意使用能降低成本的各種油質乳劑，但亦可想見產品品質之低下。憂心忡忡的法國甜點師與糕餅師則堅守可可脂的價值，畢竟那是它們存在的理由。

無誤。選工人也很困難，他要清潔、細心且體力好的人，工人們得用手來搗碎每日產品所需的可可豆。

身為「一流巧克力製造者」的第一人，杜圖先生愛惜自己的產品到不惜宣稱：不論是誰，若不使用銀鍋烹調、不用銀匙攪拌，就不配買他的巧克力。

杜圖先生只想將舖子及製作祕方傳給像自己一樣的一流藥劑師。而幸運的中選人，安德烈·洛埃斯特，其青出於藍的悉心照料讓舖子的聲譽得以繼續流傳，雖然英國的大陸封鎖政策一度讓法國失去了這項來自殖民地的產物。

在第一帝國末期，可可亞的豐收再現，成為男女老少所有人的巧克力聯歡大會。高達三十萬磅的可可亞消耗量增長，讓手工製造明顯不足。在那時，工業時代已然開展無疑是個幸運的巧合。

一八二八年左右，擁有歐洲第一家巧克力工廠的荷蘭人卡斯帕魯斯·范·胡登取得了用機器去除可可脂的專利。如此一來，巧克力便能製成粉末，糕餅師在使用時也更簡單、更經濟，像在飲用時一樣。

這項發明為巧克力的製作引進了極大的進步。在麝香糖之後的一百年，一八一八年於巴黎出版的《王室製糖者或糖果製造術》不能在提及巧克力糖時仍然只說，「健康巧克力開心果」、「巧克力油炸點心」及巧克力糖衣球，就和「可憐的瑪麗—安東尼王后極為激賞的糖衣錠一模一樣」。

最後，應該要知道牛奶巧克力得歸功於來自維唯的瑞士人達尼耶·彼得，那是他在一八七五年的偉大發明。

巧克力的品質不僅仰賴可可豆的品質，還有賴於製作過程中每一階段的悉心關注。一流的巧克力師傅就連最小的環節都會進行管控。

從栽植到流通，可可亞的每一個產地皆被視為單一原料產區，其特性端視產品用途而定。

製作蛋糕及甜點時，糕餅師會選擇可可亞含量極高但糖份比例極低的巧克力。若要做配飾、裹糖衣、加糖面、易溶於口的糖果及夾心糖，則偏好稱為「couverture」的特殊巧克力。這種巧克力含有高比例的可可脂，糖份卻比食用巧克力來得少，如此才能降低融點。

常用來做蛋糕或甜點夾心的「ganache」是把切碎的巧克力融化之後、混以同比例的滾燙鮮奶油（稱為奶皮）攪拌而成。視情況不同還會加一些奶油、香料或不同的酒類。

令人讚不絕口的姜度亞則是義大利人的發明：將皮耶蒙野生榛果磨成極細的粉末後，與可可亞糊混合而成。

自莫克特祖瑪皇帝以來，巧克力與其同胞香草一向維持著溫柔純樸的愛情。但目前的低價產品卻促成了已有數百年歷史、高貴美味的巧克力與庸俗的合成香草之間的不倫關係，合成香草還虛偽地稱作香草醛。唉！

增添甜點香味的香草及咖啡

雖然開明的現代主義現正引領著糖果製造師製作辛香料口味的巧克力松露（胡椒口味、咖哩口味或匈牙利紅椒口味等），但我們馬上就會說到，香草並非辛香料的一種，而是帶有醉人甜味的植物性香料。

學名 **Vanilla planifolia**，香草是種開白花的蘭科植物，生長在中美洲的森林中，就在可可亞樹的旁邊——正如羽蛇神魁查爾科阿特所預言的。

然而，舊世界在幾乎將靈魂賣給巧克力的三百年以後才喜歡上香草。事實上，香草在十九世紀中葉以前幾乎遭人遺忘。十九世紀中期，香草才開始出現在一些點心食譜裡。極著名的《鄉村及都市的女廚師》初版書中就沒有把香草包含進去。但大仲馬在寫於一八六九年、同樣知名的《廚藝字典》中說到：「香草的氣味極為纖細且

香草莢果

十分甜美，可用來增添醬汁、利可酒和巧克力的香味。」

像極了纖長四季豆的香草果實同樣需要發酵，就跟可可亞的果實一樣。乾燥以後的香草果實會成為深棕色的莢果，上頭並包覆著由極細的香草醛──真正的香草醛，或香的乙醛──結晶所構成的糖霜。

世界上最好的香草是波旁香草，源於一枝在一八三〇年左右運到留尼旺島的香草插條。馬達加斯加目前負擔全球四分之三的消耗量，亦即每年一千公噸。在醫學上，香草還是知名的催情劑（高劑量時）。這下該如何看待香草冰淇淋呢？

至於咖啡，有許許多多不同的傳說都述說著它如何被人類發現的故事，我們無法將之歸於任何特定的神話來源。歐洲人一直到十七世紀末才認識咖啡，當時是土耳其人把咖啡從中東帶了過來。

一開始，咖啡是種把乾炒過的咖啡樹果實（種子）用水煎來喝的提神飲料。但從路易十六的時代起，咖啡迷人的香氣被用於增添醬汁的香味，就如一七七四年的《布爾喬亞的女廚師》中一篇食譜所見證的。在當時，人們煮的是「希臘式」咖啡，煮過了會再煮（五次！）。這裡應該要說明一下，咖啡抽取物及即溶咖啡要等第一次世界大戰之後才會出現。

雖然如此，自攝政時代（十八世紀初）起就已經開始製造諸如咖啡塊（？）、糖衣球、可做「速食」咖啡的基本咖啡油及咖啡利可酒等產品。著名的糖果師傅哈夫瓦吉耶甚至製造出「一種粉末狀煙草，有著牛奶咖啡的顏色和味道，對付頭痛療效甚佳。」！

而在知名的《食品報》中，一則迷人的酒館廣告指出：「摩卡咖啡每磅價格五十蘇，可在自家享受品嘗之樂；馬提尼克島的摩卡咖啡每磅三十蘇，品質極佳。以上產品在店內皆可試飲。」

摩卡這個形容詞一直通用。但依法律來說，

咖啡樹與果實

摩卡僅指咖啡的品種之一，一種來自阿拉比亞、傳統上以其輸出地葉門海港之名稱呼之的咖啡。真正的摩卡咖啡極為濃郁——就算不是麝香的香味，香味也非常強烈，是一種製作糕餅、糖果及冰淇淋時的優質香味。

一如往昔，今日仍濫用此字，就像是「馬提尼克島的摩卡咖啡」。但是被稱為「摩卡咖啡蛋糕」的熱那亞奶油及咖啡醬汁夾心海綿蛋糕，其美味絕對配得上這樣的稱呼。

至於在肉桂方面，肉桂是香料及辛香料中的長老。極喜愛肉桂的埃及人及希伯來人僅將之用於化妝品。肉桂是Cinnamomum verum這種月桂

巴庫斯醬汁

在鍋中倒入三個半septiers（約0.7公升）*的白酒**，加上兩個青檸檬皮的碎屑、一小撮芫荽、一小塊肉桂及三盎斯的糖，用小火在十五分鐘內煮開。在另一個鍋子中用六個蛋黃調入半咖啡匙的麵粉，將剛剛煮開的白酒一點一點地加入其中，當醬汁的溫度降至半冷時過篩，隔水加熱醬汁，醬汁變稠時取出，保持新鮮，直至使用。

——墨農，《布爾喬亞女廚師》，布魯塞爾，一七七四年。

* 法國舊時液體容量單位，一個septiers等於半品脫，約為0.465公升。

** 作者註：可試試威尼斯的麝香葡萄酒，或者是banyuls blanc，或是sauternes。

樹的樹皮，或是真正的肉桂樹、被稱為「錫蘭桂皮樹」的樹皮。錫蘭桂皮樹本野生於東南亞各島嶼上，十八世紀末起則遍植於各熱帶地區。

在古代價格高得離譜的肉桂從中世紀起漸漸變得較為平易近人。在中世紀的法國，百分之六十七的精緻肉類或魚類菜餚中攙有肉桂。但文藝復興時期以後只用在點心及飲料中。義大利、西班牙、魁北克則和阿拉伯及東方各國一樣，時常在菜餚裡加入肉桂。

在法國，肉桂的香氣往往與「媽媽的點心」之回憶連結在一起。為了方便，我們最常使用的是粉末狀的肉桂，但近兩百年來從肉桂碎片蒸餾出來的香精亦用於食品及化妝品製造中。殺菌力極強的肉桂對健康同樣頗有益處。

對於成人來說，若能在點心及蛋糕中嘗到些許酒香該多好！這種用法並不古老，優質白酒自十七世紀起即用於美味的「巴庫司醬汁」中，蘭姆酒則被用在浸漬拉迪斯拉斯國王珍愛的巴巴糖漿裡。我們將在後邊看到，一七〇〇年代誕生的蘭姆酒等待了一個多世紀才遇上識貨的糕餅師。

當然，我們老早就識得一些水果酒了，如櫻桃酒或橙香酒，就如我們知道使用各類水果或核果浸漬在烈酒中的方法來製作自家的水果酒。一六六〇年出版的《法國果醬師》裡就有製作方法，但要等到十九世紀，水果酒才進入專業或家常的甜點製作中。

第四章

歷代知名甜點

聖經時代、古埃及、古希臘及古羅馬

亞伯拉罕的餅

這是很久很久以前……在西元前兩千年的青銅器時代，發生在巴勒斯坦靠近希伯崙的幔利的事情：「那時正熱，亞伯拉罕坐在帳棚門口。舉目觀看，見有三個人在對面站著。他一見，就從帳棚門口跑去迎接他們，俯伏在地」。

接著，亞伯拉罕拿了水讓他們洗腳，且拿了一點餅來讓他們補充體力……他急忙進帳棚跟妻子撒拉說：「你快拿些三細亞細麵調和作餅。」

以上是糕點最初的書面記載。當然，聖經的這一段文字（創世記第十八章第三節及第六節）成於較晚的時候，約於西元前一千年左右。但是，不管是不是信徒，眾人皆承認聖經是人類歷史及文化遺產的一部分。

看到「書中之書」從一起頭就提及糕點，十分有趣。這證明了這些餅和菜餚——在此是為了獻給至高之神的使者——在我們的文明精神中極為重要。既是靈命上的菜餚，也是物質上的菜餚，擁有正面的雙重象徵。還有，這些菜餚是藉著女性，養育者之手所準備的。

關於亞伯拉罕的餅，我們所知僅止於此。順服丈夫的撒拉用了三細亞的細麵粉，也就是四十公升的細麵粉！如此用量足夠做出極多的糕餅。可是，這位族長的野營地能有什麼樣的爐灶大到可以烘焙這麼多的糕餅？四千年前有爐灶嗎？或是像貝都因人現在仍然做的，在沙漠中將薄餅放入炙熱的砂中烘烤，是這樣做的嗎？

聖經的註釋及窮究舊約聖經之每一字句的律法學者甚至無法提出這些疑問。用希伯來文寫成的原典說的清清楚楚是OUGA（糕餅），而不是簡易薄餅——就像我們在與此年代相關的眾多遺址挖掘現場中見到的，那種在灰燼中或在石頭上烘烤的薄餅。

我們只知道撒拉「調和」了這麼大量的麵

團，但不知道她加了什麼其他材料進去。蛋嗎？不是。這些游牧者與其同一時代（中王國）的埃及人相反，他們沒有任何家禽飼養場，鵝或鴨也無法在沙漠中存活。至於雞嘛，還在被創造的途中……如果可以這麼說的話。

撒拉用了亞伯拉罕趕緊去找來的奶和奶油（或者是乳酪或鮮奶油，視譯者而定）來準備招待訪客的菜餚。那麼，有可能會是用牛犢做成的晚餐嗎？

這麼斷言是很大膽的：儘管亞伯拉罕表現得慷慨大方，還拿了這些珍貴稀有的食材來改善三細亞細麵粉做成的糕餅。但為了和日常的餅有所區別，使這樣特製之餅能配得上「糕餅」——糕餅這字是特意選擇的——這樣的稱呼，麵粉中應該事先加進了某樣東西，以賦予糕餅之節慶及美食的特色。某種甜的東西，我們馬上就想得到。

那個時代已經有蜂蜜了。游牧者的牲畜吃草的綠洲、森林及原野的四周皆出產野生蜂蜜。或者是中東民族視為上天恩賜的水果，富含天然糖份的椰棗。希伯來人將椰棗當作「充滿上帝恩惠的義人」的象徵。磨成粉的椰棗在希伯來人所居住的地區中被用來製作烘餅，或任其自然熟透成為蜜餞後，置於有孔的容器中擠出糖漿，獻給上帝。

這就是為何，我們在經過審慎地思考後認為，亞伯拉罕的餅是以麵粉發酵的麵團做成，再以椰棗糖漿浸透過的，為了表示野營地那一天的造訪之特殊性及重要性。

עוגה

在拉姆西斯時代，香濃的夾心小麵包就是「fitire agwa」？

古埃及人是懂得吃的。證據是他們為最受喜愛的大廚立了一尊雕像，這位特殊人物既是最偉大的人、也是最矮小的人。他因其才能而偉大，因其身材而矮小。甚至是個小矮人：因為他

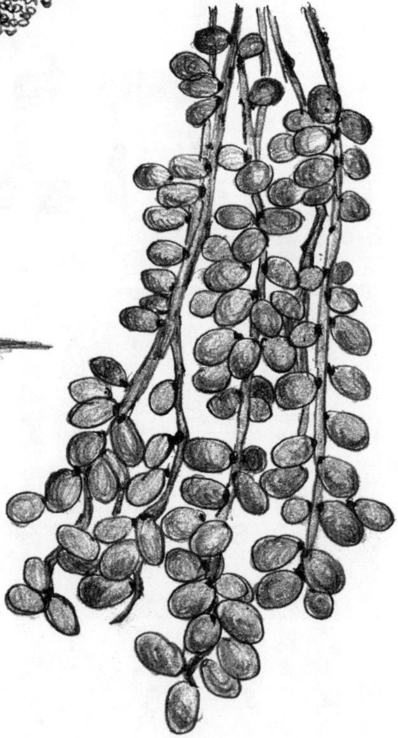

椰棗

只有七十五公分高！我們在開羅博物館隨時可欣賞他的等身高人像。

關於克努姆霍特普，我們對之一無所悉，除了他所贏得的榮譽外，這還多虧了他那座位於薩卡拉，在烏那斯及泰提兩位法老（第五及第六王朝）主人的陵墓之間的壯觀墳墓。無論如何，在當時他是唯一一位讓人立像紀念的廚師。那時糕餅師和廚師之間並無分別，所以我們的「小人物」一定不會不屑親手製作糕餅麵團。也好在有墳墓中的繪畫、銘文及家具，我們可以清楚地知道當時的飲食習慣及烹飪細節。

同樣地，在第二王朝（約西元前二五〇〇年）的馬斯塔巴（古埃及貴族的墳墓），英國考古學家艾姆利發現了一整套以陶器盛裝的祭祀菜餚，從這些已「木乃伊化」的豐盛餐點中，可以辨認出蜂蜜小圓餅及無花果蜜餞。

甜食中總包含著香料，但通常不是那些古埃及人大量使用，只用於化妝品製作、醫藥及葬儀的辛香料。在當時，肉桂及番紅花是當作除臭劑來使用的。

古埃及人通常在一天中的第一餐品嘗蛋糕，那些蛋糕要不裝飾著具有法力的茴香，要不裝飾著味道極為清新、比具催情功效的小茴香還甘甜的莧蒿。罌粟子則可用來點綴糕點。要是沒有專供身份高貴之人食用的蜂蜜，可以使用極甘甜的角豆樹果實的汁，其象形文字（拼音為 nodjem）也用來表示甜的意思。深受眾人喜愛的牛奶也會用角豆樹果實來增添甜味。無花果及椰棗，特別是用於啤酒製造的底比斯地區的椰棗，在糕餅及甜食中隨處可見。有錢人甚為重視奶油及鮮奶油（象形文字的拼音為 smy）——與古希臘羅馬文明恰恰相反——因為牧牛在當地極為重要。但相對的，沒有任何跡象顯示糕點會使用家禽和牛犢的油脂或當地產的植物油（棕櫚油或橄欖油）。

在一個對平民約束性極強，經濟多以以物易物進行的社會中，糕餅所費不貲：「二十五個蛋

椰棗夾心小麵包

將五百公克的麵粉及二百公克的奶油和好，加入已在熱水中稀釋的一咖啡匙麵包酵母。接著攙進一湯匙的茴香籽。將麵團擀開分成兩半，厚約一指。另外將二百五十克的去核椰棗壓成泥，混以兩湯匙的奶油。將椰棗泥攤在其中一半的麵團上，再覆以另一半的麵團。將麵團擀成平坦的香腸形狀，切成小塊，捏成小麵包的模樣。將麵團放在塗了奶油及撒上麵粉的烤盤中，任其發酵，然後置於中火的烤箱中烤熟。趁微溫時食用。

糕值五德本（五個九十一公克的銅環，或一個工人一個月的薪水），二十個小麵包值二德本，一條牛值一百四十德本」，一條法令如此寫道。美食是有錢人的專利。不過，假使富裕人家的廚師是為其主人製作甜食，那麼是誰在製作那些商人在尼羅河畔販賣的小糕餅，我們無從得知。

一座名為伊波西者（新王國）的底比斯墳墓繪畫裡，描繪了上岸的水手從斜背的肩袋中取出一把種子來購買小麵包或蛋糕的景象。種子代表了以實物來支付的薪水，但用種子當作購買糕點的貨幣著實令人驚訝，簡陋程度不在話下，其大小亦絕非如畫中所示。

古埃及字彙中有十五個詞指的是各式各樣的麵包或蛋糕，主要由以下三種穀物做成：「iot」，極窮苦的人吃的大麥；「boti」，不好做成麵包的二粒小麥或似雙粒小麥；「sout」，有錢人吃的小麥。

男人負責搗碎在石臼中的種子，女人再接著使之過篩成為麵粉，並把麵粉攙入酵母及各色材料揉成麵團，倒在已預熱過的陶土容器中，最後

古埃及壁畫所繪的耕種、收割，以及椰棗等植物。

再把容器倒扣在炙熱的爐灶上。

這些被當作個別爐灶的圓錐台形麵包模或蛋糕模會以木板封口，並層層堆起，讓每個模中的麵團分別烘烤至熟透，如同在挪威鍋[1]中烹飪一般。

一些古希臘的旅遊者，如希羅多德，覺得這些在堆疊起來的罐子裡做成的蓬鬆大蛋糕（希臘文為 **puramidos**）令人想起奇歐普或基薩的大型陵墓。這也是金字塔（**pyramide**）一詞的由來。真正的麵包烤爐要到西元前十六世紀的圖坦卡門時代才正式登場。

古埃及人將膨脹起來的糕餅以半圓形記號的表意文字來呈現，此亦指埃及象形文字中的字母T和發音T。埃及人書寫了不少東西，但從來沒寫過食譜。我們只知道這個半圓形的象形文字 **tchens**，通常意指所有的麵包或蛋糕。

【1】譯註：放熱菜鍋的保暖箱

某幾種這類非常簡單的糕餅可能還在現代農民的簡樸烹飪傳統中流傳著。因此，開羅街頭小男孩放在托盤上偷偷販賣的簡單美味的椰棗夾心小麵包 fitire agwa，比任何糕餅更能令人想到埃及的糕點傳統。

古希臘人，糕點的奧林匹克冠軍

當之無愧，希臘人發明了真正的烤爐——由磚石砌成，可在內部預熱，開口向前。這種真正的烤爐很快地就從專業麵包店進入了廚房。

工欲善其事，必先利其器。對麵包入迷的古希臘人成為了糕點製作的冠軍。糕餅的古希臘文為 pemma，其字面之義即為「在烤爐中烹飪」。古希臘人的糕點算起來不下八十來種，其中還有許多是地方特產！

我們還知道五十多種食譜，因為，不像古埃及人，古希臘人雖然滿足於粗茶淡飯，他們對書寫食物的熱愛可不輸高談闊論。雖然《製作麵包的藝術》作者，來自提安的克里西普另外提到了三十種食譜，卻無任何的說明。

事實上，這份糕餅清單被包含在一份麵包店的合約中，顯示了糕餅製作仍然依靠著麵包專業職人。要等到西元三世紀時，麵包及糕餅製作才得以各自作主，在雅典、羅馬或在拜占庭皆然。

某些美食可回溯至古典時代。例如迪皮洛斯（字面之義為燒烤兩次），一種放在鐵架上燒烤，並在飯後再燒烤一次的烘餅，趁熱浸於葡萄酒中進食。艾斯卡利特斯是一種鬆餅，會夾在兩片鐵製的器具中放入火中燒烤。同樣十分古老且使用同一種方法燒烤的歐巴利亞斯，名稱則來自於奧波爾（古希臘貨幣，合六分之一德拉克馬），因為在廣場上的售價就只賣一奧波爾，有些人則認為從中見到了法國蛋捲的祖先。在家裡，總是由女性來製作蛋糕及點心。

普拉孔泛指使用燕麥粉揉合白乳酪及蜂蜜製成的大餅。要記得古希臘人就和地中海東岸的人與古羅馬人一樣，不怎麼欣賞（牛的）奶油，而代之以新鮮的凝乳，永恆的費塔乳酪！或是代之以橄欖油、豬或小羊的脂油。蜂蜜、土產無花果或濃縮葡萄原汁可為麵團增添甜味，埃及人或巴勒斯坦人的椰棗則毫無疑問是昂貴的異國食品。

同樣地，產自外國的辛香料價格亦甚昂貴。雅典人在誇耀賣弄方面與羅馬人相反，他們使用當地的香料：茴香、大茴香、小茴香、小豆蔻、牛至、芝麻……等等。另外，就像我們先前見到的，雖然雞蛋這種真正的美食自西元前五世紀的佩里克雷斯時代起就已為人所知，但在很長的一段時間裡，雞蛋的使用一直十分地節省。

阿泰那優斯引述了詩人艾非波斯喜劇中的一段對盛宴的描述：「用點心時，端上的是一個用辛香料、芝麻及蜂蜜做成的蛋糕、一個發酵餅、一個奶汁烘蛋，簡直是一場雞蛋大屠殺……」

πλακοῦσ

與古埃及人相反，磨粉的工作交給了女性，正確來說是女奴——對她們來說沒有什麼事是太辛苦的。在一個保存於羅浮宮的西元前十一世紀彼俄底亞地區的陶壺上頭，可以看見她們在揉麵板前跪著，和著用來製作麵包或蛋糕的麵團，麵包店老闆則在一旁監督，並吹著笛子來指揮工作！

當時「上流社會」的雅典人並不怎麼喜歡油膩的糕餅。像阿托克雷阿斯這種油脂滿溢，包著以蜂蜜調味的碎肉炸糕，在劇場或在宗教慶典中是專屬於小老百姓的美味。一大群流動商販會在層層階梯座位中跑上跑下，或溜進公眾集會中，大聲吆喝著販賣這類便宜的食物。

舉行上述的節日慶典時，有時會以享用能夠引起聯想（並非色情）、形狀特殊的糕點來表達

波路克斯的特呂翁布丁

將麵粉、豬油、白乳酪、腦及雞蛋和好，將之裹在無花果葉中（就像英格蘭人做布丁時所用的布巾）。接著，將包好的東西放入禽鳥或山羊羔高湯中烹煮。煮好後讓其冷卻。將包裹的葉子除去，將糕點放入滾燙的蜜中油炸。

虔誠的心意：例如「以阿弗蘿蒂特之胸部為模」的克麗巴內斯，或是敘拉庫斯的三角形慕洛伊。慕洛伊忠實地複製了女性的下腹形狀，以上等麵粉及蜂蜜做成，上頭並覆以芝麻，每個家庭都會在慶祝尊崇迪米特及其女佩賽芬的節日時享用。畢竟再怎麼驚嚇也比不過慶祝酒神節時分發的粗大陰莖狀糕點，但就連後者也嚇不倒正派人士。

比較得體的糕點則有新月形的阿涅泰斯及迪亞寇濃，兩者都是獻給月之女神阿爾泰蜜絲。而對阿爾哥斯人來說，撒滿芝麻的結婚蛋糕（大量的芝麻意謂著多子多孫）是未婚妻送給未來丈夫的。分享蛋糕則代表著婚姻長長久久。

另外，還有好玩的恩佩塔斯，這種餡餅得名於其鞋子狀的外形，empetas 的字面義也就是「一隻便鞋」，餡料則是白乳酪。乳酪被塞在各式各樣的塔中，其中的優居洛烏斯若依照詞義來看，既是塔也是蛋糕。與現在的英式水果蛋糕極為相似的巴居瑪則使用了麵粉、蜂蜜、無花果乾及碎核桃做成。素來以鮮乳酪為基本素材的知名糕點，特呂翁布丁，其作法因知名的美食文法學家波路克斯而得以流傳下來……雖然仍然沒有說明材料的份量。thryon 首先的意思是「無花果葉」，亦指所有用這種方法做成的食品。

在羅馬，大家都喜歡蛋糕

與古希臘女人不同，古羅馬女人避免親手和麵。在職業團體的頭銜中，僅有pistorès（麵包師）及pistorès dulciarii或placentarii（糕餅師），pistorix（女麵包師）從來不存在。

在羅馬，就連稱為confarreatio的結婚蛋糕——與古希臘人的相同——也與未來的家庭主婦資質無關。蛋糕若沒辦法由家中負責製作糕餅的奴隸來烘焙——無法擁有一個比自己更可憐的奴隸來使喚簡直比窮人還糟——也可以向羅馬三百二十九位（西元前三十年奧古斯都時代的數字）糕餅師訂購這種liba（聖糕）。

這種由似雙粒小麥[2]做成的蛋糕是塔奎紐斯諸王時代的紀念品，要當著大祭司及flamen dialis（主持祭司暨管理焚燒祭品之火的專員）的面，隆重地盛獻給卡庇托山丘上的朱庇特神廟。在提比留斯皇帝（14-37）之後，人們不再焚燒這種蛋糕，結婚儀式也變得與宗教無關。

當時的蛋糕有許多種。古羅馬人可說是「自然而然地」引進了所有的希臘蛋糕，因為幾乎所有的磨坊業、麵包店、糕餅店、甜食製造業都掌握在希臘工匠的手中，高盧的小伙計則是他們的助手。不可忘記法國人老祖宗們早就知道啤酒酵母的好處。這種泡沫狀的東西產生於發酵啤酒的表面。

啤酒酵母比麵肥更佳（見54頁），做出來的麵包更輕更蓬鬆，幾可比擬真正的蛋糕。畢竟，想想看，當時的糕餅可是用最上等的麵粉做的呢！

無巧不巧，麵粉（拉丁文為farina）這個字

【2】作者註：似雙粒小麥是一種極古老的粗野穀物，其麵粉難以製作麵包。在法老的墓中可找到此種穀物。現今仍是窮人的糧食。

肉桂

古羅馬點心中的辛香料

我們對於古羅馬人的菜餚中充斥著辛香料的傳說應抱以破除的態度。不過，自西元前六世紀引進歐洲的胡椒是個例外，古羅馬人比其他古代民族更喜愛這種辛香料。就像我們在前面所見的，胡椒是唯一用於蛋糕及點心的辛香料。此外，說真的，除非是像盧庫路斯、特里馬奇翁或阿庇修斯那樣的大富豪，不然用量也極少。胡椒非常值錢，且用於某些不便聲張的羅馬式炫耀禮儀中。胡椒也可當作財寶。蠻族之王阿拉里克攻陷羅馬城時，他劫掠了三千磅，約值一億七千六百萬歐元的胡椒。

聖經及古埃及紙莎草紙中的肉桂是中世紀菜餚不可或缺的調味品，且一直是點心使用的辛香料。但古羅馬人並非真的很喜歡肉桂，直到帝國末期，約西元第三或第四世紀才有所改變。這種極尊貴、極高價的材料，也很有道理地被視為奇蹟般的防腐劑。

大流士在西元前五世紀從印度帶來的薑僅在希臘及後來的羅馬受到重視。雖然普林尼曾研究過薑，但就連阿庇修斯自己都未曾提上一筆。薑直到中世紀皆無人聞問。

其他的「提味料」則由本土植物製成的香料所組成，像是我們現代人覺得發出臭味的蕓香。不過這些香料通常不會用在甜點上。古羅馬人並不是如此的瘋狂！

古羅馬人的澱粉

在阿庇修斯或卡托的食譜中常常提到用來使醬汁及點心變得濃稠，或用來製作普拉謙塔極薄麵皮的 amulum，也就是小麥的澱粉。卡托解釋其製作方式：將小麥的種子浸泡在不斷更換的雨水中九天。將最後一次的水中把種子打碎，過濾，即可回收澱粉。

的使用正是從共和時期開始的。多虧迴轉式石磨在此時的出現，磨坊業有了長足進步，可把磨碎的似雙粒小麥再精製化。這種「麵粉」起初專作供品蛋糕，祈禱用的 ad orandum。而在當時簡稱為 ador 的這個字，於是成為法文動詞 adorer（崇拜）的字源。

奇怪的是，希伯來人稱為「麵粉花」的上等小麥麵粉，在羅馬卻是用來自梵語的 similia 來稱呼，並由此演變成義大利文的 semola，法文的 semole 和更後來的 semoule（粗麵粉）。在法文的詞義中，farine 和最上等的 semoule 是兩種不同的材料。前者是軟質小麥的產物，後者是硬質小麥的產物。不過，法文在翻譯古羅馬食譜時通常將 similia 譯為 semoule（粗麵粉），即使在邏輯上應該使用 farine（麵粉）才對。

現在來談談摩洛哥的帕斯提亞或加斯科涅的帕斯提斯的祖先，讓人人歡樂（placenda est）、後冠以普拉謙塔（placenta）之名的糕餅。雖然今日法文中的 placenta 有著完全不同的意義，指的是胎盤，但別忘了拉丁文長久以來就是醫學的語言。普拉謙塔是種很普通的古羅馬糕餅，用一層拉長的麵皮加一層醬汁層層堆疊而成。有數種不

製作各式精緻蛋糕的麵粉廣告，一九三五年

卡托的普拉謙塔

「將七十公克上等的硬質小麥粉浸濕，任其膨脹。再揉進一百二十公克的軟質小麥粉。將之做成若干盤子大小的薄餅，要盡可能地薄，並靜置一些時候。此時，將七十公克的軟質小麥以水濡溼，做成柔軟的麵團。將麵團靜置一旁，準備配料。將五百公克的鮮羊酪與一百公克的蜂蜜做成滑順的醬汁。取一只烤盤，陶製的較佳，抹上油，撒上事先過火以減輕澀味的月桂葉碎片。將覆蓋用的柔軟麵團的一半墊底，使之稍微超出盤緣。將薄餅皮置於其上，再將一層醬汁覆於其上，如此反覆交替：一層麵皮，一層醬汁，一層麵皮，一層醬汁，直至材料用罄。然後將另一半柔軟麵團置於其上，將邊緣接合。在爐中用小火烤一小時。用蓋子覆蓋以防突如其來的大火。食用時淋上蜂蜜。」

——根據卡托的作品寫成*

*作者註：卡托，《論農業》。

同的作法。老卡托（234B.C.-149）寫了一份非常有名的食譜。

在清除海庫拉奴姆城遺蹟的火山灰時，在一個名叫塞克斯丟斯·帕圖丘斯·菲利克斯的糕餅師兼麵包師的舖子中，發現了二十五個按大小排列的普拉謙塔青銅模子，直徑從十三公分至五十公分都有，最常見的是二十五公分的大小。

這些盤子叫做帕提那。阿庇修斯的《廚藝

之書》以此換喻，稱呼那些依照普拉謙塔的製作方式做成的菜餚為「帕提那」，但其配方對我們來說實在是不可思議，從以水果製作的甜味帕提那，到取材於身邊隨手可得的任何一種燉菜做成的帕提那：母豬的陰戶、腦、魚肉和雞肉、燕雀、淡黃色葡萄酒……「以及您所擁有的一切最好的東西」，然後用打散的蛋使之黏稠，以松子、胡椒及拉維紀草增添香氣，並把這些材料通通用長柄湯勺舀入一層層的麵團中。

我們可不是在開玩笑，但這種麵食確實預告了土耳其—突尼西亞的布里克千層餅、希臘的費洛和奧地利的蘋果捲。在阿庇修斯著名的帕提那或日常的帕提那中，圓餡餅將造就出首批中世紀甜點。

另外，為使作品成功，阿庇修斯慎重地建議使用蘆葦刺穿普拉謙塔或帕提那的頂部，以使蒸氣散出。原文附有說明插圖，可惜早已亡佚。

上等的古羅馬餐宴的第二道菜，即當時人所說的 secunda mensa 中，包括了點心，不僅是蛋糕，也有糊狀甜點，穀物粥或牛奶、白乳酪、蜂蜜、雞蛋、水果、水果糖漿等等口味的澱粉糊，且全都毫不吝惜地撒上胡椒！

至於各式各樣在街上販賣且極受歡迎的炸糕，因為嚴格說來並不算是糕點或甜點，所以未能受到糕點師的關注，被定義為是在一般家庭廚房中製作的食物。

在龐貝城的壁畫中可以見到精緻的青銅點心模子，多半以形式化的扇貝狀呈現，中間有人像面具並附有把手，絕對可以送入豪宅的大型烤爐中烘烤。當時因怕引起火災，家中烤爐並不設在廚房，而是設在某個開放空間中，或鄰近家族浴場，或在中庭的深處，就像龐貝或南法的維宗拉羅曼的考古挖掘所顯示的，或是設於露台上。

若財力許可，便可擁有一個和麵包店工匠爐灶一樣的爐灶，或是使用手提火爐。當時也擁有一種用磚石砌成、加高的萬能火爐，像十九世紀

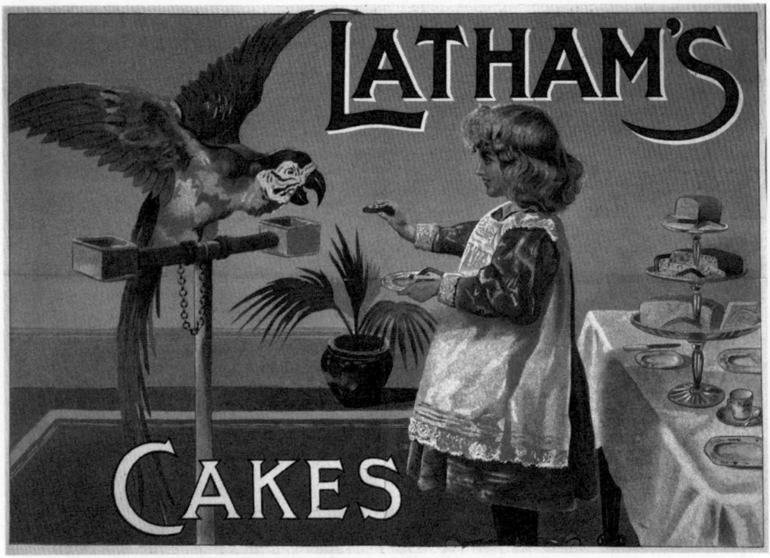

小女孩餵食鸚鵡的蛋糕廣告，1899 年

用方磚砌成的爐灶一樣，其小隔間內有火炭或極熱的火灰，其上可放置手提火爐，或由陶土或金屬製的吊鐘形 testum（據佩托紐斯文中所述，特里馬奇翁家中的是銀製的），並依照菜餚所需熱度，在其上覆蓋火炭或火灰。

還有另外一種能放入爐灶或火炭中的器具：有蓋子的深盤 operculum，長得和摩洛哥的砂鍋塔今一模一樣。最窮的人至少擁有凹形瓦片，可放在任何一種火炭上。

租房子的人可把點心拿到附近的麵包師那裡請他們代為烘焙，當麵包師完成工作後，多半不會拒絕提供這項服務。我們的老祖母也相當熟悉這種方法。

古羅馬人的點心名單似乎沒完沒了。從先前提到的蜜粥、雞蛋濃糊以及不可少的白乳酪，到淋上水果糖漿的煎麵包、簡單的或加了乾果或新鮮水果的牛奶蛋糊、果醬及水果糊，直到夾有杏仁糊或核桃糊的椰棗。

古羅馬的美食家

讓我們再次好好回想本書提到的主要作家。

阿庇修斯：馬爾庫斯．加維烏斯．阿庇修斯是提比留斯皇帝（14-37）身邊的親近人士。他非常富有，自稱是最講究、最誇張的美食家。他可能創辦過一所廚藝學校以培養全羅馬最優秀的廚師。他自承是《廚藝之書》的作者。此食譜集中若干極受歡迎的食譜以西元第四世紀的抄本，「再版本」的形式而流傳至今，被視為是古典羅馬的美食聖經。

諾克拉提斯的阿泰那優斯：希臘裔埃及人，從其希臘名 Athénaios 即可得知。他是一位大地主的圖書館管理員，且與其雇主一樣有學問。約在西元二二〇年寫成《博士之饗宴》一書，書中藉著希臘流行的餐後哲學論戰大加發揮（可比較柏拉圖及普呂塔克不同的《饗宴》）。這場虛構宴會中的賓客雖然是有名且中肯的美食家，基本上卻是想像出來的人物。本書也是一本收集已佚失文章的文選集，是古代食物史的偉大參考書。

老卡托：約於西元前一八〇年寫成《論農業》。他是著名的農學家，也是當時最佳的食品技術師，其各式各樣的食譜常被當作範例。這本總結了飲食知識的書為我們再現了經典凱撒年代的粗野豪放及樸素。

佩托紐斯：與前者相反，其小說《諷世書》屬於奧古斯都及提比留斯的奢華時代。在這本半韻文半散文的書中，有個描寫特里馬奇翁著名盛宴的段落，幾近誇張地報導了一種巨富且庸俗的社會風氣。一般常將這段描繪極少數人情況的景象當作是真正的陳腔濫調，以為一般羅馬居民的習慣都是如此。

直到今日，每逢十二月末的宗教節慶農神節都會供應上述最後幾道甜點，並在甜點上放置一枚許願用的小錢幣，就像龐貝城富麗堂皇的靜物壁畫中呈現的一樣。

如同那些知名的希臘廚子，古羅馬富翁的archimagirus（大廚）以高明的菜餚裝飾來讓主人感到滿意，當時人酷愛將菜餚改扮成另一種樣子，讓人難以辨明而誤認。在甜點的呈現上自然有過之而無不及。

這種風潮在佩托紐斯的《諷世書》中當然不缺。他描述特里馬奇翁在一場極盡鋪陳之能事的宴會中，在端上第二道菜時，命人呈上以葡萄乾及核桃夾心蛋糕做成的鵪，然後是插滿了假刺，看起來像是刺蝟的糖漬榅桲。

從十七世紀開始輪到法國的糕餅甜點師，尤其是偉大的卡漢姆，藉著精彩的模擬技巧將甜點提升至藝術品的高度，並為大型宴會增色不少了。我們將會在後面提到。

中世紀，上流社會及下層社會的人

甜點從「yssue」開始

羅馬帝國崩潰分裂後，對蠻族入侵、饑荒、疾病等等的極度恐慌無法為美食提供一個合宜的大環境。對大部分的西方世界而言，隨處可見的粥早已消失，對糕點的製作也只剩下回憶。如同其他的文化元素，這種生活技能在某處等待著，只要等到有利於幸福的第一時間，就會重新再起。

當然，在一個處於休克狀態的歐洲中，窮人渴望著至少能在牙縫中塞些克難麵包的碎屑。在克雷蒙—費宏的當代人聖西端．阿波利奈爾[3]記下了這種克難麵包的成份：葡萄子、杏仁花、磨成粉的蕨根，混以一小撮的似雙粒小麥粉。不過，鄉下地方還有一些「孤島」，就像昔日來自高盧—羅馬的支配者所稱呼的。

就像這個字所指的，在一片汪洋般的荒地中，開墾地有如相隔甚遠的小島，藉著大地主之手而繁榮起來。他們或是昔日的倖存者，或是後到的法蘭克人，開墾地則連接著宏偉的別墅。富豪及其奉承者會聚集在豪華的飯廳中，圍著圓桌及擺滿粗劣食物的酒菜檯子，度過他們認為一日中最美好的時刻（冬季或夏季）。

雖然高盧—羅馬人以食量大而自負——可想像高盧人及羅馬人混血後產生的結果——但蠻族人、法蘭克人或布爾貢人【4】等定居者也毫不掩飾其對用餐的樂趣。來自圖爾的葛雷瓜【5】曾提過貪愛美食的國王希爾佩里克【6】「以自己的肚腹為神」。不過，當時最有名的饕餮非維農斯．佛圖納莫屬，他是弗雷德貢德王后【7】的好友【8】，也是詩人兼普瓦提葉的主教。佛圖納白吃白喝的行徑眾所皆知，雖然被封為聖人，但他所受的磨難只不過是腹痛和消化不良而已，卻也為其文學作品添加了不少熱情且喧鬧的飲食插曲。

上流社會發明了soupe（濃湯）這個字彙和這道菜餚本身，他們從古羅馬人的牛奶蛋糊得到啟發，以類似布丁的豐盛點心來結束這耗時數小時的一餐：打散的蛋和上麵粉，加上一些橄欖及椰棗（進口的，價格昂貴）……。這種成為gâteau（蛋糕）一字起源（見8頁）的精緻麵團，得放入鍋中用大量的橄欖油或豬油烹煮，趁滾燙上桌，並以湯匙食用。此道糕點食譜是來自圖爾的葛雷瓜流傳給我們的，雖然非常奇怪地記載於其著作《論殉道者的榮光》中。

【3】作者註：克雷蒙主教，亦是詩人及書簡作家（431-478）。

【4】作者註：北方的日爾曼部落，於五世紀來到，為勃艮第人的祖先。

【5】克雷蒙，約五三八年—圖爾，約五九四年。奧維涅的貴族，圖爾的主教。

【6】諾斯特里國王，五三九至五八四年。

【7】希爾佩里克的妻子。

【8】作者註：從以下的描述可見：他分享著王后的麵包……以及友誼。約五三〇至六〇〇年。

佛圖納特別偏愛一種「糊狀點心，可以自己拿點水果來裝飾，比如從花園或森林採來的李子、蘋果、栗子等等。」但我們要考慮到在修道院以外的果園皆已返回野生狀態了，結出來的果實酸澀、堅硬且相當小，所以一定要煮過比較好。

而這些，就是歐洲在進入中世紀後期之前，在那長達數個世紀的黃昏中能夠保留下來的所有甜食了。能在嘴裡至少塞一塊於自家爐灶火灰中製成的小麥麵包的人，已經是有福氣的人，因為此時此刻，就連麵包師、糕餅師或甜點師也被歷史刮起的大風一掃而散，再也沒有存在的理由了。而我們曾說過，蛋糕是滋養歡樂的食物。

吟遊詩人瓦特里給．德．顧凡講述了一則關於巴黎三夫人的知名故事。故事發生在一三二一年的主顯節，三位尋歡作樂的長舌婦在一家客棧中叫了一頓上好的晚餐，有蒜香肥鵝以及「每人一個熱騰騰的蛋糕」【9】，並配上大量的酒。然後，要享用結束晚餐的甜點時——即當時人所說的yssue或ischue——她們一如在盛大宴會中所做的，點了鬆餅、蛋捲及其他幾種甜點，但卻未依照當時的飲食告誡以紅葡萄酒或香料味濃郁的紅色肉桂滋補酒作為「餐後酒」，反而以格那許紫葡萄酒作結。她們喝了極多這種甜葡萄燒酒，喝了又喝，以致頭暈目眩。最後，爛醉如泥的她們慘遭活埋，幾乎死在聖嬰公墓中，費了好一番力氣才脫身而出。故事的結尾是幸運的且與飲食毫無關係，但這個故事卻提供了極有價值的中世紀經典甜點資料。

> 於是，她們對他說：「給我們端上三瓶格那許紫葡萄酒好提提神……他端上了鬆餅及蛋捲、乳酪及去皮的杏仁、梨子、辛香料及核桃。」
>
> ——《巴黎三夫人》，第一四八頁

【9】作者註："Contes des trios dames de Paris", éd. Menard, in *Fabliaux français du Moyen Âge*, éd. Champion, 1979.

關於巴黎街道的小故事和歌曲

十六世紀時在巴黎還看得見蛋捲街或蛋捲師傅街。依照同業公會的慣例，街上幾乎群聚了所有的蛋捲製作者。通俗詩人在其《巴黎街道的小故事》中頌揚這條今日已消逝無蹤的街道：

「很久以前是蘋果街／
然後不久前，你會發現這裡成了／
蛋捲師傅街。」

在很久以前就有叫賣用的歌曲了，但小販有時也會因為不滿當權者而高聲叫喊。這裡有一首一七五〇年代的副歌，作者佚名，就因其無禮而受到顧客及美食者的注意。貌似俄羅斯香煙的蛋捲在當時稱為「普萊季」（Plaisir）：

「女士們，快來看看普萊季！／大家都愛普萊季。／
我為全城及宮廷供貨。／有一天，國王親自將我帶到
蓬巴度夫人那裡／她命人把我叫到跟前，／
對我說：『你的普萊季好極了。』
我漫不經心地答道：『喲，夫人，您也知道啊！』」

要注意文中的蛋糕，gastel，應稱為塔伊斯，是一種布丁。在英格蘭人的約克夏布丁中可見其遺風。

三位夫人這場盛大且幾近悲劇的宴會是在一家小酒館中進行的。然而，依照法律規定，老闆應該到專職的蛋捲師傅那裡購得鬆餅及蛋捲，蛋捲師傅是唯一獲得授權來經營這些「小吃」生意的人（請參見第38頁）。

關於「mestier」

oublie（平的鬆餅），以及baston、rolas或說nieule（源自普羅旺斯、捲起來的鬆餅）[10]，一般統稱為「mestier」。這字眼出現於十一世紀，剛開始時是「mystier」，後來成為「métier」（服務、職業、專業知識……）。我們或許可以推測，此名稱來自於由專業者所握有的製作秘方。

事實上，這個字來自於拉丁文的ministerium（官職，特別是宗教或司法的職務），而我們把ministerium和mysterium（彌撒和召喚神靈的神聖儀式）搞混了。大家都知道，身為希臘人的小聖餅obalias的「後代」，oublie是聖體餅的變形。聖體餅在當時又名為「歌之餅」，是在聖餐中食用的小聖餅，因為沒有發酵所以是一種無酵餅，由聖餐餅師傅來製作，他們後來則以販賣鬆餅維生。

我們應該要回想起來的是，連在當時上流社會的宅邸中，鬆餅製作都不列入負責宴會的廚師的能力範圍。像勃艮第大公那樣的大人物或大金融家並不向外頭訂購餐點，而是在「家」中備有專司此職的人。在大公府中，專職者要將特別向親王呈上的mestier裝在一只銀盒中，「將這只盒子放在司酒官的酒菜檯子上，直到親王用畢。」歐利維耶・德・拉・馬許之〈回憶錄〉[11]如此報導（第四卷，第三十一頁）。

不管怎樣，一餐的最後一道菜必須包括上述糕點，並配上傳統的紅色肉桂滋補酒，這是一種與香料植物、辛香料及蜂蜜同煮的葡萄酒，素來在家中製作，因為小酒館未獲准製作。如同在巴黎三夫人的故事中所說的，我們以新鮮水果或乾果及乳酪，來為一頓豐盛的大餐畫下簡單而必要的句點。

然而不管有多麼簡單，一頓豪華晚餐的甜點都與餐桌末端的身份低下者無關。菜餚品質明顯關乎社會階級，在著名的金羊毛騎士團饗宴中即便貴族群集，仍然只有大公及其身邊最親密的人才有權享用鬆餅及蛋捲。我們手邊既有的宴會菜單中甚至沒有提及這些甜點。

又小又輕的糕餅組成了mestier，其烘烤方法則是置於兩枚鐵具之間並放在火上燒烤。我們可在布魯日的格魯杜吉博物館中觀賞到漂亮的十五世紀鬆餅鐵具。

每逢盛大的宗教節慶，「蛋捲販」光在教堂前的廣場上就能賺進不少財富。家庭聚會等場合也同樣提供了在家享受美食的好藉口。這些堅實的中世紀鬆餅鐵模因此成為法蘭德斯文化遺產的一部分。范．艾克的故鄉自豪地保存著這些鬆餅鐵模，此地至今也依然忠於其發祥自中世紀的庶民傳統。不過，比利時王國的每一個城市都擁有各自的獨特作法。

在布魯塞爾，我們品嚐的是裝點著打發的鮮奶油及新鮮水果的長方形鬆餅，或是沒有鮮奶油但裹上糖面的「市集鬆餅」。在列日，鬆餅極為

【10】作者註：至今仍可見普羅旺斯的néulo。密斯特拉的《字典》提道：「néulo是一種可浸泡在利可酒中食用的糕點。」亦可浸泡在煮過的葡萄酒中食用。

【11】作者註：莽夫夏爾的膳食總管暨侍衛長歐利維耶．德．拉．馬許之〈回憶錄〉，éd. H. Beaune et J. d'Arbomont, Renouard, 1888, 4 vol。

關於鬆餅的數字

十五世紀中葉的巴黎有二十九位鬆餅師傅，其巨大的生產量——每人每日的製作數量上限為一千個——滿足了每一消費階層的需要。只有為了上流社會的盛宴而送貨到府的鬆餅才含有雞蛋、糖或蜂蜜及乳製品，並以家常方式製作。升斗小民也有與其窮苦相稱的美食，以稍稍過篩的麵粉、水及一小撮鹽就可做出鬆餅來。

然後，過了一百五十年，街上的鬆餅商販多到讓國王夏爾九世頒布詔書規定，每個棚舖之間的距離不得少於二十五肘*。而若說到之前的君主，愛極鬆餅的弗蘭斯瓦一世命令金匠製作了一具飾以其蠑螈紋章及姓名開頭字母的特殊鬆餅銀模。

在數世紀間，鬆餅已遍及歐洲及美國。到了一九八〇年代，鬆餅更因弗蘭西斯．勒馬克的一首《鬆餅時光》而進入作家、作曲者及編曲者協會。這首華爾茲—風笛舞曲讓人回想起市集的日子——糕餅師永遠的生財之地。

*一肘約半公尺

精緻，專家在近似布里歐許的麵團中藏入像珍珠狀的大顆糖粒，讓這些糖粒在烘烤橢圓形鬆餅時融化成焦糖。在納姆爾，鬆餅有兩種吃法：將極甜的麵團放在有細小網紋的橢圓形鐵具中燒烤，或是把水果丁包入甜味稍淡的麵團中。若往北，「小鬆餅」橫切，以藏入易融於口的奶油。也別忘了在國界另一邊，騎著自行車就可抵達的荷蘭，在那可吃到圓形的鬆餅 stroopwafel，中間塗著厚厚一層的蜂蜜。這種鬆餅的顏色讓人想起黃澄澄的成熟小麥或有著紅通通臉頰的金髮小孩。

在十四世紀末的巴黎，艾利大師是位知名的宴會廚師及策劃者。他和其團隊受雇於顯要人士的家中，提供必要的材料，甚至是寬敞適當的場所（在一幢屋主不在的豪宅中……我們希望得到主人的首肯，並支付使用費）。《巴黎的家長》的作者——大資產階級——為此在書中大幅引用艾利大師的做法，長達一整頁，簡直和參考事項沒兩樣。

這裡有一份估價單，「九月份，歐特顧爾的婚禮，二十個碗」，也就是應該有四十個人，因為當時人吃飯是兩人共用一個盤子或砧板。《巴黎的家長》的現代編輯在註釋中為我們解釋，新郎傑安．德．歐特顧爾應該是個行政官員，「身居高位，要辦一場耗費鉅資的婚禮，這裡有一份婚禮的菜單」。讓我們略過上述豐盛的菜單，也略過租借的織品、材料、設備，也不看樂師的酬勞、招待賓客的四十頂花冠、火把、蠟燭及辛香

鬆餅模的起源

當然，我們不知道當時製作鬆餅的名人是誰，我們也不知道傳說中在十二世紀發明了鬆餅的人的名字。鬆餅 gaufre 這個字在十二世紀時為 walfre，來自於荷蘭文的 wafel，意思是蜂巢。自古希臘人以來，人們一直使用沉重的平板金屬模在火上烘烤蛋糕，我們那位彰而不顯的人物也許是想減輕平板金屬模的重量，並從蜂房中得到了靈感。

料的費用等等，我們要細看的是「鬆餅師傅」這個職位，其供應細節為：「一位鬆餅師傅，現成的夾心鬆餅一打半，要用上等麵粉和以雞蛋及新鮮白乳酪薄片做成，另外要十八個和了雞蛋的鬆餅，但不攙乳酪。又，要一打半的大麵棒，用麵粉和以雞蛋及薑粉，做成和香腸一樣粗的圓筒狀，將之置於兩鐵器間，於火上燒烤。又，另外要一打半的大麵棒以及同數量的長方形鬆餅。」最奇怪的是，鬆餅的數量似乎並不符合受邀賓客的人數，不過大麵棒可由數位賓客一起分享。

在弗日山區湖濱村莊針對青銅器時代的考古挖掘中，發現了小「薄餅」的化石。分析顯示應是由各類穀物及搗碎的罌粟種子做成。在顯微鏡下可看到「麵粉」細胞破裂，推測是水煮的緣故。但這些薄餅也有些微的碳化痕跡，顯示還曾經再次燒烤過。

下層之人及上流社會之人的點心

然而，在青銅器時代的數千年後，中世紀的人在鬆餅及蛋捲以外，還非常喜歡其他樸實的糕點，其中有種（用燙麵團做成的）麵餅極可能是上述史前薄餅的模糊回憶。但因其過於鄙俗的評價，我們無法在《食物供應者》、《巴黎的家長》或流傳至今的其他三四本食譜中找到作法。

這些在街角及市集販賣的麵餅，更確切地說應該是種餅乾（biscuit，此字的真正意義是二度加熱之意），最初是用擀麵棍將極為緊實堅硬的麵團展延成薄片，切成長條，放入滾水中，然後再放入爐膛的火灰裡使之乾燥而做成的。這種真的非常樸實，卻翻開甜點史又一篇章的點心，在這數個世代以來，對於一系列的技術改良和進步、對於追尋更佳的美味，既是支持的力量，亦是其原因。

麵餅的歷史開始於科卡涅之地實非偶然。阿

爾比位於朗克多地區中央的塔恩省，自中世紀起就是一個極為富庶且以美食傳統為榮的地方，其富庶繁盛到當時人稱之為「科卡涅之地」。[12]阿爾比的富裕不只來自於珍貴染料菘藍的種植，也來自茴香，尤其是番紅花的栽培。這些辛香料極受好評，阿拉伯人先前曾由西班牙帶至此地。

另有一說描述到，一個叫做卡畢胡斯的阿爾比市集「糕餅師」在十三世紀初發明了麵餅。他改良了作法，將先燙過的餅放入冷水中一整夜，然後再烘烤，使得麵團更為輕盈。一張一二〇二年的證書上指明這種麵包叫作麵餅，可是在阿爾比當地，大家寧願稱之為「小傻子」，以紀念另一位製作者用知名的阿爾比茴香——最香濃的茴香——來裝點麵餅。作成手鐲狀的「小傻子」常常能讓顧客開懷大笑。

某些人賣弄學問的空談
用字誇大意義空泛
毫無作用，不過是一陣微乎其微的風
就像是常常見到的麵餅：
在一些中找到了風
在另一些中找到了吹牛的大話。

——這首十八世紀的無名小詩是不是讓人想起了佩托紐斯的詩（請參見第62頁）？

有人（有些人提出塔伊馮這個名字，但是……）將碳酸鉀甚至是灰燼之類的化學酵母加入麵粉中（每三磅麵粉加半盎斯），以讓麵團變得更輕。一七〇二年，偉大的喜歌劇演唱家夏爾．法瓦的父親，法瓦師傅更動了配方，把相當於三公克的氨水與僅僅兩公克的碳酸鉀加入大約一公升的麵粉中。這種輕盈的餅大受歡迎，光是

【12】作者註：在奧克語中，coucagno 或 caùcagna 指的是尼姆的奶油圓球蛋糕 coco，亦指令人想起這種蛋糕的菘藍染料球，也是一種讚美的喟嘆。

真正的阿爾比環形小餅乾

用過篩的麵粉五百公克，四十公克的糖粉，四十公克的新鮮奶油，三十或四十公克的綠茴香，十公克的鹽，一撮小蘇打及兩顆雞蛋和成緊實的麵團，將之置於陰涼處一小時。之後，三個蛋分別打散，一個一個加進麵團，再靜置三十分鐘。將麵團壓扁，切成半公分厚、二十公分長的帶子。輕扭帶子，將兩端沾溼接上做成單環或雙環。將環子浸入少量的滾水中。當環子浮上水面時，用漏勺撈起。立即將之丟入一大盆冰水裡並靜置三小時。用布巾將水氣吸乾。隔天放入烤箱以強火烤至金黃。

巴黎人就吃掉了一大堆，在攤子裡吃，在高級商店中也吃。約一八三〇年時，知名的西布斯特（請參見第220頁）時常親自接待資產家國王路易—菲利浦，這肯定是因為國王知道在那裡可以找到全首都最好的麵餅。

從十七世紀開始，阿爾比地區出現了「gimblette」（環形小餅乾）這個字，是「小傻子」的新叫法，不過指的始終是環形餅乾。這種叫法很快地也出現在別處。「gimblette」或許來自義大利文的「ciambella」，指的是在山那一邊的一種類似的美食。

阿爾比的編年史在關於黎希留於一六二九年八月造訪這粉紅之城的報導中暗示，為了表示歡騰，且為了一掃十字軍東征時，巴黎的權力機構對其祖先所造成的恐懼，阿爾比人帶著一條肥牛遊街，角上「掛滿了烤至恰到好處的金黃色環形甜餅」，《塔恩省特產美食的歷史研究》的作者，阿爾比的糕點師兼歷史學者費爾南．莫利尼耶如此敘述。莫利尼耶還認為，這道甜點其實是南泰爾的僧侶發明的，他們可能是在十五世紀時將作法透露給了一位阿爾比的教會參事。

直到美好年代，環形餅乾一直極受歡迎，連著名的法國歌謠都唱著「麵包片女士嫁給頭上戴著白乳酪的環形餅先生……」，可謂無人不知無人不曉。

卡漢姆從未忘記自己出身於社會最底層，他的企圖也因此並不讓人意外。約莫在一八二〇年，卡漢姆試圖將環形餅乾化為貴族的點心，這是讓「上流社會」認識「下層」美味的方法。當時的上流社會甚至無從想像平民階層居然完全不知橙味砂糖、甜杏仁粉、上等奶油及塗蛋黃漿，而卡漢姆便利用這些東西來使庶民美食變得高尚，使其配得上他所伺候的親王。不過，一八六九年大仲馬在其《廚藝字典》中似乎並不怎麼欣賞麵餅，他在書中提供了作法，並說這是種「不甜的糕點，與其說是給成人吃的，不如說是給鳥兒和小孩吃的」！

而我們在德國康斯坦茨玫瑰園博物館所收藏的《一四六〇年代的黎亨施塔爾編年史》中，從極為珍貴的彩色插圖裡看見的，穿在撐架上的是否就是環形餅乾、亦或是8字形餅乾？我們可以想想現代的8字形餅乾，也就是我們現在可在當地啤酒屋中吃到的。在當時，8字形餅乾還不存在。我們應順著通達之路而行，並好好重新端詳上圖。

這條路將我們牽引至從前的庶民點心中，這些至今仍然存在的點心或是原封不動一如往昔、或是隨著時光而有所改變。我們應重新看待法國北部，如阿爾冏提耶在狂歡節時仍然食用的尼約勒。尼約勒與環形餅乾屬於同一「家族」，這種由未發酵的堅硬麵團絞成繩索狀的麵帶，要放在加入葡萄枝灰燼——含天然碳酸鉀——的滾水中煮過。碳酸鉀會讓餅乾呈現深色，餅名因此而來（拉丁文的nigellus，淺黑色），並讓餅乾味鹹且具煙薰味。接著，將麵團自水中撈出，切段，放入烤箱中烘烤至乾。

在路易十四廢除南特詔書時，幾乎所有的製餅師（奇特的是他們都是雨格諾新教徒）都一起移居到了德國。據說為了表達要永遠結束在法國生活的遺憾，他們將麵帶打結做成Ω狀。[13]葡萄枝的碳酸鉀則以岩鹽取而代之。岩鹽也就是鑲嵌在8字形餅乾上的小粒結晶。德文以brezel稱呼這種8字形餅乾，亞爾薩斯人則稱其bretzel，可能的意義是「小吊帶」。不過無論如何，吃點8字形餅乾能讓啤酒嘗起來更美味。

然而，nieuleur（麵餅師傅）後成為糕餅業的行話「nioleur」或「nioleux」，指的是從來沒有把事情做好的糟糕工人。

從圓餡餅到塔

我們得記住，在從前，麵包師是可以做蛋糕的，直到一四四〇年某日被糕餅師剝奪了權利。我們也該記住，糕餅師之所以被稱為pâtissier，原因在於他們是從剁肉泥（Pâtés）及魚肉泥起家，後來才做出了肉類圓餡餅或魚肉圓餡餅——與做成餅狀的肉泥沒有太多不同，圓餡餅只是將菜餚包在兩片麵皮中來食用。然後是塔，除非是例外，塔只是把水果和／或雞蛋醬汁置於一層麵皮上而已。

我們因此想起了一幅預示著8字形餅乾的德

【13】Ω為希臘文的最後一個字母。
【14】中世紀的神話人物
【15】作者註：例如，在《昔日的私人生活》（*Vie privée d'autrefois*），十二至十八世紀，第六卷，單頁插圖「用餐」，Alfred Franklin, Plon, 1889。
【16】作者註：關於大部分的參考著作，請參閱書末的參考書目。

國細密插畫，在圖中還能很清楚地看見圓餡餅，正準備要送入有輪的移動式烤爐中烘焙。我們也可以欣賞另一幅在阿哈斯的耶漢之四開本的《梅縷金》【14】。中的鮮明插圖，圖中畫的是一頓十五世紀的餐宴，席中端上了一大份圓餡餅。【15】在當時，上第三道菜時若無圓餡餅就不能算是得體的一餐。就算沒有麵皮包裹，也可製作稱為terrine（瓦罐肉醬）的「餡餅」，因為它就像圓餡餅和塔一樣在陶土模中烹煮。由於經濟的因素，直到十六世紀都甚少使用金屬模。打好的鐵及銅長久以來都是一筆不小的財富。至少，在考古挖掘中並未發現太多金屬模，也沒有一篇文章有詳細的記載，即使有，也是零零碎碎的。例如《食物供應者》中的「bassin」或馬提諾【16】的「poële」。

基於衛生與安全理由，也基於其與「豬肉加工業者」或客棧老闆之間的競爭，根據規範中世紀社會生活的眾多細微法規，一般家庭無權將內含肉類或魚肉的食品帶到麵包舖或糕餅舖的爐灶中烹調。一般人只能在自家烘烤。而為了防止食物被灰燼弄髒，人們便以兩個上釉的碗或銅碗（最有錢的人才用得起）當模，把食物放入其中後，再遞進中央或角落壁爐的炭火裡烘烤。然而，或許是為了激怒糕餅業者，麵包師對烘焙水果塔網開一面，只要模子放在其他容器中，不會弄髒爐灶也不會有燒焦的危險。水果塔促進了水果的消費，水果在此時仍然不夠普及，多半生吃，但其實是重要的食物來源，無花果或葡萄乾還能補償極其昂貴的蜂蜜或糖。

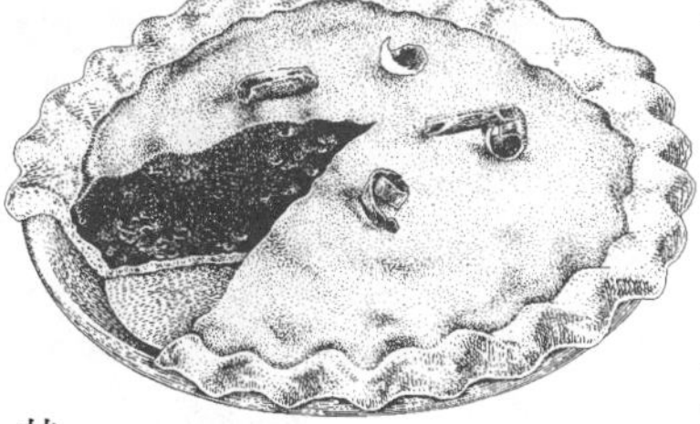

雞蛋醬汁

理所當然屬於糕餅類的塔慕茲是種鹹味小塔，也是中世紀最受歡迎的美食，且於「第三道

塔伊馮的蘋果塔

「將蘋果切成碎塊，與無花果、清乾淨的葡萄混在一起，加入用奶油或植物油（在當時即橄欖油）炸過的洋蔥、一點葡萄酒、浸漬在葡萄酒中的蘋果泥，混以另一些蘋果泥，再加上少許番紅花及香料：肉桂、切碎的薑、壓碎的八角，如果有 pygurlac*，可加入一些。做兩張大餅皮，將所有的餡料都用手和好，將蘋果及其他餡料通通放在較厚的餅皮上，然後將另一張餅皮蓋上封緊，用番紅花染成金黃，放入烤爐中烘烤。」

吉歐姆．提黑，又名塔伊馮。

——《食物供應者》十五世紀的版本，由傑宏．畢雄男爵提供，於一八九二年，巴黎。

*此物為何尚待考證。

菜」時上桌。它的外形在經過數個世紀後沒有太大改變，但變得更精緻，也變得越來越好。這種情況一直持續到一九二〇年，此年代見證了一件事：早已變成「前菜」的若干美味小點突然消失了，為什麼大家不再品嘗塔慕茲卻不得而知。但自此以後，熟食舖老闆的菜單上再也找不到一絲痕跡，連食譜也一樣。這應該是塔慕茲之友協會的責任。當時屬於資產階級的《巴黎的家長》一書自然提到了塔慕茲，但這些上等菜餚——不屬於市集的消費階層——是屬於熟食鋪老闆或糕餅師的，書裡無法提供作法。要等到一四九〇年，或再晚幾年，國王夏爾五世的膳長

關於塔

雖然中世紀的塔，無論是一層或兩層麵皮，僅用水果入餡；雖然圓餡餅的餡想用什麼就用什麼，通常是什錦餡，這兩者的名稱卻絕對沒有親屬關係，不像大家以為的那樣。「tarte」或「tartre」是庇卡第地方的字彙，屬歐伊勒語（法國北部的古語），源於低地德文的「tart」或「torte」，意謂「精緻輕巧」。而「tartelette」（小塔）則於十四世紀的《食物供應者》中首次出現。至於「tourte」——其字與糕餅本身——可回溯至羅馬—高盧時代，為「torta panis」（圓麵包）的縮寫。

在通俗語言中，許多與點心及甜食相關的字彙都表達了歡樂及容易的概念。我們也在若干習慣用語中發現塔（或蛋糕）這字的使用：例如，「c'est de la tarte」或「c'est du gâteau」（意謂「這很容易」），或與之相反的「c'est pas de la tarte」或「c'est pas du gâteau」（意謂「這並不容易」）。至於「la tarte à la crème」——意指「最陳腐的陳腔濫調／到處都用的口頭禪」——阿藍．黑伊在《侯貝慣用語辭典》中溯源至莫里哀的戲劇《女子學校》中的第一幕，事關阿爾諾夫對理想的無知女性所下的定義：「……若要和她玩 corbillon（小籃子）押韻的問答遊戲*／接著輪到有人回答：『Qu'y met-on?』（放什麼東西在裡面呢？）我希望她回答：『一個奶油塔』（une tarte à la crème）。」。

* 要求對問句「Que met-on dans mon corbillon?（把什麼放進我的小籃子裡？）」，作出末尾以 on 押韻的回答。

製作塔慕茲的方法

「取兩把新鮮柔軟的全脂乳酪，一把上等麵粉，一份蛋白及一份蛋黃，鹽隨意。再取一份如雞蛋大小的上等乾酪，剁碎或刨碎。將材料通通和在一起，包入擀薄的麵皮中，將餅整理成荷蘭三角帽的形狀，塗上蛋汁，放入爐中烘烤。請注意不可將餅皮填滿，否則烘烤時餡料會因膨脹而溢出。」

——拉·瓦黑納，《法國糕餅師》，一六五三年。

塔伊馮才為有能力雇用廚師的上流階層人士提供了配方：「塔慕茲是由切成蠶豆大小的上等乳酪混以雞蛋作成，而餅皮乃以雞蛋與奶油和成。」

就二十一世紀讀者的理解，其相關細節就是把混合好的雞蛋和新鮮乳酪（通常是布里乳酪，因為此地區靠近巴黎）倒進用雞蛋及奶油揉成的麵皮中。也就是說，這種基本酥麵團的作法早在六百年前就已經確立了。

塔慕茲發跡於巴黎附近的王城聖德尼的說法普遍為人所接受。塔慕茲長期以來也一直是當地的特產。市政府稅務員的帳簿證明，直到法國大革命時期，凡爾賽宮總管處都從此地徵得極大筆且固定的稅收。根據巴爾札克的小說[17]所述，城門邊的大鹿客棧擁有販賣塔慕茲的獨家經營權。考古學家兼歷史學家米凱·魏斯則指出，Talemouse 封地的名稱極可能來自於這款糕餅[18]。

牛奶雞蛋烘餅同樣源自中世紀，是當時極受歡迎的高級甜點，其名稱有不同的寫法：flaons、

flaonnets、flanciaulx 等等。牛奶雞蛋烘餅的基本製作方法與塔慕茲相同，但使用可以分享的大型麵皮，固體狀餡料則使用雞蛋和牛奶，或白乳酪，甚至是水（在封齋期）。可加入手邊可得的材料，尤其是齋戒日的鰻魚。然後在整個餅上撒上糖粉。不過一開始時，是把上述餡料放入滾水燙過，瀝乾，再放入壁爐的灰燼中烘焙成烤餅的。

約一三九三年，《巴黎的家長》的布爾喬亞編纂者寫到：「在自由的婚禮上，達里歐始終比牛奶雞蛋烘餅好」……。「自由的」，也就是「貴族的」或「大資產階級的」。說明了基本上與塔慕茲並無太大不同的達里歐小塔之排場。我們在這裡提到此一甜點並非為了延長已極豐盛的中世紀糕點名單，而是因為即使達里歐不流行了，它也已經成為一種邊緣平滑的模子的名稱。不僅如此，誰能抗拒達里歐重回餐桌呢？尤其是若我們照著《食物供應者》中塔伊馮的食譜，用凝結起來的小塊餡料將塔皮填滿，塗上奶油和糖，然後撒上切碎杏仁的話。

據說「dariole」這字可能來自「rioler」，在古時的意義為「以條紋裝飾」，所以別忘記保留一些醬汁在餅上做成橫條，再以適度的溫度烤上數分鐘。這樣既好看又好吃。

另外，當我們在《巴黎的家長》中查詢特別受喜愛的食譜時，看到了一種以愉悅的筆調一再被提及的美味王侯糕點：「在像是德・貝利公爵的王侯宮廷中，宰牛時會將其骨髓做成里梭勒。」

德・貝利公爵就是《極盛時光》的德・貝利公爵，一位偉大的珍本收藏家，在其「圖書館」中收藏了《食物供應者》的初版抄本。而《食物供應者》作者不是別人，正是德・貝利公爵之

【17】作者註：Honoré de Balzac, “Un début dans la vie”, in *La Comédie humaine*, Paris, Gallimard-La Pléiade, t. 7, p. 781.

【18】作者註：Michaël Wyss, Atlas *historique de Saint-Denis*.

兄——國王夏爾五世——的膳長。

可是里梭勒到底是什麼呢？打開《食物供應者》的復刻本，我們只查到標題為「buignetz et roysolles de mouelle（髓）」的食譜，但內容已被作者或抄寫者刪除。簡言之，里梭勒在十四世紀還存在（可惜現在已不再做這種糕點了）：將圓形的麵皮摺半包入肉類、魚肉或果醬，「放入滾燙的豬油中炸，且避免炸得太焦。」

這種油炸的食物將我們帶回到buignetz或beignet（炸糕），另一種包含在食譜標題中的糕點，其相關的作法亦遭刪除。當時的作者，明顯是位法國人，可能認為這種最通俗的美食在每個街角都可買到，用不著浪費紙墨。不過，義大利人文學者巴托洛每歐．薩基，又名普拉提那不但不輕視這種糕點，還用拉丁文將他所知道的炸糕寫成一長串名單，收入他知名的論著《論適度的享樂及良好的健康》（1465）中。[19]

這位學者是否在巴黎嘗過了「苦炸糕、脹氣炸糕[20]、米炸糕、蘋果炸糕、凝乳炸糕、杏仁炸糕、無花果炸糕、蛋白炸糕、鼠尾草炸糕、月桂葉炸糕、接骨木花炸糕……」？我們不得而知。但無論如何，目前收藏在法國國家圖書館中的抄本是由其祕書，聖日爾曼德佩修道院的僧侶皮耶特羅．德每特里歐．加采利所抄寫下來的。世界在那時已經變小了。

王室的甜點，永恆的甜點

雖然那時候世界已經變小了，但上述炸糕用的米，可不像現在來自泰國或當時尚未被人發現的蘇利南，而是由摩爾人或葡萄牙人或倫巴底人從安達魯西亞帶來的。很久以前，在梅洛溫王朝時期曾在南法的卡馬格試種過稻米，但沒有成功，所以米是進口的。而普拉提那所處的年代之所以會有米炸糕——法國人之後稱為炸丸子——是因為大家老早就在使用米了。《巴黎的家長》和《食物供應者》中的食譜可以作證。

不過，我們感興趣的是米在糕點製作中的運用，尤其是在甜點上：知名的牛奶燉米。一二四八年時，聖路易，即路易九世，率領十字軍至艾格莫荷特登船時，曾在當地品嚐牛奶燉米。薩林貝內修士極珍貴的《編年史》敘述著這位君主在桑斯暫停時，亦愉快地享用了甘甜的杏仁牛奶燉米。

當年的製作方法肯定不會和普羅旺斯傳統烹飪所保存的相差太多。雖然不可能完全重現這道王室的甜點，不過若路易九世復活，「杏仁煮米」的烹飪法應該不會讓他覺得訝異。使用蜂蜜的方法就跟當時一樣。

而我們既然造訪了王侯的宮廷，那一三五八年就提供了一個好機會，讓我們在尚貝喜宮廷暫停一下，以向最知名的薩瓦蛋糕致敬。這是第一個為人所知的大型蛋糕。

始終遵循其祖先政策的薩瓦伯爵阿美德六世，精明地統治著其強鄰環伺的土地。每一代的薩瓦伯爵皆因得到新屬地而使其管轄地擴大。某一天，深受肥胖之苦但對美食貪得無厭的阿美德六世，設宴款待了其宗主，德國皇帝，盧森堡的查理四世。

為了感謝這位亞爾王國的攝政者，伯爵命令廚師將小盤菜餚變成大盤菜餚，而且要比平常的更大盤。阿美德六世在這其中暗藏著希望將伯爵領地晉升為公爵領地的期盼，卻沒想到大盤菜餚對五臟廟來說有著無可抗拒的吸引力。可惜的是，我們並不知道這位天才糕餅師的姓名，其孫身為阿美德八世的廚師[21]於一四二〇年和塔伊馮一樣名留後世。

【19】作者註：請見參考書目。

【20】作者註：在法國大革命後被稱為「修女的屁」。十八世紀的小淘氣則稱之為「妓女的屁」。

【21】作者註：希卡何大師的《關於烹飪》是依阿美德八世之令，為了慶祝新爵位的授予而寫的奢華飲宴之書。公爵在不久後成為教宗菲利克斯五世，後因嚴肅艱苦的生活而逝。

杏仁煮米

這是一份可追溯至中世紀早期的食譜，那時猶太人剛在普羅旺斯定居。這道猶太人在普珥日享用的美味點心好吃得讓基督徒將之強取豪奪了過來——在美食的國度裡是沒有猶太區的。即使聖路易為這道甜點帶來了美名，並加入了肉桂，但這種屬於王室的辛香料似乎是多餘的。

「將二百五十公克清洗過的圓米、一百二十五公克的去皮杏仁、一百二十五公克的糖粉或量稍少的蜂蜜，與四分之三公升的牛奶混合在一起，放在焗盤中。可在焗盤底部加上一些焦糖。模子要夠大，讓材料僅及模子的一半，因為在烹煮時牛奶有溢出的危險。以文火煮約一個多小時。」

——瑪格洛娜．圖桑—撒瑪，《普羅旺斯的民族菜餚》Editions de Civry, Dijon，一九八二年。

密斯特拉*曾在《費利布里吉的寶藏》中詳述，十九世紀末時，這種點心始終名列艾克斯及貝荷池塘地區的聖誕節十三道點心中。當地人還會將杏仁果殼收集起來，撒在田裡以求好收成。另外，他也指出普羅旺斯的艾克斯的杏仁市場是世界第一（那時候是）。而我們另外要說的是，許多中世紀食物都使用了杏仁，甜的鹹的都有。

*普羅旺斯的方言詩人。

總之，皇帝在品嚐了輕如羽毛的「薩瓦蛋糕」後龍心大悅，決定延長在尚貝喜宮廷的暫住時日，以便每一餐都能享受到這種美味的點心。阿美德六世只好眼睜睜地看著公爵爵位從手中溜走。後來，阿美德六世之孫成為了薩瓦大公，這位公爵在年輕時也是位絕妙的美食家。英格蘭人淒涼地稱這種蛋糕為「海綿」蛋糕。其製作秘訣在於長時間打發蛋黃和糖，並再加入打發的蛋白以變得更輕盈，然後是過篩的麵粉。奶油可用可不用。

十四世紀的蛋糕得放在爐中慢慢烘烤，可能是因為所使用的模子是厚重的木製容器，導熱不佳，不會將麵團直接暴露在強火中的緣故。

隨著時間的推移，製作方法亦有改善。一七七四年，墨農的《布爾喬亞女廚師》使用擦碎的檸檬皮或橙花來增添薩瓦蛋糕的香氣，他也建議以「在釉彩盤中將極細的砂糖、蛋白及半個檸檬汁以木匙打勻，直到糖面變白……」的優雅方式來為薩瓦蛋糕覆上糖面。在當時，大受歡迎的薩瓦蛋糕會配上茶或與下午的輕食一起食用，就和接下來數個世紀一模一樣。

貴族出身，但傾全力追求臭名的薩德侯爵因違反善良風俗而於一七八八年身繫巴士底監獄。每逢下午五時的午茶時間，在獄中的他也吃這種蛋糕嗎？我們又從他那裡得到哪些製作食物的啟示？畢竟薩德侯爵老是寫信向其可憐的妻子，生於蒙特伊的荷內．佩拉吉尖刻地抱怨她派人送來的糕點。而在布爾傑湖附近的顏城，特產就是薩瓦比斯吉。

香料蛋糕

在法國東部與北部，以及比利時、荷蘭、盧森堡全境，大家會在十二月六日歡慶聖尼古拉的聖名日。一九九〇年的這一天，在巴黎聖尼古拉教堂前的聖須比斯廣場上展開了一場藝術、教育、遊戲、美食兼具的商展，也因為是促銷展，

是薩瓦比斯吉還是薩瓦蛋糕？

「biscuit de Savoie」（薩瓦比斯吉）這種現代稱法其實並不恰當，因為它並未二度加熱烹調。事實上，這種糕餅若不與空氣接觸可完美保存數日。它與味道不佳但使用期限長的軍用、航海或旅行餅乾（biscuit）並不相同，卻常令人混淆不清。「le biscuit」（單數）指的是可和眾人分享的大蛋糕。「les biscuits」（複數）指的則是僅供一人食用的小蛋糕。

所以此展亦富經濟意義，獲得了極大的成功。

「夏天時給她葡萄／蘋果、李子、梨子／青豆、黑櫻桃／祝聖之餅、香料蛋糕／麵餅、黑克里斯／甘甜之糖、糖衣杏仁／當她長大時／我送給她美麗的花束……」

——克雷蒙．馬侯，《青春的克蕾蒙汀》，一五三二年

巴黎人還保有那時的回憶：歡樂的香料蛋糕節邀請大人小孩在一處仙境中吃喝玩樂，裡面每間店家的攤子都代表著一個以香料蛋糕為典型美食的法國地區或歐洲國家。在大如馬戲團的帳篷底下，大家還能欣賞到用香料蛋糕做成的糖果屋——格林童話〈漢索及葛萊特〉中吃人女巫住的那一棟！

就像前面所說的，世界已經變小，展場中的中國樓閣、蒙古包及土耳其市場在童話王國的門前接待大眾。事實上，小孩大人跟隨的參觀路線就是香料蛋糕之路，也等於是絲綢之路，它們在

地理上是重疊的。但是，這和聖尼古拉有什麼關聯？毫無疑問地，香料蛋糕最初的定義出自一六九四年初版的《法蘭西學院字典》：「香料蛋糕：一種由黑麥麵粉、蜂蜜及若干香料做成的蛋糕。」

此配方在之後三百年間都沒有改變，除了有人改用小麥麵粉來製作以外，就像路易十四在位時的第戎人。但當時那些法蘭西院士們大概以年齡為藉口而將之遺漏了。不只在第戎，人們食用香料蛋糕的歷史已經很久了。

就像著名的香料蛋糕節指出的，是西元十世紀的唐朝人製作出了蜜餅：小麥麵粉揉以蜂蜜製成（那時的中國人應不識黑麥）。辛香料或香味植物並非必要品。

成吉思汗的蒙古騎兵約在西元一二〇〇年時征服中國北方，他們非常喜歡這種具有豐富能量的蜜餅。蒙古人在馬鞍的皮套中塞滿蜜餅直驅歐洲。途中，他們把這種使人強壯的蛋糕介紹給其源自中亞的表親土耳其人——正開始進攻那塊注定將冠以其名的土地。而很快地，隔鄰的阿拉伯人也喜歡上了蜜餅，因此讓各聖地的朝聖者通通陷入了貪愛美食之罪。

史家阿諾・德・呂貝克指出，一隊從耶路撒冷回來，罪獲赦免的信徒車隊在多瑙河三角洲沼澤裡陷於迷途時，靠著這種帶在身邊當做紀念品的美味口糧而得以生還。

這位史家以拉丁文來敘述這段歷史，且以古羅馬人知名的聖糕 **mellitus panis** 來稱呼此一奇蹟式的美味。但兩者的配方並不相同。如在前文所見（請參照第61頁），古代的 **mellitus panis** 是烘烤後淋上蜂蜜、或甚至是放入滾燙的蜜中做成的。

小修女

「以糖為妝，圓潤緊實的小修女，／有著柔軟、滑潤、甜膩且極溫柔的舌頭，／妳這繫上白芷領帶的甜點，／在妳棕色的身側巧妙地嵌入柑

香料蛋糕之美

從前香料蛋糕一出爐，會在表皮輕輕刷上一層膠，而現在的「有機」健康蛋糕、或富麗堂皇地以糖果裝飾的豪華精緻創作蛋糕，會在烘烤前及烘烤後以牛奶各上一次糖面。

橘，／夜晚在櫥窗，身著金黃短上衣的妳，／倨傲地面對著我奉承的，／已大啖妳的眼光，／以公主的優雅之姿延遲了期望之吻。／這就是為何我直奔向長方形禁閉室的原因，／人人喜愛，勇敢的香料蛋糕，／願快樂的孩子以愛貪婪地將妳吞下。／高貴的甜點！／在水果籃旁的妳，／每日辛勞成果的象徵，／妳那濃厚的金黃色糖面宛如蜂巢。」

——皮耶．夏佩爾（第戎美食市集的官方目錄，一九二六）

小修女是小的香料蛋糕，清淡，夾心為柑橘果醬（或者無夾心），覆以柑橘糖面。可能是弗日山區荷米蒙的修女於十八世紀的發明，故名

之。漢斯和第戎的香料蛋糕製造商取得了食譜，直到今日仍以手工製作。

這些從耶路撒冷歸鄉的朝聖者也像美食者一樣，同時將香料蛋糕的食譜帶了回來嗎？無論實情為何，十三世紀有一種用小麥及蜂蜜製成的法蘭德斯糕點 **Lebkuchen**（生命之糕），長得和中國的蜜餅一模一樣。

此外，香料蛋糕在跟隨著其前哨穿越中歐時，因為辛香料而變得豐富了起來。例如在波蘭的維斯圖河畔的美麗中世紀之城托倫，香料蛋糕在共產黨時代被稱為 **Piernik**，且被宣稱為是「人民財產」，並由國營工廠 **Kopernik** 加以生產。

世界上最美麗的香料蛋糕始終產自匈牙利巴拉頓湖邊的維斯普連。用模子製成，以七彩糖裝飾，令人讚嘆。專精於此一國寶的最佳工匠伊斯特凡・瓦加大師在媒體間享有明星般的地位。而根據正式的說法，香料蛋糕是拜占庭人在十二世紀時傳給馬扎爾人的。

在瑞士德語區的巴賽爾，關於香料蛋糕的首次記載見於一三七〇年的市政會議合議書中：為了舉辦大型的聖誕市集，城市當局請求各地的修道院展示其產品。在南德的各大城邦亦提出此一要求。購買人潮為此蜂擁而至，最具創意最獨特的香料蛋糕則淹沒了市場，裡頭最受注目的是紐倫堡的香料蛋糕。

在接下來的十五世紀，以斯特拉斯堡與梅

家庭傳統的舊式香料蛋糕

將一咖啡匙的茴香子、四顆或五顆的丁香研碎，與半咖啡匙的肉桂粉、等量的肉豆蔻粉、薑粉、剁得極細的檸檬皮及等量柳橙皮混合在一起。把材料蓋好放在一旁。二百五十公克的棕色液狀蜂蜜煮沸。將二百五十公克的小麥麵粉與一百五十公克的黑麥混合在瓦缽中，加入蜂蜜以木匙攪拌，做成球狀。用撒了麵粉的布巾包裹麵團。在陰涼處，而非在冰冷的地方靜置一小時。再將麵團置入瓦缽中，加入兩顆蛋及前述之香料、一湯匙的香草糖及一咖啡匙的小蘇打，揉好，放入模中（例如英式水果蛋糕模），模子需襯以塗了奶油的烘焙紙。放入預熱溫度為攝氏一百九十度的烤箱裡，烘烤三十至四十五分鐘。當烘焙結束時，用極甜的牛奶刷在香料蛋糕上，靜置於逐漸冷卻的烤箱中十五分鐘使之乾燥。需等到翌日才能食用。

寧根之間一場新的香料蛋糕競爭為藉口，舉行了著名的巴賽爾主教會議。一批由女商人愛爾西——當地歷史永誌不忘的人物——所帶領的工匠，決定輪到他們來創作令人驚異的香料蛋糕了。著名的「小甜點」Lekerli 或 Läkerli 因而誕生，不僅是項美食，也是傳達愛意的信使：把字用融化的糖描在香料蛋糕上，或把彩色石印畫片貼在蛋糕上。

在一四二〇年代，庫爾泰的人民（法蘭德斯語為 Kortrijk，因為是法蘭德斯的城市）為了歡迎其宗主勃艮地大公善人菲利浦進城，送上了用麵粉及蜂蜜做成的 boichet 蛋糕。這種蛋糕是菲利浦的祖母，法蘭德斯的瑪格麗特喜愛的甜食。

非常高興的善人菲利浦將糕餅師及糕點帶回自己的城市第戎。一百年以後，在勃艮地出現了勾德利蛋糕，一種用傳統的濃稠蜂蜜小米粥製作而成的特產：把小米粥填入模內，置於烤爐或爐灰中再煮一次且使之乾燥。直到十八世紀初，勾德利蛋糕才由前小酒館老闆——廣告中宣稱的頭銜——波納文圖．貝勒漢販售的真正的香料蛋糕所取代。從這時候起，位於昔日廣闊強大的勃艮地公國兩端的法蘭德斯及第戎，便成了香料蛋糕的聖地。在純粹主義的糕餅師看來，這兩個地方的香料蛋糕才是最好且唯一的真品，光滑無比並用模子做成大型麵包的形狀。東部的香料蛋糕比較平，而且是用人像裝飾的模子來製作，看起來不是那麼……。不過，在將昔日勃艮地公國分隔成兩半的香檳區中，可別忘了漢斯的香料蛋糕。約於一四二〇年，在這座法國君主的聖城中，一位機靈的糕餅師把從布爾日同行那裡得到的蛋糕食譜商品化了。這份食譜在某次於布爾日——此城曾在法蘭西王國最糟時權充首都——舉行的宴會中受到了「小國王」夏爾七世的極度推崇。而在《廚藝字典》的香料蛋糕詞條裡，大仲馬披露，夏爾七世的情婦阿涅絲．索黑愛極了常常出現在法國宮廷餐宴中的香料蛋糕。在當時，鹹的香料蛋糕同樣大受喜愛，蛋糕會切成塊並放入燉肉汁中，就像我們在法蘭德斯啤酒燉牛肉中所見的一樣。糕餅師也往往會下極重的辛香料。若宴請的賓客都是有頭有臉的人物，香料則會用得更多。

因此，在某頓飯後，這位為國王懷了第四胎的「美女夫人」突然出現極嚴重的痙攣，以致於早產並死亡。眾人的耳語皆指向厭惡她的太子，未來的路易十一，認為他事先將某些毒藥攙在香料蛋糕的滾燙醬汁裡。一百五十年後，謠傳毒物專家凱薩琳．梅迪奇也捲入了類似的壞事中：因為同樣的菜餚也讓國王成為了腸絞痛的受害者。

文學中的香料蛋糕

詩人波特萊爾致聖博夫的批評：「若您贊同我的口味，我要向您推薦極厚、極黑且緊實到沒有任何坑洞及氣孔，滿是茴香和薑的英式香料蛋糕。可將之切得和英式烤牛肉一樣地薄，在其上塗以奶油及果醬。」

——波特萊爾，《書簡集》。

其實，儘管昂貴珍奇，有好幾種香料還是被使用在香料蛋糕的製作裡。畢竟香料和蜂蜜一樣一直被視為是有益健康的，香料蛋糕在今日也依然被形容為「健康的」，其塊狀長方形是「有機」和傳統的保證。

既然無論今昔健康都是最重要的，我們可參考一本一六〇七年於里昂出版的著作。雖是無名醫生之作，實際上卻是當時的最高權威、真正的食物使用和慣用法百科——《健康寶典或人之生命的管理》，書中提供了一份完美的當時香料蛋糕配方。藉由一本普通字典，這份配方很容易就能轉換成現代的計量單位：

「細麵粉……四磅

煮過的蜂蜜……一磅

肉桂……二盎斯

薑……半盎斯

胡椒……二德拉克馬【22】

丁香……二德拉克馬

將香料磨碎，然後將所有的材料以熱水混合。」

這些材料裡，在前一世紀使用起來毫不吝惜的胡椒成為了波蘭及德國香料蛋糕的正字標記。英格蘭則特別歡迎薑，故稱此這糕點為gingerbread。但胃痛制服了舊習，《寶典》的作者可能注意到亨利四世稍早於一五九六年頒布的巴黎香料蛋糕同業公會特別法強制規定，若要取得師傅的身份，必須依照下列無胡椒的配方來製作蛋糕：「……若要製作升等作品……，使用肉桂、肉豆蔻和丁香以讓成品帶有麝香味。以上述材料做成三塊香料蛋糕，每塊重二十磅。」這份必須遵守的食譜預示著，就像布瓦洛注意到的，肉豆蔻自十七世紀起開始普遍了起來。

「特別法」說明了一件事——當時的巴黎香料蛋糕師傅終於從糕餅—蛋捲師分離了出來，其美麗的全新藍色徽章上有四個由金色蛋捲組成的十字架，還有一個金色的大香料蛋糕。漢斯的香料蛋糕業者在一五七一年戴起一個完整的蛋捲徽章以表示不忘新身份，太晚獨立的第戎業者則既沒有自己的公會、也沒有自己的徽章。十八世紀末，法國大革命悉數廢除了這些榮譽。

「在今日，向聖尼古拉致敬的香料蛋糕甚至出現在巴黎的市場中，但洛林、亞爾薩斯、莫塞爾、莫爾特與萊因河全流域，才是將這位聖人的聖像和豬、綿羊、熊等寓言故事中的動物，以及各式花朵、薔薇花飾及各類植物的圖案做在香料蛋糕上這種風俗的源頭。芬芳、鬆脆，因蜂蜜而甘甜的香料蛋糕讓孩子吃得笑顏逐開。此風俗是否讓人想起了尊奉聖尼古拉為保

【22】 1drachme=3.24g

護者的香料之路，一條往返於貪愛這種奢侈與墮落物的西歐沿海與熱帶之間的漫長海路？但不管如何，歐洲在朝拜聖者的行旅中開始欣賞香料。」

——伊鳳．德．西克，《歐洲節慶及民間信仰：隨著季節之更迭》，©Bordas，一九九四

但是，對所用麵粉之選擇（小麥或黑麥或兩者之混合）、主要香料的選擇、發粉的選擇（昔日是碳酸鉀，今日是小蘇打）、裝飾的選擇（如糖漬水果、杏仁）、香味的選擇（如綠檸檬、枸櫞、櫻桃酒、廢糖蜜等等），按形狀有塊狀及板狀，裝飾有烙印、華麗的糖面或不同的小主題，香料蛋糕自創始以來，已經擁有許多不同的種類。

直到二十世紀中期，雖然英國人為大量生產的食品發明了「轉化糖」（蔗糖以化學方法轉為果糖，如天然蜂蜜之構成），每一種手工製品的作法依然忠於往昔。

數世紀以來，香料蛋糕的祕密都在於麵團的休眠，長期且平靜的休眠——三至六個月——是真正的睡美人。受到良好保護的母麵團在陰涼的地窖深處等待著，在木製的容器中因蜂蜜的作用而熟成。

在不用追趕時間的年代裡，任何事情反而都要事先預備好，以免過於匆促只能倚靠倉庫儲存過活，可隨意使用的存貨也補償了金錢的匱乏。而這些，亦為中世紀香料蛋糕從修道院發跡的原因——修道院讓西元五百年以降遭蠻族侵害的西方文明得以倖存。再者，當時的僧侶是穀物收穫及蜂巢的擁有者。他們從蜂巢中取出蜂蠟來製作進行儀式的蠟燭，其販售的產品，如乳酪、天然蜂蜜、使用了蜂蜜的蛋糕等等，都可成為慈善事業的資金來源。我們在前面已讀過修道院如何參與了巴賽爾的市集。

城堡門市集，香料蛋糕的市集

為了復活節週的到來，巴黎的聖安東王室修院自一七一九年起便在牆內收留為數眾多的香料蛋糕攤販。但因為法國大革命的來臨及一旁之巴士底監獄的陷落，一八〇六年才重新依傳統恢復了這項舉措。這場偌大的市集從變成醫院的聖安東延伸至城堡門（即國家廣場）。而後，自一八四〇年起，節慶往往持續一個月之久，且延伸至凡森大道並超出了北邊的林蔭大道，好似全巴黎皆傾注於此。棚攤和每一種有趣的事物與香料蛋糕商販爭相競豔。商人把香料蛋糕做成小豬的形狀，上了粉紅糖面，大受歡迎。十九世紀高達十卷的《拉胡斯大字典》就此寫道：「……就算是最不屈不撓的算數家，也無法計算周日和周一的市集消耗掉了多少香料蛋糕。」

麵包片夫人之歌

從前有一位住在美麗的新鮮奶油宮殿中的麵包片夫人／她的宮牆是麵粉，／鑲木地板是杏仁香脆片，／臥室是麵餅，／餅乾床在夜裡舒服地不得了。

她嫁給了環形餅先生，／他頭上戴著白乳酪；／他的帽子是烘餅，／禮服是魚肉香菇餡酥餅：／短褲是牛軋糖／背心是巧克力，／長統襪是焦糖，／鞋子是蜂蜜。

他們的女兒，美麗的夏洛特／有著小杏仁餅的鼻子／糖煮水果的美麗牙齒，／脆餅乾的耳朵。我看見她用杏桃捲／來裝飾長袍

英俊的檸檬水王子，／頭髮捲曲，來獻殷勤，

他金黃的頭髮是橙皮果醬／裝飾著烤蘋果。／

他的無邊軟帽／是小蛋糕／和葡萄乾／為了尊敬而戴上

人見到他的刺山柑花蕾和小黃瓜侍衛時會發抖／他們配備芥末步槍／及洋蔥皮軍刀。／夏洛特走上寶座，坐下，／糖果從她的口袋裡溢出／直到傍晚。

卡拉博絲仙子，／善妒而且脾氣壞，／因她的駝背而四腳朝天／幸福的甜美宮殿！／寓意：為了重建宮殿／為了消遣，／好爸爸、好媽媽，／給孩子糖吧。

——法國民謠

不過，誰說朝聖活動最重要的是修道院……沒有什麼比能夠證明前往聖地一遊的香料蛋糕更受到朝聖者喜愛了！其保存下來的價值更勝品嚐。迪南或漢斯的香料蛋糕被稱為古格，古格使用烘烤麵團的椤樹或栗樹模子來為蛋糕印上裝飾圖樣。瑞士的愛因吉登烘餅（圓形夾心香料蛋糕）則同樣在表面印上了修院的教堂圖樣。而在聖加勒及阿本策的畢伯上，也始終不缺圖案。

當香料蛋糕的製作傳遞到糕餅師手中時也變得更加世俗化，模子會從神話題材、民眾生活場景或象徵性的圖像中汲取靈感。不少的民俗美術館中都有許多這樣的模子，從稚拙的雕鑿到頌揚著名歷史事件或民間傳說人物的真正藝術品都有。

十八世紀末，為了在市集中販賣，會用打洞鉗在甚硬且做得甚薄的麵團上切割出人形及動物之類的有趣題材，也頗受老顧客們的歡迎。

在國家檔案局的法國歷史博物館裡，展出了一塊自一八二七年起就保存至今的古格，一件百分之百的歷史文物。讓我們來看看其特點。

瑪丁・修尼在其堪稱為此題材之聖經的書中[23]敘述，一八二七年，莫塞爾省省長將梅斯的

【23】作者註：Martine Chauney, *Une tradition, Le pain d'épice de Dijon*, Ed. Chritine Bonneton, Paris, 1978.

押入了輕罪法庭，並指控他對國王。就如修尼夫人所解釋的：「……畫，香料蛋糕已在政治取得了一己的方式來頌揚當紅的人物或表達的對抗。」

這位洛林的香料蛋糕師傅被指控在市集中販賣繪有像是戴著（聖職者專用）無邊圓帽的男性側面的古格。此一糖製畫像顯示了與夏爾十世有關。再小心翼翼也沒用，因為側面像其實一點都不像，褻瀆君主之罪不在於其近似，而在於無邊圓帽的可能性。因為，這位深受神職人員愛戴的君主被其反對者形容為「教士」。

這位師傅聲稱自己無罪，無邊圓帽乃烤模之誤，事實上應為國王的美麗蜷髮。於是，法官裁定模具有罪，應予以銷毀。香料蛋糕雖受牽連，但因已回收而免受火刑，被收藏在博物館中，讓人如今仍能觀賞到這塊已完全不新鮮的蛋糕。在現代，政治諷刺劇已無競爭者：我們的領袖或許變得適合上電視鏡頭，但未讓人有啃掉他們的欲望。

不過有一位人物一直深受香料蛋糕的歡迎，且自香料蛋糕的創始之初就已存在。這位人物就是聖尼古拉，十二月六日為其節慶。分送香料蛋糕則是聖尼古拉日的特色，尤其是送給孩子。聖尼古拉約於西元二七一年誕生在土耳其南部的呂西亞，由於其美德及所行的神蹟，特別是保護遭遇船難的水手，使重病的兒童痊癒，拯救受辱的年輕女子，釋放在獄中的受迫害者……等等，而被選為米爾一地的主教，米爾就位在其出生城市的隔鄰。

聖尼古拉自去世後就受到地中海東岸民眾的崇拜，不久後凡有船舶停靠的歐洲海岸皆然，然後慢慢地也傳到內陸的河港。比如說，法國的莫爾特河畔有一處名為「港口邊的聖尼古拉」的小鎮，便是在有人將聖人的遺物帶至此地後，才開始出現了重要的朝聖活動和市集。這個市集也極其重要，因為它導致了附近的南錫之誕生。

同樣的情況還發生在亞爾薩斯、瑞士、法蘭德斯、荷蘭、德國及奧地利。這位米爾主教的聲譽大多來自於對兒童行使的神蹟，故成為兒童的守護聖者。他有一記載孩子行為的大紅本子，視其優點而給予獎賞。

關於阿姆斯特丹專為這位聖人──聖尼古拉也是這座港市的主保聖人──所舉行的節慶情形，就像民俗學者伊鳳·德·西克描寫的一樣：「在此時，糕餅店的櫥窗塞滿了傳統的香料蛋糕，其香味令人想起……荷蘭人若非開啟了海上香料之路，至少也跑遍了這些海路。散發出香味的蛋糕當然會召喚出尼古拉的神聖香氣，卻也令人想起這個國家的經濟史。這些蛋糕或許是歐洲宗教文化與『異國』風味，甚至是殖民地風味之間的一種妥協，但也是昔日勇敢的水手崇敬這位聖人的殘存痕跡，以向聖人守護航海者的天職及在漂洋過海時的大力幫助獻上感恩。」

若不是美國人在美好年代吹捧起聖誕老人，我們已經沒有什麼可再說的了。在那裡，聖誕老人叫做 Santa-Claus、Klos、Klaas、Claes，一如移民們對聖尼古拉有不同的稱呼方法。不過奇怪的是，香料蛋糕從來就不是美國人的茶點。

文藝復興時期與義大利的影響

自十九世紀以來的定論便是，兩位梅迪奇家族王后身邊的義大利侍從影響了整體的法國廚藝，特別是在糕餅方面，但今日，許多作家，比如像何維爾，沒有一個不對此提出異議的。

在文藝復興時期，我們進入了一個全新的五百年：西歐文明在每一段的變動中續存下來。就算只是看看鍋子裡頭，也可以很明顯地見到當時的品味和知識充滿了精神的、社會的、技術的轉變，在日常生活，在藝術、思想及世界經濟亦復如此……文藝復興這個時代名稱已經解釋得非常

摺疊千層酥皮

在檯子上準備好八分之一斤的小麥麵粉，在麵粉中挖一個坑，倒入一杯水，加入約半盎斯的碎鹽，混合做成麵團。若需要，揉麵團時可不時灑上一些水。當麵團揉至黏合且稍柔軟時，將之做成塊狀或球狀，靜置半小時或更久些。然後用擀麵棍擀至一指厚，過程中可不時撒上麵粉。取一磅上等，稍堅實的奶油（未加鹽的），展平至與麵團同寬，用手將奶油壓平在麵團中，然後將麵團的四角摺起，或將之對摺，讓奶油全被麵團包裹起來。用擀麵棍擀平，然後再將麵團的四角摺至中央，再擀平，再摺起，如此反覆四或五次，最後將麵團擀至適當的厚度，別忘了不時撒些麵粉，以使麵團不致黏在桌上、擀麵棍上或手指上。……當麵團做最後一次展平時，要撒上些麵粉，然後對摺，置於餡餅模的中間，……，然後放入爐中燒烤。

——法蘭斯瓦．皮耶，又名拉．瓦黑納，德．羽克塞勒侯爵的廚師，《法國糕餅師》，巴黎，一六五三年。

清楚。

那麼，何不將佛羅倫斯人或威尼斯人的廚藝，與法國人的廚藝方法和知識都放入當時的氛圍中，來看看義大利人是否比法國人更先進些？在當時，義大利人比法國更易取得砂糖（見第63頁）。但自十五世紀起，此一美味的供給量讓富裕人家在製作甜點時可以使用更多的糖。糖的消費在一個世紀內至少增加了三倍。而在一五七五年，威尼斯知名的糕餅師馬提諾（見第133頁）出版了新的三合麵粉食譜，並歸功於某個叫做羅塞里的人。馬提諾在介紹時說：這本叫做Epularia的新作品，是為法國人喬凡尼・羅塞里師傅而寫。我們也能見到極為欣賞法國菜的義大利旅人。

在那個年代，阿爾卑斯山以南的最新風尚就已經是提供「法國式的」菜餚了。據菲利浦及瑪麗・海曼統計，一五四九年於威尼斯出版，由一位名為美西斯博格的人所寫的《全新食物大全》中，有四分之三以上的食譜參考自法國。我們不當愛國的沙文主義者，但就讓傳說留給傳奇作者吧。

當然，千層酥皮與梅迪奇家族的兩位王后沒有任何關係，這個靠不住的傳說可能是作家傳葉於十七世紀創造出來的。我們亦不贊同千層酥皮是克羅德・傑雷這個與路易十三同時代的糕餅店小伙計的責任，他那時還不是知名的畫家勒・洛漢——傳說因一時不慎而創作出了千層酥皮。這一時的不慎可引來了多長久的注意與關切！

這種輕盈的酥皮被英格蘭人稱為puff pastry，可用來製作千層酥、杏仁千層糕或國王烘餅、魚肉香菇餡酥餅、香皮尼或榲桲百葉窗、小千層捲糕等等，其起源則甚為古老。

製作西班牙千層酥皮

「準備好最上等的白麵粉，將兩顆蛋、些許奶油及少許冷水加入其中，做成稍微柔軟的麵團，拍打半小時，然後將麵團靜置些許時候。接著將麵團擀成長板狀，且展延至半呎寬並如紙般柔軟，然後把以小火融化的豬油大量塗在麵皮上，將麵皮捲起，再擀平，再塗豬油，捲起，再擀平，使用的擀麵棍要有手臂般粗才行，然後讓麵皮冷卻……」

——「在列日歷任三位主教君主的廚師隆瑟洛・德・卡斯多」：《廚藝入門》，列日，一六〇四年。

千層酥皮的子孫

千層酥：可供眾人分食的大蛋糕或一人獨享的蛋糕，由擀薄的千層酥皮做成，夾餡有帶著香氣的奶油醬餡或果醬，甚至全都是巧克力。

杏仁千層糕：用千層酥皮製作的大蛋糕，圓形，周圍飾以花彩，以杏仁醬為夾餡，皮提維耶城的特產。在羅亞爾河以北的地方是國王烘餅的代替品。

魚肉香菇餡酥餅：卡漢姆發明了這種可供多人分享的大酥皮糕點。直徑為十五至三十公分，高為十公分，上頭的蓋子也是酥皮，將之切開後可在酥餅內填入包含各種食材的醬汁。為鹹味前菜。供個人享用的小酥餅設計得像雞肉一口酥一樣。

香皮尼：千層酥皮做成的長方形大蛋糕或小蛋糕。以杏桃果醬為夾心。

百葉窗：可供眾人分享或個人獨享的長方形蛋糕，以榅桲果醬為夾心，鏤空的頂部就像百葉窗一樣。

小千層捲糕：供個人食用的乾糕點，形似絞成繩索狀的棍子，上面撒有加了糖面的碎杏仁。

這種神奇酥皮的製作原則自古羅馬時代起就喜愛。

已為人知曉。拜占庭人特別喜愛食用一種由數層酥脆的餅皮組成，中間夾著蜂蜜及甘松香（從一種印度纈草提煉出來的香精），應為千層酥原型的蛋糕。此種芳香撲鼻的甜食亦甚受鄰近國家的

稍晚，九世紀阿拉伯人的侵略在法國東南部留下了加斯科涅一地知名的帕斯提斯食譜。帕斯提斯的麵團會放在膝蓋上拉長，除了是加泰隆尼亞一地的邦葉塔斯的千層酥表親，肯定也是摩洛

哥的帕斯提亞——由拉成極薄的麵皮層層相疊而成，在突尼西亞被稱為布里克——的繼承者。同樣地，在長期被土耳其人佔領的東歐地區發現蘋果捲，亦非偶然。

在中世紀，聖德尼知名的塔慕茲是用千層酥皮做成的。另外，葛特夏克博士[24]發現，一三一一年亞眠主教侯貝為主顯節頒發的特許狀中提到了千層糕，幾乎可以肯定的是千層酥皮的真正作法，雖然直到十六世紀才被編入食譜中——歸功於隆瑟洛·德·卡斯多大師出版的第一本食譜。至於時常使用千層酥皮製作的國王烘餅，則多半在宗教節日時享用（見第252頁）。

杏仁奶油餡

有些國王烘餅搭配的是杏仁奶油餡，杏仁粉能增添奶油醬的香味。然而，致命的劇毒氰化物亦散發出苦杏仁的香氣——偵探口中常說的。由於凱薩琳·梅迪奇「享有」下毒者之譽，所以有人推斷這位義大利女子酷愛當時極風行、散發出杏仁香氣的皮手套，是因為皮手套能作為這位王后籌劃完美犯罪的工具。此番推論出現在十六世紀後半期，是浪漫派小說家的思考成果。

然而，染有杏仁香氣的手套的確大為流行過，不過卻是在路易十三的治下！就如《利特雷》字典引述了畫家尼可拉·普桑一段信中的話所見證的：「一六四六年十月七日。按常例，我本應寄給您所想要的杏仁香味手套。」—「frangipane」亦可作「franchipane」。伏爾泰就使用過這個如今在圖漢地區仍然通用的字眼。

事實上在普桑的時代，香水手套早已被商品化了：一位優雅事物的評判人、亦是化學家兼香水製造者、名為Frangipani的羅馬侯爵發明出

【24】作者註：Dr. A. Gottschalk, *Histoire de l'alimentation et de la gastronomie*… T.1 et II, Editions Hippocrate, Paris, 1948.

杏仁

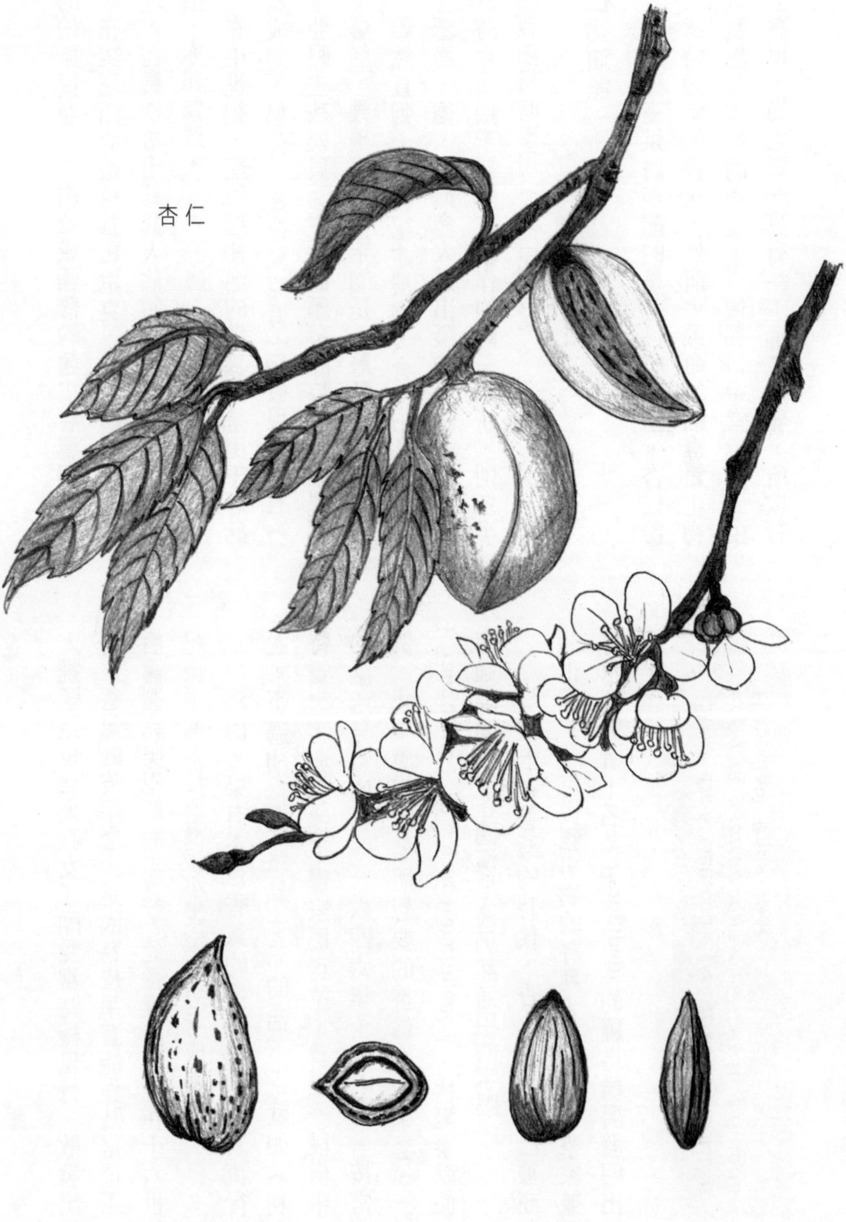

了可用來浸泡手套的時髦杏仁香水。我們因此必須作出以下結論，支持凱薩琳王后將一位尚未誕生的杏仁香水發明者之名冠在杏仁奶油醬上的說法，實在有違常理。有些人則說是王后先想出這道美食，然後才由宮廷中的義大利糕餅師做了出來。或許不無可能，因為自古希臘人以降，杏仁一直是重要的食材。但沒有任何的證據足以顯示，義大利糕餅師確曾出現在法國宮廷中。

一六五三年，拉．瓦黑納在《法國糕餅師》中將杏仁奶油餡取名為「最上等的餡料」。至於其「杏仁奶油餡圓餡餅」雖然是十七世紀的偉大傑作，但應該要知道餡餅中沒有任何的杏仁，裡頭用的是開心果。

而在一六七四年時，一位署名為L．S．R．的侯貝先生在《料理的技術》中也提供了同樣的「杏仁奶油餡」，是一份杏仁奶油及碎開心果圓餡餅的食譜。

杏仁奶油餡 frangipane 成為糕餅製作的專有名詞則是在一七三二年，出現在特雷扶那本被稱為《回憶錄》的字典裡。書中可見到這位生產手套及杏仁香水的侯爵的回憶錄。

既然提到字典，為了向一八七八年進入法蘭西學院的通俗喜劇作家弗蘭斯瓦．達特瓦致敬，人們便將知名的杏仁奶油夾心千層糕依其命名為「達特瓦」。不過風尚善變，有一段時間為了向音樂家茵勒．馬斯奈致意，杏仁奶油夾心千層糕改名為「瑪儂」。而現在，達特瓦幾乎已從糕餅店的櫥窗中消聲匿跡。

葛耶及其他文藝復興時期的糕點

塞滿了杏仁餡、幾乎千層的酥皮，中世紀的達里歐到了十六世紀更受歡迎。哈伯雷在其《第四之書》中提到了這種他偏愛的糕點：「……這些斑岩、這些大理石都極美，無話可說，但是亞眠的達里歐才是我的最愛。」

在這個新時代裡，其他一直甚受歡迎的中世

糕餅及飲料中的杏仁及杏仁漿

以杏仁入菜，尤其是製作糕餅，自古以來就是件重要的事，但卻沒有任何作品談到這個主題，真令人大感驚異。

杏仁樹源自西亞，剛開始野生於愛琴海至帕米爾高原之間的地區，後來傳至地中海盆地，亦傳至中亞及整個北非。在這些文明的搖籃裡，這種飽含油脂、易於保存，美味又營養，富黏合特性的果實，很快地就被用來製作美味的餐點。而在傳統中，如此具體的好處則被表達為富裕的象徵。

阿庇修斯（見第117頁）提供了十來道包含杏仁的食譜，通常會先炒過以提味。中世紀也常使用杏仁——我們在前面便讀過，羅馬的傳統用法是做成糖衣果品中的杏仁糊。雖然如此，儘管杏仁大量地被運用在許多歐洲糕點中，如同我們在後面將讀到的，但不論是過去還是現在，杏仁仍被視為是辨別地中海——每一道美食只以當地資源製作——的糕餅糖果的重點。布呂諾．羅希午還詳述，杏樹文化在羅馬—高盧時代才在法國紮根*，據推測應是在羅亞爾河流域下方的若干地區。這些最北的市場把杏仁視為乾果，在中世紀時的交易相當興旺，畢竟消費量極為龐大。

舉例來說，我們看到了聖路易的牛奶燉米，也要感謝《巴黎的家長》：向我們報告在「歐特顧爾的婚禮餐宴中，需要二十個碗」（四十位賓客），需要十磅的杏仁（約四千七百五十公克），每磅要價十四德尼耶，略少於六磅白麵粉的價格。

而製作某些菜餚時，常常需要鮮奶油及牛奶的替代品，因為在城市中奶量少且時常變酸，並不是總能取得這兩種材料，人們於是經常——與卡漢姆無關——使用杏仁漿（杏仁煮過，去皮，壓碎且用水稀釋，過濾兩次）來代替。當時的醫生也大力推薦這種素奶。今日若想準備這道美味的飲料，最好選用切細的杏仁，使用起來最方便。

* 作者註：B. Laurioux, *Manger au Moyen âge*, Hachette Littérature, 2002.

紀美食是哈伯雷也很珍愛的烤餅——根本沒有他所聲稱的雷爾內，因為雷爾內並不存在！這些烤餅以不同方式改良的麵包麵團做成，就像是可口的杜阿內內茲的庫因—阿曼，其《加剛圖阿》提供了製作方法：

「由上等麵粉攙和上等蛋黃及奶油、上等的番紅花及上等的香料與水做成的烤餅。」

從十二世紀就已存在的「fouace」來自於晚期拉丁文的 panis foacius，是一種在灰燼中烤成的餅。根據地區的不同，有 fouache、fouée、fougasse 等等不同的稱法。吃法是將之浸入香料紅酒或一般紅酒中食用。

至於弗蘭斯瓦一世偏愛的，在當時蔚為風尚的葛耶似乎仍是法國北部及比利時的特產。十四世紀初的諷刺小說《佛維爾的故事》[25]就已提到這道婚宴中的精美糕點：

「有鬆餅和蛋捲
葛耶、塔、牛奶雞蛋烘餅
香料蘋果、達里歐
可麗餅、炸糕及油炸酥盒子。」

擁有好品味的可憐詩人弗蘭斯瓦・維雍在其一四六二年的《遺言詩》中亦提到葛耶。我們在一份一五八七年六月十六日的里耳婚禮菜單中也可見到葛耶[26]。

讀到這裡，法國南部美食家會提出這樣的問題：那麼不管是 goyère、goière 或 gohière，過去與今日的葛耶究竟是用什麼材料做成的？啊呀！葛耶是一種美味的塔，由布里歐許式的發酵麵團加上蛋、奶、糖及奶油製成，內含由鮮酪及當地的上等乳酪（亦即這些地區所產的馬華伊乳酪）組成的餡料。現今使用的糖為紅棕色的，稱之為

【25】作者註：應為傑維・莒・布雨斯所作，這部諷刺、富於奇想且已經是「超寫實」的十四世紀初偉大傳奇，述說的是一位人道騎士的寓意故事。

【26】作者註：R. f. Derousseaux, *Moeurs populaires de la Flandre française*, Ed. Querré, Lille, 1899.

製作松子糖

取一些清理乾淨、有點乾燥的松子*，然後取一磅的糖與玫瑰水一同煮至可供塑形的地步，撤離爐火。接著，將四盎斯的松子略略切碎，投入融化的糖中，混以五或六匙的打發蛋白**，然後再加入滿滿兩匙烘至金黃的聖體餅***，若需要可加入些許麝香。

——隆瑟洛・德・卡斯多，《廚藝入門》，列日，一六〇四年。

* 作者註：松子可用當時人認為有催情作用的杏仁代替，不過事實上與之相反，杏仁只具鎮定功用。

** 作者註：這種手法非常新潮！

*** 作者註：現今只有在牛軋糖和南法的小杏仁酥中可見到聖體餅。

vergeoise（劣質粗糖），昔日所使用的則是蜂蜜。法蘭德斯人會在慶祝聖枝主日[27]時品嚐葛耶並配上其秘方「咖啡」。

讓我們回到哈伯雷這位美食的使徒身上。他可是文藝復興時期美食的參考書。哈伯雷於一五五二年在《第四之書》中寫道：「然後給他可供大啖的菜餚：羊肩肉佐蒜泥醬汁……、肉凍、紅色及朱紅色肉桂滋補酒、普波蘭、杏仁蛋白餅……」

製作方法與葛耶完全相同的普波蘭可謂為中世紀結束後數百年間的經典甜食，並如好爭論的詩人吉勒・梅那局（1613-1692）所說的一樣源自安茹地區。這或許也說明了鄰近地方出身的哈伯雷的喜好，而且可在此見到泡芙及夾心巧克力酥球的祖先。

在中世紀，「poupelin」指的是女人的胸部，意即能讓小娃兒吸飽之乳房。這種「由上等麵粉與牛奶及蛋黃製成的」圓形的小糕點在剛出爐時，確是膨脹得和乳房一樣。

約一五五九年時，侯貝．艾斯田的法文—拉丁文字典收錄了烹飪用語「profiterole」（夾心巧克力酥球），其義在當時為「在挖出小孔的爐灰中烤成的糕點」，而根據一六九〇年的傅爾提耶《字典》的說法，則是「在湯中烹煮」的麵點。這種和普波蘭類似的球形麵團可作成各式各樣的甜鹹泡芙。但到了一九三五年左右，只有填入香草冰淇淋、淋上滾燙的巧克力醬汁的，才能算是夾心巧克力酥球。

與上述糕點沒有太深關係的 croquigneulle（王冠形小脆餅）這個字於一五四五年登場，這種受人歡迎的小王冠到了路易十四在位末期時變成了 croquignole，那時玻璃場街上的知名糕餅師保羅．法瓦增添了香草或巧克力的香味，使之重新蔚為潮流並風行起來。

果仁牛軋糖及杏仁蛋白餅

雖然人們於一五五二年就在哈伯雷的《第四之書》中發現 macaron（杏仁蛋白餅）這個字，但對這字和糕點本身卻沒有真正的認識。其不明來源與或許來自義大利的名稱，讓十九世紀的作家急於相信，是梅迪奇家族的糕餅師帶來了杏仁蛋白餅，但他們卻忘記了中世紀的修道院，特別是圖爾附近的科梅希修道院在梅洛溫王朝時就已將此糕點普及了開來。今日，科梅希修道院已不復存在，但其杏仁蛋白餅的美譽仍受人傳頌。

杏仁蛋白餅有兩大「門派」：柔軟的（以花式小甜點的方式製作）及堅硬的（以餅乾的方式製作），兩者的擁護者互不相讓。這兩大門派

【27】復活節的星期日。

起初是宗教派別。無可反駁地，最著名的仍是南錫斧頭街加爾默羅會的修女所製作的。她們以生產杏仁蛋白餅維生，並遵照阿維拉的聖泰瑞莎的教導：「杏仁對不吃肉的女子有益處。」無論如何，美食指南皆認定在南錫可找到全世界最好的杏仁蛋白餅……當然指南亦會提到波爾多、巴斯克地區、慕雄或聖艾米里雍的產品。

提到這裡不得不說，非常遺憾地，我們至今仍不知是何方神聖發明了傳奇的巧克力聖艾米里雍。這種現代糕點以浸過干邑白蘭地的柔軟杏仁蛋白餅，間以數層慕斯狀的濃厚巧克力餡，排列在夏洛特模中而做成。

在杏仁蛋白餅的家族中，義大利的苦味杏仁餅是由苦杏仁做成的。其他以杏仁粉及蛋白為基礎的美味特產還有小杏仁餅，十六世紀中期的拼寫法為 marcepain——自然是哈伯雷於其一五四六年的《第三之書》中提及的。但若是回溯至十六世紀初或更早，小杏仁餅在義大利名為 marzapane，在西班牙名為 mazapan，在將此作法傳給我們的阿拉伯語地區則為 martabân，其意為「羚羊的角」。

法國最古老的小杏仁餅食譜文獻可回溯至一五五五年諾斯特拉達姆斯的《論果醬和化妝品》。至於奇妙的伊蘇敦小杏仁餅，又名「伊蘇敦蛋糕」——在巴爾札克於一八四二年出版的小說《攪水捕魚的女人》中有數行描述——實際上只存在於大作家的豐富想像中！

雷爾內烤餅也是哈伯雷吹噓出來愚弄人的玩笑。圖漢人就是愛說笑！

「……她從衣櫥裡拿出一小瓶內有黑醋栗的自製利可酒。她從創作出這種最偉大的法式糕餅，伊蘇敦蛋糕的修女那裡得到了作法。」巴爾札克這麼寫。

不過在那時候，有文學素養且信任作者的巴黎糕餅師，對於商品化這種所謂的……自製特產，並不敏感。

杏仁蛋白餅（馬卡龍）

杏仁奶油餡圓餡餅

「準備四分之三斤的上等麵粉，鹽隨意。在冰涼的檯面上將麵粉用蛋白和好，揉成像奶油麵團一樣柔軟的麵團。將麵團靜置一些時候，使之順手好用。接著將麵團於檯面上延展開來，盡可能地薄。麵團擀薄後馬上取一圓餡餅模，底部塗上豬油，將一段擀薄的麵皮鋪在模中，塗上豬油，將另一段麵皮摺於其上，塗上豬油，如此做到四摺，但第四摺上不塗豬油。當第四摺做好時，就要把早已準備好的餡料置於其上。

將半升的鮮奶油置於小平底鍋中，加上四個蛋黃，一小撮鹽和兩撮麵粉，攪拌好後置於火上煮沸，約半小時，不停地攪拌，直到如粥般濃稠。醬汁煮好時，倒入碗中，等至半涼，再加入四分之一斤在熱水中浸泡去皮（像去杏仁皮一樣），再放入大理石臼中略微軋碎的開心果，就像做杏仁蛋白餅一樣。再於碗中加入八分之三斤的糖粉，一撮肉桂粉，一片撕碎的糖漬檸檬皮及二十多顆的松子及一小把科林多葡萄；還可加入少許龍涎香及浸於小半匙橙花水或玫瑰水的麝香及半個雞蛋大小的壓碎牛髓。將所有的東西都混合好，置於麵皮中。當餡料裝得夠滿時，另取一麵團當作蓋子蓋上，以上述作法擀薄，塗上豬油，摺疊，反覆四次。

將圓餡餅的邊緣削成圓形，用手指將麵皮捏實黏著在一起，讓餡料不會溢出；亦可小心地為圓餡餅鑲邊，例如可用青核桃仁鑲邊。應用刀子或小折刀劃開頂上的兩層麵皮，但不可觸及內餡，以免餡料溢出。為了將圓餡餅的上面烤至金黃，應放入不會太熱的炭火中並正正地放好。在爐中烤需時約一小時，直烤到餡餅的厚度達半呎。當餡餅烤好時拉出爐外，將糖及橙花水或玫瑰水撒於其上，再將餡餅置於爐口半刻，以形成糖面。做好後即可食用。」

——拉．瓦黑納，《法國糕餅師》，香檳區的特洛瓦，一六五三年。

法國西南部的牛軋糖其實是一種白色牛軋糖，類似杏仁開心果蛋白糖類小甜點，由西班牙的摩爾人傳來。但真正的布拉瓦海岸的 turrón 應該是一種黑色的牛軋糖（在甚堅硬的焦糖中含有半顆杏仁）。

傳說，類似於法國同類牛軋糖的義大利倫巴底 torrone 並非為了紀念西班牙的 turrón，而是因為克雷莫那的居民在義大利戰爭結束後，用「法式」杏仁醬做了一個象徵城中高塔的高塔狀點心，並將之呈獻給法國國王。這座克雷莫那城中的高塔是米蘭的維斯康提公爵把女兒嫁給後來的米蘭斯弗爾札公爵時所興建的。

接下來我們要離開文藝復興時期，進入另一個新時代，並想著源自一五四〇年代、來源可能是凱薩琳．梅迪奇及她的佛羅倫斯宮廷的指形餅乾。我們先前提過，指形餅乾原本是用湯匙將麵糊置於聖體餅的「紙」上，到一八一一年才開始使用油紙。我們稍後將述說卡漢姆的製作方法。

至於十九世紀中期風行全巴黎的瑪希良則是葛艾師傅構思出來的絕佳美味，一五一五年經歷過義大利瑪希良之捷的華盧瓦王族還品嚐不到這道美食，因為根本還不知道作法。但其實，在一個不論是繪畫、編劇還是糕餅製作都喜愛參考歷史的時代，缺乏點子的葛艾師傅為其傑作而在字典中找了一個榮耀的名字，與紀念這場戰役並沒有直接的關係。

年代的確實與否並不重要，因為葛艾師傅，大家每逢週日都可重溫瑪希良之役的大勝。

想像一下，藏著葡萄乾的薩瓦漢麵團既蓬鬆又香味十足……在蒙給模中烘烤四十分鐘……杏桃香味的義式蛋白糖霜覆滿餅面，餅面上還蓋著若干切半的糖漬杏桃，而長長的白芷像是籃子的把手。啊，弗蘭斯瓦一世也會喜歡的！

法國阿爾薩斯地區的小酒館，正端上飯後甜點，1905 年版畫。

糕餅的偉大世紀及啟蒙時代

食物史，尤其特別是糕點史，有點像是在每次有了新發現時，就會對前一次發現提出控訴的古生物學，建立年表有時極為冒險。

然而，想像一下在一六七四年，一位在路易十四宮廷中擔任侍從的貴族（就像薩布勒等等家族一樣）德．歐洛那伯爵因讓國王大為不悅而被嚴禁再踏入凡爾賽宮一步。無庸置疑，他將因為批判了庇里牛斯和約而踏上流放之路。這位流放者的朋友，優雅的作家聖艾弗蒙寫了一封安慰信，法蘭西國家圖書館珍版書書庫的管理主任尚—馬克．沙特蘭[28]引述了信上的字句：「……書籍與佳餚能成為偉大的救贖及甜美的安慰。」

正如沙特蘭所強調的，「這封信見證了十七世紀中葉以來人們意欲把美學與廚藝聯繫起來：五官的滿足依其某種微妙的精神悅樂感而被接納進入美的領域，既加深了感官之樂、也使之變得文明。自從奧地利的安娜攝政及馬札林政府執政（1643-1661）以來，『自然』（naturel）這個在古典美學中的重要字彙亦成為廚藝的首要字彙。」他又說：「不久以後，所謂的法國菜，指的就是在路易十四的法國所發展起來的烹飪品味。」

請恕我們還要多提到這種所謂的烹飪上的「自然」——農學家們大力鼓吹，特別是尼可拉．德．玻那豐[29]，因為這種與原始天然及鄉村沒有任何關係的概念，主宰了烹調知識的徹底革新，不論是方法、度量、精確嚴密，還是完成度。

而這些，難道不是古典主義的四大基礎嗎？若不通曉技術與知識，藝術就不存在。尤其是廚藝。更不用說廚藝中的藝術——糕點製作了。

【28】作者註：“Livres en bouche”, catalogue de l'exposition *Cinq siècles d'art culinaire français* à la bibliothèque de l'Arsenal, BNF/Hermann, 2001.

【29】作者註：尼可拉．德．玻那豐是園藝家，並非廚師。著有《鄉村之樂》。

傳統的柔軟杏仁蛋白餅

需要二百五十公克的杏仁粉，四百公克的冰糖，十公克的生蛋白，二百公克的打發蛋白及八十公克的粗糖。

杏仁粉及冰糖過篩。蛋白與粗糖打發至堅實後，將杏仁粉、冰糖、生蛋白及打發的蛋白混合。再將全體打發以使之平滑閃亮，將之填入擠花袋中，擠花嘴為七號或八號，將麵糊擠在塗了矽的紙或硫酸紙上。用兩重烤盤在有循環風扇的烤箱以攝氏一百六十度烤八至十分鐘。

至於有顏色的杏仁蛋白餅，檸檬、覆盆子、開心果、杏仁巧克力、咖啡、巧克力等等，可將相關的食用色素及香料攙進麵糊中。烤好的杏仁蛋白餅十分柔軟。

——桑德師傅的教學課程

一切總算像玻璃酒杯的水晶般清楚澄澈了，藝術的目的即愉悅。而這門藝術就是針對五官之樂：藉由烹飪，在上菜時所有的感官都極為愉悅，菜餚也同時滿足了感官。當然不僅是味覺，視覺因呈現之美而愉悅，嗅覺因散發出來的香味而愉悅，聽覺因品嚐的歡笑聲而愉悅，觸覺因食物的口感和在舌下的適當溫度而愉悅。

也別忘了品嚐美食的知性之樂。沒有粗糙沒有放蕩，就像是詩般的文學小品，有時配上音樂，並以友善歡樂的親暱友伴之間適切的玩笑來歡慶此一食桌之樂。這類美食在當時的繪畫及版畫中隨處可見。以繪畫呈現出這種歡慶的「自然」、可供我們欣賞其美的是法蘭德斯畫家的作品，有夏丹、加紐、斯托斯寇普夫、戴波特及後

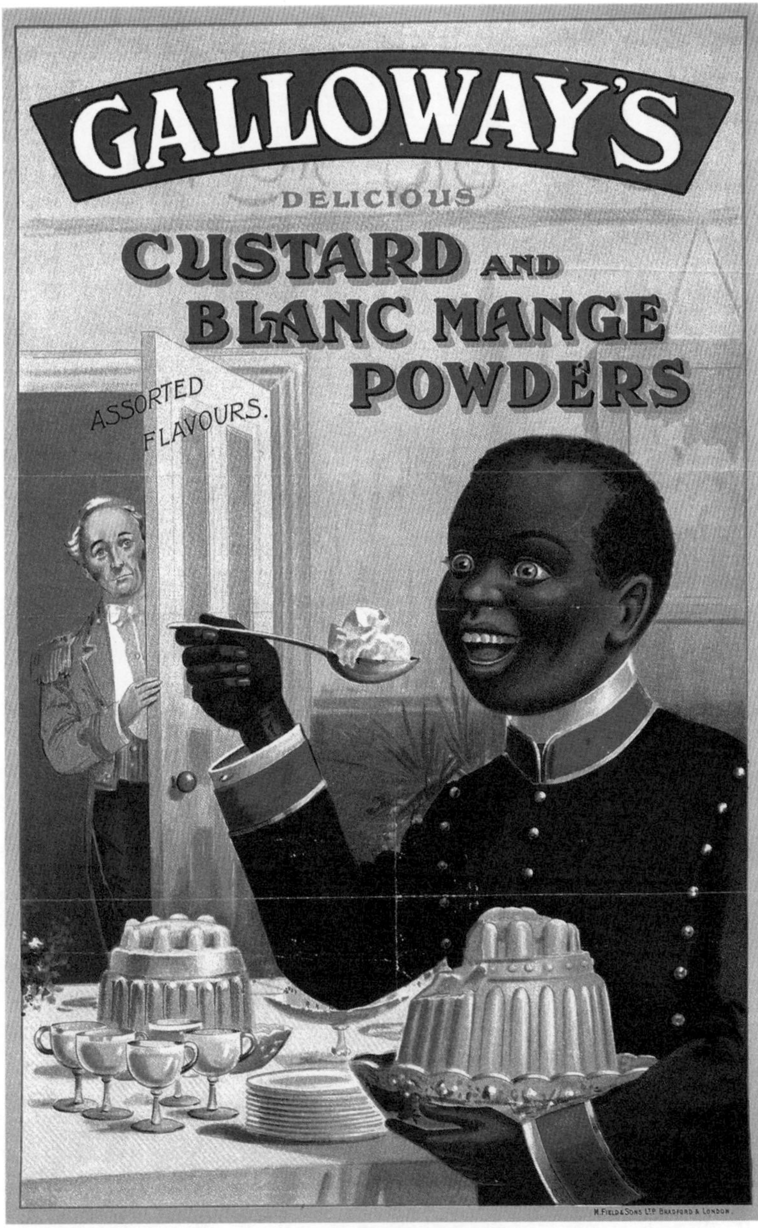

大口品嚐的愉悅表情，卡士達粉的廣告，1905 年。

繼者布紐。或是以靜物畫的方式，或是呈現食物在調理前的誘人之美。

配膳室……配膳室中的新甜點

與此同時，前述的《法國廚師》及《法國糕餅師》作者、德·羽克塞勒侯爵的司廚官，本名為弗蘭斯瓦·皮耶的糕餅師拉·瓦黑納，在其專著中、在上流社會人家中製作糕點時，皆以配膳室為由，讓糕點製作與烹飪清楚地分隔了開來。

其實，就和果醬師一樣，糕餅師應在更乾燥更涼爽的配膳室中製作其寶貴的作品。再考量到廚房中的爐灶與爐火很少停工休息，製造出不少煙塵和灰燼，所以還可以加上配膳室比廚房更清潔這一點。不過，大部分蛋糕的烘焙都需送至廚房的爐灶中，因為配膳室只有溫盤設備。同樣地，沙拉和水果之類的生鮮食品也歸配膳室管理。

在配膳室中，不只有易損壞的日常食物儲藏或食品貯藏櫃，也有銀器及桌巾。就像廚房的桌巾一樣，配膳室的就叫作配膳室的桌巾，連在今日也是如此稱呼。配膳室中的小型流理台（洗滌槽）及清潔的桌子，皆見證了配膳室與廚房在空間上的分隔。

方才說過，甜點是在配膳室中製作的，「des-sert」是個新字（請參見第20頁與第173頁），直到一六九〇年才收錄於傅爾提耶的《字典》中。同樣地，水果在菜單中的地位也是新的，且自此被分派在甜點中。然而，自中世紀以來，品嚐水果向來在一餐之始[30]，就像我們今日在開始用餐時食用甜瓜或普羅旺斯的無花果一樣。

甜點中的最後一項新事物是水果之後的乳酪，或是新鮮帶有甜味的乳酪，或是乾燥且精製過的乳酪。這也是今日看來有點奇怪的「entre la

【30】作者註：《巴黎的家長》的作者報導，艾利師傅準備的婚宴第一「盤」菜遭到取消，因為在十四世紀的五月冷天裡找不到櫻桃。

poire et le fromage」（字面義為「在梨子和乳酪之間」，意指「在茶餘飯後」）熟語之由來。而我們之所以知道這種關於乳酪的新規定，要感謝一六六〇年柯爾貝的司膳長、將豌豆引進凡爾賽宮的歐迪傑，他在悠然引退後於一六九二年寫下《有條有理的家》一書，詳細說明了這條新規。

直到那時為止，乳酪只是一般人的餐食或富貴人家製作糕餅的材料。這邊也再補充一點資訊，那時在上點心白乳酪時通常會搭配著花香（紫羅蘭等等）或異國香味（麝香等等）的香氛，也就是那些今日比較容易在洗手間的洗臉檯上聞到的味道。

此外，當時的人極愛用鮮花來裝飾甜點，為高貴人士安排的餐桌則應讓人聯想起法式花園，菜餚要排列成幾何圖形，以花園中設計黃楊樹籬的方式來安排。

或者，是像《王室及資產階級的廚師》的作者，知名又神祕的馬夏洛在一六九二年其《果醬、利可酒及水果之新知》中那兩幅美麗的雙折畫所顯示的一樣，高明的裝飾甜點手法是讓人能從側面欣賞點心的配置：小蛋糕、新鮮水果或糖漬水果堆疊成的金字塔，對稱地環繞著數世紀以來都吃不膩的塔與深受歡迎的小瓶糊狀甜品。

「其他國家的人不像法國人一樣那麼會用自己的語文替菜餚命名」，著名的學者、鳥類學家兼美食家皮耶．貝隆於一五五五年這麼寫道。

在下一個世紀裡，貝隆的此番評斷將更加意味深長，尤其是在糕餅製作上，不論是蛋糕、糊狀甜品還是糖果甜食。因為法國專業糕餅師傅與業餘愛好者的豐富創造力，將連同更精細的技術，為中世紀糕點加入全新的美味，且使之迅速標準化，並命以至今在世界美食寶庫中仍佔有一席之地的新名字。而在這些「新品」中，也包括了不少法國的傳統地方糕點，前途不可限量。

「不見這些滿是刻板裝飾，帶著令人難受的對稱

伸長手拿桌上糕點的孩童，1960 年代。

的組合，而是一種高雅的簡潔，這成為我們甜點的出色之處和最大的優點。……瞧瞧點綴著這花壇的每個糖製圖案，用不同顏色砂糖裝飾的薩克森陶人、樹木、乾果、花盆、綠廊、花環，還有這些色彩繽紛的毛蟲狀方格。這需要何等的才智！何等的品味！多可愛的對稱！」

——墨農，《甜點總管》，一七五〇年

手指與水果

在文藝復興時期之初，「dessert」的意思是「清理乾淨的桌面」，也就是說「什麼都沒有」，因為是將桌上為用餐所擺設的一切都清除掉：鹽瓶及胡椒瓶、剩菜及吸吮過的骨頭、麵包屑還有桌布等等。而「desserte」指的則是未上桌的菜餚（廚師或膳食總管常將之轉售）。

終於在十七世紀，「dessert」指的是最後一道菜中所有甜食的總稱：水果、乳酪、糕餅、粥類、乳類、果醬、糖衣杏仁等等，是在饑餓感解除後，純粹用來享受美食之樂的食物，以讓聚餐在舒適愜意及和樂中結束。此外，據說甜味的菜餚有助於消化。

不過，使用「dessert」一字也許會讓人聯想起難以引起食欲的殘羹剩菜，所以當時端上的最後一道菜若包含了各色水果，要說「en était au fruit」（上水果），fruit 要用單數。而若上了水果，則應用刀子來削皮及切塊。但這種禮儀上的考量阻止不了上流社會人士，例如路易十四，徒手取用所有的菜餚，儘管當時已發明了叉子，而且還有更古老的湯匙。

布里歐許？可為貪愛美食之罪贖罪的祝聖之餅？

既然從布里歐許開始談論我們的糕點清單，何妨大著膽子說，對於我們目前處理的這個年代來講，布里歐許深具時代意義。儘管直到此年代結束都無法一筆帶過布里歐許是如何在瑪麗—安東尼失言的著名歷史場景中扮演要角，但如果王后早知道與其同時代的狄德羅在其《百科全書》中，稱此法國糕點中最珍貴的東西如同「一件耗費鉅資的奢侈品」的話，她還會建議沒有麵包的窮苦百姓吃布里歐許嗎？這件奢侈品可回溯至法國糕餅製作之初以前。我們現在就要認識它。

事實上，布里歐許的起源並非蛋糕。這個字和這字所指的美味完全沒有文學或「美食」文獻可供參考，直到若干不同的字典提供了兩個不同日期的證明：一說一四〇四年，一說一六〇四年，但這些「證明」卻都沒有可供參考的文獻出處！

其實，「一種由麵粉、雞蛋、奶油及酵母做成的糕點……」（侯貝字典），布里歐許不過是種麵包製作的方法，自古代起便由一代代麵包師陸續改良，並在麵包師無權使用麵粉和以奶油、雞蛋製作糕點後，由糕餅師接手改進與製作。至於糖，則稍後才會加入。

諾曼第自從諾曼人——即來自北方的維京人——約於西元九一一年至九三三年間定居以來，就是一個普遍使用奶油的地區（並將之傳遍法國），也是一個奶油品質素來擁有最高聲譽的地區。因此有人認為，布里歐許這種法國最上等的糕點源於諾曼第。考查 brioche 這字的字源可以確定 brier 為諾曼第方言的「搗碎」，特別指「用木頭擀麵棍將麵團打碎」，而字尾「oche」可能從「hocher」（攪動）而來。Pain brié（硬底麵包）則是一種在昔日以這種工具製作的諾曼第麵包。

無論大仲馬在其《字典》中怎麼說，布里乳酪與用奶油製作而成的布里歐許並無任何關聯。

同樣地，將使用橄欖油的歐克語地區的不同發酵糕點稱為布里歐許也不甚合理，當地的這類糕點叫作 pogne 或 pompe。

然而，在此一「追本溯源」的時代中，有項天主教傳統重新回到了我們的懷抱：在主日彌撒後分發祝聖之餅給信徒。這或許可回溯至六五五年的南特主教會議，由教宗雷翁四世頒布的諭旨規定之。這種餅被叫作「eulogie」，在希臘文中意指「祝聖」。

但此一透過餅之神聖性的純粹慈善象徵，多年下來，只變成了有產者及金融交易者展現驕傲的地方。因為從剛開始的救助窮人，到最後於中世紀末時，卻變成所有教區信徒皆可從慷慨贈與的財物中得利的財富炫耀。

從神職人員分發的普通祝聖之餅，到品質越變越好，價格越來越高昂，越來越不像個普通的麵包，最後終於成為了美味的布里歐許（「耗費鉅資的奢侈品」）——卻從來沒有一個正式的名字！

這樣看來，法國大革命對這種偽善的炫耀及其中關於迷信的非議似乎頗為合理：想要打贏所有的官司，只要在五旬節時將一塊祝聖之餅留在口袋裡即可。

布里歐許與階級意識

「這天一早，葛雷瓜一家起了個大早……，葛雷瓜太太剛下到廚房裡來。……

——梅拉妮，她向廚娘說道，做做布里歐許如何？麵團早已準備好了。小姐在三十分鐘後才會起床，她可配著巧克力吃……嗯，這可是個驚喜。

這個三十年來就一直在家中服侍的瘦瘦老廚娘笑了笑：

——說真的，這驚喜可是十足……爐灶的火已經點起來了，烤爐也該熱了。接下來歐諾琳會幫忙我。

……稍早在床上籌劃著要用布里歐許製造驚喜的葛雷瓜太太留下來看著麵團送入爐中。廚房很大，可以想見是個重要的室內空間……，美好的食物香味四溢。櫥子和架上的食物堆得滿了出來。

——可要讓它好好烤個金黃，不是嗎？葛雷瓜太太在經過廚房進入飯廳時叮嚀了一句。……忽然，門打了開來，一聲大叫：

——哎呀，怎麼，我沒到就吃起早餐來了！

……端上早餐的女傭也笑出聲來，全家人想到小姐一口氣睡了十二個鐘頭就覺得好玩。一看到布里歐許大家都笑顏逐開。

——如何？烤熟了吧？賽西爾不停地問著。

有人捉弄我！熱騰騰的布里歐許浸在巧克力多好！他們終於入座，巧克力在碗中冒著熱氣，話題久久都離不開布里歐許。梅拉妮和歐諾琳待在一旁，邊敘述著烹飪的細節，邊看著他們大吃一頓，嘴上還泛出油光，她們還說看到主人們如此樂意吃，做蛋糕真是一大樂趣。……梅拉妮回到桌旁伺候著。在外面，狗兒叫了起來，歐諾琳趕往門邊去，而對熱氣感到煩悶且吃得喘不過氣來的賽西爾離開了餐桌。

——不，放著就好，這由我來做。

……——事情恐怕不是這樣，回來的賽西爾說著，是這個女人和她的兩個孩子，媽，妳知道的，就是我們之前碰到的那個未成年女子……要叫人讓他們進來嗎？

大家猶豫著，他們或許很髒吧？並不太髒，他們將木鞋脫在台階上。父母親都已躺在大扶手椅中。他們躺在椅中讓食物消化。氣氛改變的不安終於讓他們做下決定。

——歐諾琳，讓他們進來。

於是，瑪歐德和她的孩子進來，他們又凍又餓，一副戰戰兢兢驚慌失措的樣子，望著溫暖且有布里歐許香味的廳堂。」

——左拉，《萌芽》，一八八四年。

要確保雞有好的產卵量，應飼以祝聖之餅。要驅除老鼠，應在穀倉的四角擺上一小堆……。

不過，只要祝聖之餅仍然是麵包店的產品，中世紀及後來文藝復興時期的大師們就不會想到要為它們構思配方或食譜，它們也就更不可能像日常的圓形大麵包一樣普及開來。而且這些貢品變得越來越精緻，貴族或資產階級家庭通常比較喜歡自製這種近似糕點的東西，會比在外頭購買來得便宜。

因此，我們只能從路易十四時期的拉．瓦黑納出版的《法國糕餅師》中的〈製作祝聖之餅的方法〉找到所需的資料，他的祝聖之餅無糖，但使用四分之一斤的奶油（四分之一斤約等於二百公克，兌上半斗或六公斤的麵粉）。相反地，「在巴黎被叫做 **cousin**，在其他的地方稱為 **chanteau** 的較精緻的祝聖之餅，則需要等量的麵粉，半升的牛奶，一磅的奶油及三至四顆蛋。」

因為拉．瓦黑納做出了以下結論：「若要做一個大型的祝聖之餅，應要用糕餅師喚作 **broye** 的大木棒來搗碎麵團」，我們便可依此證明，布里歐許離我們已經不遠了。

在《法國糕餅師》一百年後的十八世紀後半，亦即啟蒙時代，布里歐許正式登場：墨農的《布爾喬亞女廚師》裡提到了布里歐許蛋糕，並毫無疑問地佐以一大杯巧克力，這在當時極為風行。

前面提過的布里歐許無論精緻與否，按其奶油和蛋的比例，可做出甜的或鹹的口味。因為使用不同的模子，從諾曼第普及至全法國的布里歐許便有了不同的地方特色：高傲的巴黎布里歐許、精巧的慕斯林布里歐許、花俏的聖傑尼杏仁巧克力布里歐許、凡戴巨大的婚禮的佳戴、弗日令人強壯的榛子葡萄乾梨子布里歐許、波爾多的國王布里歐許，還有加來海峽地區的 **fouace**、**cramique**、**koeckbottram**，以及科西嘉島的 **canestri**。除了上述的美食外，別忘了用布里歐許麵團裏上肉類或魚類做成的高級前菜。我們也馬上就會談到來自東歐的布里歐許。

夏洛特，精練的節約

布爾喬亞素來厭惡浪費，小商人亦如此。然而，中世紀法令卻禁止食品業者將當日賣剩的東西留到翌日再度販售，必須在打烊時於門前以火銷毀。當這些法令到最後變為一紙空文時，烤肉商與糕餅師皆如釋重負。可是，要怎樣處理剩下的蛋糕麵包呢？與其捐贈出去，還不如換個樣子……。

某人想到做成另一種蛋糕，讓吃的人根本認不出來，仍能大口享用。這個某人是法國人還是英國人？是店主、廚娘、家庭主婦還是任何一個考慮周詳的人？

無論如何，自十七世紀以來，英吉利海峽的那邊出現了這種既經濟又美味的點心。在英女王的臣民中，蘇格蘭人尤其喜愛這種甜點，他們甚至聲稱發明了這道名稱古怪，叫做 whim-wham 的美食。whim-wham 後來變成公認名聲最顯赫的英國甜點乳脂鬆糕，並常被誤認為是維多利亞時期的糕點。

這道糕點大致上混合了白酒醬汁、餅乾或切塊的布里歐許、紅色漿果凍及糖漬水果。這些在模中擠得滿滿的餡料不用經過烹調，應趁極清涼時食用。

若不是使用了回收的餅乾，這道布丁的作法其實並非那麼經濟，就像英格蘭人自十五世紀就極喜愛的煎麵包，他們稱之為 panperdy，那時代所有的家政書籍都會提到這道菜。

十八世紀末，這種蛋糕出現在法國，名稱夾雜著英文詞語。法國的環境很快地將之精緻化：在塗了奶油的圓模中，鋪滿我們常用的、人稱指形餅乾的輕巧餅乾，並在其中填滿一層厚厚的、以肉桂或檸檬增添香氣的糖煮蘋果。然後將蛋糕稍稍烤上半小時，食用時脫模，淋上英式醬汁。

一如他將把其他非常普遍的美食改良得更加完美一樣，知名糕點師卡漢姆做出了一個世界上最大的夏洛特，起初名為「巴黎夏洛特」，後來為了討好沙皇亞歷山大一世，便以「俄式夏洛特」為其命名。

我們並不十分清楚夏洛特之名的來源。有些人說這種糕點像是十八世紀末女性所戴的鑲摺大無邊軟帽，如瑪麗—安東尼王后、侯蘭夫人、夏洛特．柯黛等等。不過此類軟帽是因為夏洛特王后——怪誕的英國喬治三世之妻——才大為流行。雖然我們在前面就讀過，這種糕點在好幾個世代前早已存在，但卻在這個年代裡才被如此稱呼。夏洛特模的高度大於寬度，可做六至八人份的糕點。

洛林地方的庫格洛夫、巴巴、瑪德蓮及豬油鹹肉塔

要發誓證明這種或那種糕點名稱的真實可靠性，甚至是來源，皆極為困難，因為有時傳說比事實更吸引人。不過應該要承認，洛林是若干好東西的「母親」和其故鄉。

俄式夏洛特

將浸泡過利可酒或濃烈黑咖啡的指形餅乾排列在夏洛特模的底部及模壁上。接著立刻將打得極緊實且冰涼，已先與卡士達醬及切碎的糖漬水果或新鮮水果輕輕混合的掼奶油填入模中。以極低的溫度冷藏，直至食用。脱模後，佐以水果及英式醬汁。

然而，十八世紀的洛林是非常有可能得到蛋糕製作大獎的——如果這獎存在的話——現代糕點的最佳經典之作皆出於此。此番「興盛」與一位安身於此的失業君主有關。這位路易十五未來的岳父是幸運的，為了安慰失去波蘭王位後歷經滄桑的史塔尼斯拉斯．萊欽斯基，他那位非常殷勤的女婿送給他洛林及巴爾公國的君權。

因此，不論是在呂內維爾，還是在有著知名杏仁蛋白餅的南錫，史塔尼斯拉斯的提前退休成了一種享樂至上的存在，並經由豪華的節慶及餐桌上的極樂彰顯出來。

這位波蘭前國王得益於逼不得已的長途跋涉——但不致於太悲慘——其足跡踏遍整個中歐，卻也因此踏入了地方美食之門。他特別喜愛一種源於德國的布里歐許——庫格洛夫，其意為「啤酒花球」（從用來製作啤酒的啤酒花中可以提出酵母）。

在德國西緣的所有地區：盧森堡、亞爾薩斯的婚禮

亞爾薩斯的婚禮

「筵席露天而設，直至穀倉內及貨棚下。所消耗的葡萄酒、麵包、肉類、塔及庫格洛夫，無法盡述……」

——艾爾克曼及沙特里安，《瘋狂的葉戈夫》，一八六一年。

洛林地區充分得到了大自然的供應，美好的牧場或多產的果園中有繁榮的農莊，很難想像在一四七七年時莽夫夏爾幾乎讓南錫的最後一批居民活活餓死。是故，一些倖免於難者發誓，再也不會讓任何一個洛林人餓死。自此以後，此地不只耕耘富饒的鄉野田園，也耕耘生活及美食之樂的藝術。就像是第一步，這裡的食譜大量收納了各種水果、鮮奶油、蛋、上等麵粉及氣味濃郁的乳酪，再也沒有其他食譜會比這種食譜還要優秀。更不用說許許多多創造奇蹟的糕餅師了。

斯、洛林、瑞士德語區、奧地利、法蘭德斯等地，這種發酵麵團做成的蛋糕自中世紀末起就已廣為人知，是一種用於婚禮及鄉村洗禮的傳統蛋糕。

我們也該為傳說負起責任，傳統一口咬定庫格洛夫是放在史塔尼斯拉斯的行李中被帶到洛林來的，因為這再次證明了這位高貴的流亡者還想於此地品嚐到他所喜歡的美味。其忠實的廚師舍夫里歐在為他端上庫格洛夫時，會搭配一杯上好的馬拉加麝香葡萄酒。

自然而然地，凡爾賽宮的朝臣也跟著照做。不久以後，瑪麗—安東尼王后的早餐也不能沒有庫格洛夫，但比較合理的思考方向為：這是她自小在維也納就時時享用的食物。

偉大的史學家兼大廚皮耶．拉坎在其《糕點備忘錄》中寫道，庫格洛夫的商業食譜於一八四〇年由一個叫做喬治的糕師從史特拉斯堡帶到了巴黎，喬治在公雞街上開了一家店。聖三一教堂附近的安當堤道區在當時是最時髦的地方，這家店因「gouglouff」而大受歡迎，每天都要切上百來個。庫格洛夫的美味並不只來自其加了奶油及馬拉加葡萄乾的發酵麵團，外表也為其增添了吸引力。庫格洛夫是在一種附有中央氣孔、有凹槽的鐘形特殊模子中烘焙而成的。這種模子有時候以銅製作，但大多偏好以上了釉彩的陶土製成。庫格洛夫模從此成為收藏品，可於博物館中讓人觀賞。而大量塗上奶油的模子內部黏有切細的杏仁。在烘焙結束時，我們會將蛋糕脫模並再撒上一層粉砂糖。

為了喚起巴巴的真實歷史，且勿離開洛林和史塔尼斯拉斯這位好國王。現稱為「蘭姆酒巴巴」的巴巴是糕點中最值得誇耀的東西，是最經典、最偉大的法國糕點。

巴巴及乾蛋糕

巴巴的特徵是／飲食無度眾所周知。／在他

的胃裡有什麼？／一塊海綿？／應該就是如此！／大家留意著他用肚子裡的海綿／喝了好多的酒，／或是黑林山的櫻桃酒，／或是酒中最富盛名的／上等的蘭姆酒！／是的，巴巴毫無羞恥地喝得大醉，／倒在潮溼的盤子上，／然而在他身旁，在同一馬口鐵盒的乾蛋糕既尷尬又不安，／以羞愧且厭惡的眼光看著這個醉漢，／你們瞧瞧，其中的一個老式的乾蛋糕說道，／老式的意思就是有點陳舊，／你們瞧瞧這縱酒過度的人／別怪我們瞧不起他。／也瞧瞧這些討厭的水果：／其不檢行為的受害者，／他們馬上就被巴巴吃掉了。／相反地我們過著／規律又嚴謹的生活，／有時人放著我們不管／好幾個月……／我說的是什麼話啊！／是好幾年，／讓我們在鐵盒中盡享太平歲月！／然而這時有個小脆餅／既年輕且輕浮，／甚至有點瘋瘋癲癲的，／在心裡想著：／「人把他給吃了，但他，在這之前喝了許多的酒。」／我現在更懂了一個乾蛋糕／心中深處的祕密野心，／那就是希望／做一個巴巴。

——弗宏—諾安，《寓言集》，一九二一年。

雖說巴巴當今的評價可能有些低落，因為現代人偏愛低熱量的凝膠食物，像是前面提過的夏洛特及待會兒就要嚐到的「巴瓦華茲」——十九世紀卡漢姆的大作（見第193頁），不過現在是嚐嚐盤中這道純正糕點的時候了，蘭姆酒巴巴。

這時候，大仲馬可有話說了！他毫不遲疑地在其《廚藝字典》中說道：「論到這些糕點的起源，據說真的是路易十五的岳父，史塔尼斯拉斯國王帶來法國的。在這位好國王（這可不是我說的，是卡漢姆）尊貴的後代家中食用巴巴時，總有人持著舟形醬汁碟隨侍在旁，碟裡是混以塔內西水的甜馬拉加麝香葡萄酒，塔內西水則經過六道蒸餾手續。因為黎斯列夫伯爵夫人——生下了波托拉女公爵及萊欽斯基家族，我們知道真正的波蘭巴巴應該由黑麥麵粉與匈牙利葡萄酒製成。」

唉，這個大師！即使我們撇開「塔內西」（一種可用作驅蟲的植物）水不管，還是要譴責他胡寫一通。因為「真正的波蘭巴巴」並不存在。尤其是由黑麥麵粉及匈牙利葡萄酒製成的巴巴。瞧瞧人家是怎麼捏造歷史的！

「……所有的糕點都在舞會的宵夜中各就各位，尤其是大塊的巴巴、薩瓦漢蛋糕、大布里歐許、鮮奶油蛋白糖霜、鬆餅等等……」

——路易·歐多，《美食家必備之書》，一八六四年。

其實，前波蘭國王史塔尼斯拉斯應是苦於牙痛，就像與他同時代的每一個人一樣。因此在一七六〇年代的某一天，在他的呂內維爾城堡中，可能是他自己，也可能是他的廚師或膳長，想出了把庫格洛夫浸在搭配的甜葡萄酒中以便輕鬆吞食的法子。想想看那是多麼好的葡萄酒！後來則用蘭姆酒糖漿來取代。

而蘭姆酒糖漿，這種在安第列斯群島用甘蔗汁釀出來的異國醇醪，自十七世紀末便以「rumbollion」之名廣為歐洲人所知。

為了與使用同樣的馬拉加葡萄乾發酵麵團的庫格洛夫有所區別，巴巴使用不同的模具製作，模壁光滑，形狀為圓筒形。一經烘烤，麵團便會在模子頂部膨脹成廚師帽狀。倒扣在盤中脫模，淋上蘭姆酒後，就形成了花冠形的基座。巴巴的外形被看作是穿著大蓬裙的女子，這或許同樣是這位前波蘭君主發現的也說不定。

還有，應該指出波蘭文的 babka 的意思就是「好女人，小個子的老奶奶」。這可能是這種糕點取名為「baba」的由來。

也有些人會向你們這樣解釋：路易十五的這位岳父甚愛閱讀當時由艾德蒙·加隆所翻譯的《一千零一夜》。他特別喜歡〈阿里巴巴與四十

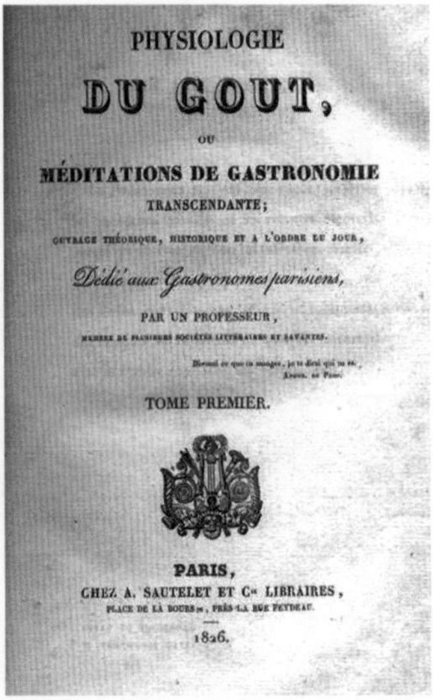

PHYSIOLOGIE

DU GOUT,

OU

MÉDITATIONS DE GASTRONOMIE

TRANSCENDANTE;

OUVRAGE THÉORIQUE, HISTORIQUE ET A L'ORDRE DU JOUR,

Dédié aux Gastronomes parisiens,

PAR UN PROFESSEUR,

MEMBRE DE PLUSIEURS SOCIÉTÉS LITTÉRAIRES ET SAVANTES.

Dis-moi ce que tu manges, je te dirai qui tu es.
APHOR. DU PROF.

TOME PREMIER.

PARIS,

CHEZ A. SAUTELET ET CIE LIBRAIRES,

PLACE DE LA BOURSE, PRÈS LA RUE FEYDEAU.

1826.

尚．安泰姆．布里亞—薩瓦漢及其著作《味覺的生理學》。他是第一位歷史上可確定的偉大美食家。

大盜〉的故事，因其熱忱，可能將這種蛋糕稱為阿里巴巴，後來人則稱為巴巴。這兩種說法隨你們選擇。

在十九世紀初，巴巴開始叫做「蘭姆酒」一巴巴，有可供眾人分食的大蛋糕或個人享用的份量。一位出生於呂內維爾的洛林糕餅師則讓巴巴成為了商品。這個叫做史托何的人把店開在巴黎的蒙托哥街五十一號，其商品之暢銷造成了激烈的競爭，巴黎各大報最後宣佈，黎希留街九號的胡傑所賣的巴巴是最好的。

此後，製作巴巴的麵團不再是前一世紀有香味的著色發酵麵團了，當時上流階層用的是番紅花，若想節儉些就使用希臘紅花，兩者都是黃色，也都沒有味道。

事實上，在法國大革命以後，糕餅業已開始摒除多餘的香料及過度使用的色素。卡漢姆應該不太容易接受這樣的民主化。

薩瓦漢蛋糕，巴巴的浪子

在說到蘭姆酒巴巴的同時，我們的旅程將先延伸到十九世紀來品嚐另一種糕點，一種在二十一世紀的今天或許可稱之為巴巴「複製品」的點心。

尚·安泰姆·布里亞—薩瓦漢是第一位可在歷史中確定其年月的美食家，且是最偉大的美食家。他於路易十五在位期間的一七五五年出生於貝雷，一八二六年歿於巴黎——並非像某些美食家死於消化不良，而是因肺炎而逝。他的死在美食界裡留下了一大片的空白。當然，一些經驗豐富的從業者有心以其名來為最精緻的佳餚命名，不過流傳到現在的只有一種蛋糕，起初叫做布里亞—薩瓦漢，後來就只叫做薩瓦漢。

一八四五年路易—菲利浦執政時，巴黎城中開了一家最好的糕餅店，亦即在證券交易所廣場上，廣受金融界人士喜愛的朱利安三兄弟的糕餅店。三兄弟中年輕且機靈的歐古斯特從大受歡迎的蘭姆酒巴巴中汲取靈感，以巴巴的作法「創造」出了紀念這位《味覺生理學》作者的甜點。

發酵的麵團——也就是製作巴巴的麵團但沒有葡萄乾——以切碎的糖漬橙皮的高雅香味提味：上等麵粉、奶油、蛋、鹽、糖、酵母和牛奶。王冠狀的模子讓杏黃色的蛋糕在冷卻下來以後，可在中央填入卡士達醬或攪奶油，甚至是水果沙拉。

稍晚，著名的西布斯特會用攪奶油使卡士達醬變得輕盈起來。我們將再提到這件事，不過在此應先知道，此類醬汁讓薩瓦漢與巴巴得以有所不同。巴巴不含奶油醬汁，但可以另外搭配，薩瓦漢則內含奶油醬汁。另外，和巴巴一樣，薩瓦漢也需浸在蘭姆酒或櫻桃酒糖漿中。

在回到十九世紀前應該要提到另一種蛋糕，同樣是巴巴的親戚，紅酒海綿蛋糕。這種蛋糕是波爾多的美食，是種與坎雷不同類型的糕點。想

瑪德蓮麵團

在一深盤中倒入十盎斯的糖、九盎斯的麵粉、擦碎的檸檬皮（一個檸檬）、兩湯匙的恩代烈酒*及十個全蛋。**混合攪拌這些材料約五分鐘後，再加入十盎斯的澄清奶油，用木匙將所有的材料好好攪拌十二分鐘，然後，把材料放入塗了奶油的模子或正方形的模子裡進行烘烤，以便稍後切割。將麵團放入爐中，以低溫***烤兩小時。

——《莒宏大廚》****，第一版，一八三〇年。

*作者註：可試試橙花水。

**作者註：現在的作法是將蛋黃蛋白分離，將蛋黃與糖混合打至起泡，將蛋白打發。

***作者註：在無調溫器的狀況下應置一張紙於爐中，紙應焦黃而非燃起。

****作者註：朗克多人夏爾．莒宏（1766-1854），與年紀較輕的卡漢姆並列當時最好的廚師，也同為偉大君主的廚師。後來他在尼姆開了間餐廳。莒宏既是創新者也是簡化者，更是最優秀的糕餅師，亦為法國布爾喬亞傳統名菜之父。

像一下有人叫你用發酵麵團做了布里歐許或巴巴之類的蛋糕，並在出爐時迅速脫模，然後，馬上將熱騰騰的蛋糕整個泡在裝有上等甜紅酒的罐子裡。唸上一段聖母經後，瀝乾蛋糕即可食用。

你會大吃一頓。雖然名稱看來不怎麼樣，但紅酒海綿蛋糕可以非常高貴，只要選一瓶上等佳釀。

瑪德蓮的故事及傳奇

瑪德蓮是沒有鮮奶油或果醬裝飾的柔軟蛋糕，大小恰可握於掌心。其專用的小型模具為六個對六個連接在一起，形狀是拉長的扇貝。

就算不把普魯斯特賦予瑪德蓮的文學榮耀（已變為陳詞濫調）列入計算，也真的少有其他蛋糕能讓人花費那麼多的墨水。而且，這種糕點的大小總讓人吃下不少。

或許我們能在此提供不同作者對瑪德蓮來源的相關說法，讓愛好美食的諸位做個選擇。但至少，大家都知道這美味來自洛林。

最早的說法是，瑪德蓮是一種中世紀的基本款布里歐許，以真正的扇貝殼當模，當時是為了前往西班牙的星野之聖雅各大教堂的朝聖者而準備的。即使這種說法只能解釋模子的大小形狀，亦無任何證據可證實此一說法。

普魯斯特的瑪德蓮

「……這滋味，就是我在貢布雷時某一個禮拜日早晨吃過的小瑪德蓮的滋味（那天我在望彌撒前沒有出門），我到雷歐妮姑媽房裡請安，她把一小塊瑪德蓮放在不知是紅茶或椴樹花茶中浸過再送給我吃。剛才看到小瑪德蓮時，我還想不起這件事，等我嚐到味道，往事才浮上了心頭。或許是因為雖然沒再吃過，卻常看見在糕餅舖中的陳列架上，於是它們的影像早已脫離了貢布雷的那些日子，而與眼下的日子連接了起來；或許是因為這些記憶被遺棄在回憶之外太久，無一能追尋，全都崩解殆盡了。形狀，一旦消逝無蹤或黯然沉睡，便喪失了足以與意識會合的擴張能力，就連舖子裡那些小小的扇貝也是如此，雖然它的模樣那麼豐腴性感，雖然點心的四周還有那麼規整、那麼一絲不苟的縐褶。……當我一認出姑媽給我的、在椴樹花茶浸過的瑪德蓮的滋味（雖然當時我還不明白，到了後來才又發現這個記憶為何會讓我感到如此歡喜），她房間所在的那棟臨街灰色老宅便像舞台佈景一樣呈現在我眼前，而且與另一棟面向花園小樓相鄰，那小樓原是為我父母親而建的……」

——馬塞爾．普魯斯特，《在斯萬家那邊》。

還有另一個傳說。一六六一年，一個名叫瑪德蓮．西莫南的人是封建領主黑茨大主教尚—弗蘭斯瓦．保羅．德．貢迪的私人廚師，她被派到康梅西城堡中任事。這位貪愛美食的高級教士甚愛享用瑪德蓮做的小蛋糕，而這些小蛋糕後來就成了瑪德蓮蛋糕。

還有另外一個故事。同樣是在康梅西……但卻是在一七五五年。照慣例，故事發生在一場盛大的宴會中。這一天，史塔尼斯拉斯的糕餅師在廚房中吵架，辭了職且把工作扔在一旁不管。很幸運地，一位年輕女僕挽救了這場宴會，她拿根湯匙攪攪拌拌，打打幾個雞蛋，做出了祖母教過她的糕點。史塔尼斯拉斯的宮廷為這金黃且入口即化的蛋糕深深著迷，此蛋糕即將成名，而這女孩名叫瑪德蓮。

無論如何，瑪德蓮已是康梅西的特產，不過目前此地僅有一家正式生產的廠商。他們把瑪德蓮裝在用細櫸木皮做成的橢圓形特別盒子裡販賣。另外也有瑪德蓮公會，會在每年六月二十二日舉行盛大的聚會。

此外，還有另一個現今仍在流傳的「情報」則說，是塔雷宏的廚師阿維斯將速成蛋糕的麵團放入貝殼狀的花式肉凍模中做出了瑪德蓮。他以情人的名字為這甜點命名。

甚至是大仲馬也在他的《廚藝字典》中為瑪德蓮獻上了三頁之多，他很肯定地說「此道食譜來自瑪德蓮．波米耶，她是珮侯丹．德．巴爾蒙夫人的前任廚師，已退休，靠年金生活」。這段文字在文中用斜體字標明。他提供的食譜有點過份細膩。我們省去了這一段，但應向好奇的人指出，著名的語言學家阿爾貝．多紮在其《詞源字典》中也接受這樣的說法。

至於關於瑪德蓮的形狀，具有充分根據的解釋仍尚待提出。

洛林千層酥的後繼者

來到洛林就不能不提到著名的洛林豬油鹹肉塔。這種鹹糕點的名稱來自德文的 Kochen（蛋糕），其實也就是由同樣知名的「洛林煎蛋」所構成：將雞蛋打散和以鮮奶油及肥肉丁，傾入特別場合專用的摺疊千層酥皮中、甚或日常的麵包麵團裡。洛林豬油鹹肉塔大概是在洛林的露易絲和法國國王亨利三世結婚時所創，但要到十八世紀末才普及起來——自然是史塔尼斯拉斯．萊欽斯基的功勞。

啊，提到摺疊千層酥皮就會想到可頌（croissant，新月）。就像布里歐許、巧克力麵包和通常是蘋果餡的修頌一樣，可頌是麵包師和糕餅師的共同產品，我們多半稱這類產品為「維也納風格的糕點」。

若說源自啟蒙時代，於一七八〇年出現在糾古爾的《字典》中的修頌是有著糖煮水果夾餡、用真正的摺疊千層酥皮做成的半圓形糕點，那麼可頌和巧克力麵包就是用發酵的摺疊千層酥皮麵團做成的。

這些糕點都非常好吃，不過，洛林和奧地利的首都，以及讓法國早餐自豪的可頌之間的關係為何？要是你知道答案在土耳其，應該會更加訝異吧。

一六八三年，維也納被奧圖曼帝國首相卡拉．穆斯塔法圍困數月，在居民即將餓死之際，由洛林的夏爾及波蘭國王約翰三世索必斯基所率領的軍隊拯救了他們。土耳其人逃走，留下了咖啡及麵粉存糧。土耳其人的存糧被分發給維也納的居民，有位當地反抗英雄是麵包糕餅師，他用麵粉做成了新月狀的糕點，而新月正是土耳其旗幟上的標誌。自此以後，我們可以說在維也納的咖啡糕餅店能享用世界上最好的早餐了。美味無比的可頌和那兒的咖啡！

虔誠的摺疊千層酥皮

十七及十八世紀，在上流社會的人家裡，倔強的待嫁女兒或不忠的妻子會被父親或丈夫托付給修道院，好讓祈禱能恢復其最美好的親情及愛情。此一救贖方法讓功能類似旅館的修道院擁有豐富的收入。

通常來說，尤其是在巴黎，這些被幽禁的女子仍主持著社交沙龍，握有製作秘方的隱修院修女則提供各色美食。這彷佛是一本潛藏的最佳甜點指點索引。因此，斐揚派修女的糖面千層小糕點聲名大譟並流傳至今，且因之名為斐揚千層酥。修女之間終於互相交流食譜，我們則可在拉．瓦黑納的《法國糕餅師》（1653）以及墨農的《廚藝新論》（1739）中找到這些食譜。

由德．塞維涅侯爵夫人的祖母創立的聖母往見會修女提供了原味和杏仁口味的小舟狀糕點食譜。而一直都是杏仁口味的卡士達醬小塔則要歸功於聖於爾絮勒會修女。不過名為耶穌會修士，內含杏仁奶油餡夾心，外裹巧克力的三角千層酥卻是由一位佚名糕餅師創造的，靈感來自於耶穌會修會的黑色三角帽。雖然貪愛美食為善良靈魂之罪愆，但修女們所創作出來的美食名單也非常地長。

驢皮公主的蛋糕

驢皮公主取了／事先特意篩過的麵粉／以讓麵團更加細緻／她也拿了鹽、奶油及新鮮的雞蛋／為要做個烘餅／她在小房間裡閉門不出／首先她洗淨了／手、手臂及臉龐／穿上她趕緊洗好的銀白色胸衣／為了能高貴地／馬上展開工作／她的工作好像急促了些／不經意地，從她的手上滑落了／一只極昂貴的指環在麵團裡／不過對那些知道故事結局的人來說／他們相信她是故意放進指環的／而坦白地說，我也會這麼想／並且確信當王子靠在門邊／從門孔窺視她時／被公主瞥見了／關於這一點，女人是十分機敏的／她的眼睛靈動無比／讓人瞧她個片刻都不能／她知道有人在瞧著她／我還確定，這個我可以發誓／她一點也沒懷疑她的年輕愛人／未收到指環／從未有人揉出如此可口的烘餅／王子覺得實在美味／因為饑腸轆轆／他也吞下了指環……

——佩侯，《韻文故事集》，一六九四年。

而在接下來的那個世紀，波蘭的遜位君主且變成洛林人的史塔尼斯拉斯．萊欽斯基，把女兒瑪麗嫁給了路易十五。這位公主也是位美食家，她愛極了塞滿家禽胸肉，佐以洋菇白醬的小小肉

肉末千層酥

首先要做好摺疊千層酥皮。取一些小牛腿肉片及等量的牛髓一起剁碎，將巴西利（洋香菜）、蔥及洋菇剁碎加入，再加上兩個全蛋、鹽、胡椒及調入四品脫的鮮奶油。嚐嚐調味是否恰當。準備好烤盤，將分成小塊的麵團擀薄至硬幣的厚度，將餡料放在麵皮當中，再用另一麵皮覆蓋。將餡餅放入爐中烤至金黃。在烘烤餡餅的同時，將雞胸肉穿在鐵扦上烤好，剁碎。取一鍋，加入半升的上等高湯、一小束的綜合香料植物及奶油少許，將高湯收至四分之一的量。取出香料並加入雞肉及些許的鹽，加熱但不需煮沸，加入三個蛋黃及鮮奶油使湯汁黏稠，再加入檸檬汁。然後，自烤爐中取出餡餅，除去其頂上的麵皮及肉餡，以雞胸肉代之，每個一匙，再將去掉的麵皮重新置於其上，趁熱進食。

——墨農，《布爾喬亞女廚師》，一七七四年。

末千層酥——在墨農的《布爾喬亞女廚師》中載有一份極美味的食譜——這道菜最後則被取名為（王后）雞肉一口酥。而經過自然而然的簡化，這道做為前菜的鹹糕點已成為經典且發展出一些小小的變奏。在十九世紀，卡漢姆將個人獨享的一口酥變成了眾人分食的魚肉香菇餡酥餅。

既然提到了一口酥，不能不提及愛之井的歷史：文森·德·拉·沙佩勒是啟蒙時代後半期最偉大的廚藝及糕餅製作革新者，醃酸菜及烤牛排的創始之功得歸功於他——但這是另外一段故事了——他就像探險小說中的主角般令人驚訝。

沙佩勒可能是位隨船廚師，在東方旅行度過了年輕時的歲月。滿懷閱歷及智識的他於一七三〇年返回倫敦，在英國著名的政治人物，第四任的切斯特福爾德爵士家中幫傭。

三年後，沙佩勒以英文出版了《現代廚師》，並在一七三七年推出了法文版本。《現代廚師》的出版極為轟動，不只是因為書的大小，八開本四大冊，附有十二幅大圖版的插圖（120*28.5公分），還因為其內容。書中大大地攻擊同儕且不諱言剽竊了某些食譜，沙佩勒在序文中直截了當地聲明，因烹飪「現今完全改變」，故需要全新的規則。

隨之而來的是兩派持鍋者的論戰，一是傳統的法國學派，一是革新的英國學派。法國派勝利，但或多或少付出了一定的改革為代價。

而由沙佩勒提倡的「可放在您口中」的小糕點，則在英吉利海峽兩岸大受歡迎。這種小蛋糕很精緻，名稱卻掀起了不少波瀾：愛之井的英譯

【31】作者註：塞普勒斯人哈格諾是路易十三時代真實的歷史名人，身兼糕餅師、詩人、喜劇演員，一六〇八年出生於巴黎，一六五四年逝於從前跟隨莫里哀劇團時走訪過的里昂。他的店座落在聖歐諾黑街及枯樹街的街角，賓客滿座，文人和火槍手常至此參加公眾評選賽並大啖美食。侯斯坦劇中的情節純屬虛構，哈格諾亦非如一八五三年的《法國烹飪大字典》所述，是杏仁小塔的創作者。

為well of love。啊！老天！Oh！My God！這是何等的羞恥！Shocking！天大的醜聞……可是，糕點卻賣得很好。想想庫爾貝的畫作《世界的起源》（描繪女性的私處）。知道了吧？現在想像一下在一七三七年的某一天，你的盤子裡有一塊千層酥皮做成的一口酥之類的東西，沒有蓋子，填滿了果醬……。

此物中的猥褻成份很快地就被大家完全遺忘，因為在下一個世代裡，焦糖化的蘭姆酒卡士達醬取代了果醬，一口酥也被拋棄，代之以更方便製作的小塔。亦因如此，今日的貴婦仍得以在高級的下午茶店中，繼續品嘗愛之井。

哈格諾的杏仁小塔【31】

「將數顆雞蛋／打至起泡／在起泡的蛋汁中／加入特選的枸櫞汁一滴／倒入／上好的甜杏仁漿／將牛奶雞蛋烘餅的麵團／填入塔模／用靈巧的手指將杏桃／嵌在模邊／將發泡的雞蛋慢慢地倒入模中／您的慕斯就倒在井中／然後將這些『水井』放入爐中烤至金黃／出爐時如群畜歡然而出／這就是／杏仁小塔」——艾德蒙．侯斯坦，《大鼻子情聖》，第二幕第四場。

十九世紀：卡漢姆及民主糕點的時代

法國大革命將逃過斷頭台的貴族掃地出門，曾為特權階級服務的人則成了失業者。在貴族家中準備餐飲的人想盡辦法轉業，許多廚師和糕餅師都渴望能在商業機構中發揮長才。

對財力充沛的膳長來說，開間豪華餐廳比較簡單。例如在國王的胞弟，普羅旺斯伯爵，未來的路易十八家中任職的名人玻維利耶。餐廳這種東西自上個世代起就已蔚為風尚，開設餐廳並不困難，但糕餅店仍屬罕見，要不就得像上世紀哈格諾的店面一樣附屬於烤肉店。因此對於巴黎或外省居民來說，在自家附近發現展示糕點的櫥窗

馬利・安東，又名小安東・卡漢姆及其簽名。現代廚師與糕餅師的神人，擁有傳奇天賦。

可是件讓人無比驚喜的事。當然，店要開在上流人士居住的地方。但即使最優秀的糕餅師把店開在最富裕的地區，還是有許許多多的人為其魅力而不遠前往。這種風氣開啟了美食的黃金時代。

當然，那時候已有許多代代相傳的歷史老店，或是父傳子，或是老闆傳給員工。但卻無法與貴族膳長的店相抗衡。

巴黎最古老的糕餅店值得一提：位於聖伊萊爾山街，由一個名叫莒加斯特的人於一六六九年創立。這家糕餅店以某種聖經式的家系持續了長達三個世紀，一直到第三共和時期！在一七九〇年代，其業主為勾舒瓦，人稱名人勾舒瓦。勾舒瓦的廚師長罔德宏後來自己在小田新街開了一家店並雇用了卡漢姆。瞧瞧這段意義重大的歷史！後來，取代罔德宏的廚師有位妻子，這妻子「吃掉」了店裡的資金——非因貪食，而是因為愛打扮。這位妻子因為購買服飾而毀了丈夫，並迫使丈夫將店出售，讓這家店的聲譽自此難以回復。直到黎耶凡把店收回，發揮其專業技術，才重新讓這家店振作起來。

而在大批的宮廷叛徒中，最有名的莫過於路易十六的糕餅長賈給。極為謹慎的他先花了一段時間讓人淡忘自己，一待情勢穩定，馬上就在弗日廣場附近的蒙馬特水溝街（現今的阿布基爾街）十九號，開了一家與其過去地位相稱的店面。在那兒，國民公會中的愛好甜食者絡繹不絕。

王室宮殿的另一家糕餅店同樣值得一書。此糕餅店產量之龐大勝過了其糕餅品質。想想看在一八一五年，在反拿破崙同盟佔領巴黎的期間，這家店賣出了一萬二千個蛋糕及餡餅……而且是每一天！從中午至清晨三時，店內無不賓客盈門。

我們沒忘記應再次提到前面提過的名人喬治。他年輕時在大君王糕餅店的櫥窗中展示了一座特殊的甜點高塔，來自全巴黎的觀賞者不絕於途。喬治的作品重現了一七七九年的格拉那達海戰。

我們還要對兩位朋友獻上小小的感謝。他們是薩瓦比斯吉的專家，伯諾開店於聖歐諾黑街，塔佛開店於聖瑪格麗特街。他們以太白粉取代了麵粉，讓這種蛋糕自此變得越來越輕盈。

事實上，恰似之前數千年的水到渠成，十九世紀的糕餅製作技術和知識已臻完美。每位深思熟慮的藝術家及靈巧的專業人士皆在恰當的時候出現，豐富了先輩傳遞下來的遺產，合組成一條毫無疑問的生命之鍊。

卡漢姆，這位英雄

卡漢姆不僅是現代廚師與糕餅師的神人，也以他在砂糖細工方面展露出來的天賦而成為製糖師的傳奇。他在美食神話中首先以君臨奧林帕斯山的英雄角色出場，雖然我們不禁要納悶，這奧林帕斯山數千年以來只住著酒神，卻從未有過美食之神。

馬利．安東，又名小安東．卡漢姆，卡漢姆經歷過英雄般的命運。首先，他那美如天成的名字便是造物主的神來之筆，也自然而然具備了市場行銷的魔力。

一如其然，小安東．卡漢姆的人生由谷底開始：他是一個整天操勞、所得微薄的粗工酒鬼的第十五個孩子，也是老么。大概於一七八三年六月八日出生在工地裡的簡陋小屋中，地點則很確定是在桶槽街的高處，後來便宜百貨公司就在此

玻維利耶的旅行蛋糕

有名的玻維利耶既非廚師亦非糕餅師，充其量不過是位餐廳老闆。然而在十九世紀前半期，旅行蔚然成風，上流社會人士出遠門時都會帶上一個用薄鉛片包裹的盒子，裡面放著「旅行蛋糕」或「玻維利耶」。此一想法來自於普羅旺斯伯爵前膳長的學徒，他以老闆的名字為這種甚精緻的蛋糕命名，並以銀紙——錫箔紙的前身——來包裹蛋糕，使之能妥善保存。旅行蛋糕因此相當受到首批「觀光客」的珍視，大獲成功的程度也超出了學徒莫尼耶的預期。希望玻維利耶有頒給他一大筆獎金，因為直到一八六〇年為止玻維利耶的餐廳都壟斷了這種糕點。而雖然「旅行蛋糕」後來已不再風行，其輕盈的金屬包裝卻穿越了數個世紀。

拔地而起。

理所當然地，無法撫養他的父親在十年後拋棄了卡漢姆，把他丟在曼恩河城門（未來的蒙帕納斯車站）的荒地，那裡座落著幾家低級咖啡館。傳說卡漢姆的父親把他丟棄在坑坑洞洞的馬路上之前，花了三毛錢給他吃了頓晚餐，並對他說：「……去吧，小傢伙，或許今晚或明天有個好人家會為你敞開大門，去吧，帶著上帝所給你的[32]。」

我們現在知道上帝不但賜與他許多，也看顧著這可憐的娃兒：卡漢姆被附近一家燴兔肉店的老闆收留，這老闆也因此為後世所知。他在店裡削了幾年的胡蘿蔔和洋蔥，然後，不知為何，或許是厭倦了燉兔、或許是厭煩了在此艱困時期的燉貓……，在卡漢姆十五歲的一個早晨，他走出曼恩河城門，到一家一流的糕餅店中當學徒：這是巴伊先生的店，在薇薇安街。他馬上雇用了卡漢姆。

三年後，晉升得很快的卡漢姆被任命為「第一餡餅師」。也多虧了巴伊的盛情——他應該察覺了這個從天降至他店裡的小男孩的特殊才華——他可以在王室圖書館（未來的國家圖書館）的版畫陳列室中花許多時間研究和摹寫世界各國的紀念性建築物，以便之後用糖、牛軋糖、小杏仁餅或蛋白糖霜，甚至是豬油來重現這些建築物。

奇怪的是，從來無人提出這樣的問題：這棄兒在何處、在何時，又是如何學會閱讀、寫作、編纂及設計的，更別提歷史和地理？而他在回憶錄中也從未說明。

卡漢姆只敘述：「……他（巴伊）對我相當信任，將客戶訂製的甜點高塔交給我負責製作。我的素描若不能以製作糕餅來重現那還有什麼用呢？因此，我非常仰慕這位可敬的人物，他給了我成為工匠的第一步和所有方法。」

甜點高塔

一六九四年，法蘭西學院的《字典》中出現了「pièce de pâtisserie」此一詞組。之後，一八〇七年，格里莫．德．拉．黑尼葉在其《美食年鑑》中提到了「pièce montée」（甜點高塔）。

這是一種既龐大又壯觀的甜點，若干糕餅會從蛋糕或糖果做成的底座開始往上堆疊，或是固定在金屬骨架上。現今甚至有塑膠骨架。

自古以來，人們便以各類葉子、花朵、水果、珍貴的餐具、照明工具來裝飾節慶時的餐桌，有時候還會用在爐中「乾燥」的麵包麵團來製作雕像，或是用真正或模擬的蛋糕或餡餅來裝

【32】作者註：Joseph François Michaud, *Biographie universelle ancienne et moderne*, Paris, 1838.

卡漢姆設計的甜點高塔，他擅長用糖、牛軋糖、小杏仁餅、蛋白糖霜或豬油，來重現世界各國的紀念性建築物。'Le Patissier Royal parisien' by Carème, 1854。

飾，這在前面已經提過。

文藝復興時代的義大利糕餅師，尤其是像德拉．皮涅亞這樣的威尼斯糕餅師，創造了一種令人讚嘆的砂糖欺眼畫，風格或寫實、或藝術。但拔絲砂糖細工不應被排除在外，這些最常組裝在骨架上的藝術品是用糖錠製作而成的。糖錠是一種以極細的砂糖、澱粉、西黃蓍膠（今使用吉利丁）做成的混合物，不可食用，但可模塑或雕塑。而十七世紀宴會上的甜點高塔則僅是由水果蜜餞組成的金字塔。

素來親近自然的英國人在伊莉莎白時代末期也製作所謂的「甜點高塔」（文獻中以法文標示），當時使用了各式水果、花朵、著色小杏仁餅（用杏仁糊混以糖漿）做成的小鳥，並以藝術式手法排列在輕木架上。

一般皆認為，卡漢姆是著名的裝飾用糖錠甜點高塔的發明者，他的作品重現了浪漫的建築廢墟。然而，當昔日棄兒還僅是個卑微的小學徒時，拿破崙已為當時的一流人物敞開了廚房大門，期能為自己家增添光采。

就這樣，糕餅長勒玻大出風頭，他在法蘭西共和曆每一旬第五日的官方大型舞會及上流社會的晚宴中，以威尼斯風格製作了特別的甜點高塔，描繪出法軍的壯盛軍容：洛迪橋行軍、塔拉緬托橋行軍，尤其是阿爾科橋行軍——橋樑的花樣極為壯觀，許多歷史畫家也以其入畫。關於這些受人矚目的作品，各大報皆以感動的語氣報導著勒玻先生創造了這些奇觀，而他使用了拔絲砂糖細工、比斯吉、牛軋糖，當然還有糖錠。

不過，在勒玻踏入波拿巴特—玻阿內家族前，薇薇安街的巴伊先生已經在為權貴製作類似的甜點高塔，或許沒那麼壯觀，也缺乏精彩的新聞圖片可供參考。【33】

因此，不失審慎明智的想法是：卡漢姆在巴伊的店中習得了甜點高塔，而且就像事物的先後順序般，學生很快就超越了老師。

「能幹的糕餅師所提供的甜點高塔都是些鬆脆甜點：牛軋糖、巴巴、夏洛特、涼亭、里拉琴、燈塔、皮球，這些東西不只是堆高起來而已，而是堆疊在糖錠底座上，拔絲砂糖細工在這個底座的部分扮演著相當迷人的角色……」路易．歐多在其一八六四年的《美食家必備之書》中這麼寫著。【34】「croquembouche」（鬆脆甜點）這個字於一八一四年首次出現在熟練的理論家，名人玻維利耶的筆下。雖然這人不是製作者，但他編纂的《烹飪者的技術》是十九世紀最早的廚藝嚴肅之作。

一如其名所示，鬆脆甜點是種應該能在口中發出脆響的甜點，起初是種覆上焦糖的小巧蛋

【33】作者註：時髦年輕人碰面的著名的弗拉斯卡提舞會也展示這些甜點高塔，不過是二手的。

【34】作者註：路易．歐多（1782-1870）是發行人兼書商，也是《城市及鄉村女性烹飪者》的作者，這本書是整個十九世紀最多人使用的食譜，自一八三〇年至一九一四年間不斷地再版及改寫。

糕。之後，根據各種可能，從卡漢姆開始，大家都把這些覆以焦糖的小蛋糕（所以是黏糊糊的）擺在黃油或甜麵團做成的底座上，並用奶油夾心蛋糕或糖衣杏仁加以裝飾。這種自此以後為眾人所知的圓錐式堆疊法靠著這種小蛋糕而被冠以croquembouche之名。用來組合堆疊，之後可撤去的金屬網骨架同樣也被稱為croquembouche。

一般認為，年輕的卡漢姆在貝爾提葉元帥的宴會上創造出了第一個被稱為croquembouche的甜點高塔。之後，從美好時代開始，便只使用小泡芙來製作甜點高塔，而且總是堆疊成金字塔狀。甜點高塔於是成為社會及家族節慶大餐必備的結尾點心。

至於一直出現在我們餐桌上的各類鬆脆甜點，則變成了花式小點心、晚宴小蛋糕、極小巧的甜點等等，可從糕餅店、熟食店或大賣場的冷凍食品部門購得。

「飯廳就是劇場，廚房就是後台，而餐桌就是舞台。對這劇場需要規劃，對這舞台需要裝飾，對這廚房則需要機器設備。」

——沙提雍－布雷西斯，《十九世紀末的餐桌生活》，巴黎，一八九四年。

花式小點心的大芭蕾舞劇

早先，在貴族及上層資產階級家中供應的「friandise」（甜食），是十七、十八世紀主持沙龍的貴婦為受邀的美食家們所準備的點心。

到了一七九六年，雖然革命時期的氣氛依然嚴峻，社交活動卻復甦了起來，此時出版了一本優雅的烹飪書籍，正好叫做《甜食手冊》，也成了當時新富階級的文獻依據。當時的人亦稱甜食為「mignardise」——參考自畫家米涅亞的逸樂之作。

沒有什麼過時的東西能夠勝過正在流行的事物。此書一出版，在上流社會人士的會話中

花式小點心、糖衣水果、易溶於口的糖果

今日，花式小點心是糕餅製作的一個重要範疇，在招待會、冷餐酒會及雞尾酒會中，總能見到其身影。對於一場精緻的筵席來說，如果不上咖啡（和小塊的巧克力極登對）的話，一盤子的花式小點心會伴隨著甜點一起呈上，即便後者是由糊狀甜點或麵粉類糕點所構成。當然，它們也是下午茶的精美輔助品。大部分的糕餅店都提供了眾多選擇，而糕餅製作產業自十九世紀中期起也一直開發這座美食礦藏，亦別忘了現今優良的冷凍點心。

多半為工廠製品或半工廠製品的乾式花式小點心食用起來最方便，因為容易保存。所有人都吃過以杏仁、蛋白糖霜為基本材料的千層酥餅乾及油酥餅。像比斯吉那樣的海綿蛋糕塊則可做成夾心或裹上各種材料——巧克力、果醬、杏仁糊、糖杏仁、易溶於口的糖果等等。

新鮮花式小點心除了要冷藏、保存期限還不得超過二十四小時，屬於手工業或個人工作室。販賣方式通常以件計價。與一般的正常尺寸的古典蛋糕相比，新鮮花式小點心的製作過程甚長且極精密，需要高品質的一流材料，且絕對依賴冷藏生產線。還需要製作者的完美技巧及對細節的分外注重。

在做易溶於口的糖果、冰糖及巧克力覆面的「簡約」裝飾糖面時需要高超而熟練的技術。事前還要先做好各式各樣的基本小糕點：奶油夾心蛋糕、海綿蛋糕、蛋白杏仁餅、泡芙麵團、油酥餅麵團等等，然後再將一小匙的配料置於糕點中：不同香味的醬汁、加納許或姜杜亞（榛果巧克力）、杏仁糊、果醬或水果蜜餞等等。

糖衣水果通常用的是乾果、椰棗、李子，有杏仁糊夾心或覆以杏仁糊，千萬別把它跟水果蜜餞混淆。糖衣水果常與花式小點心放在摺起來的小紙盒中呈上。

易溶於口的糖果創於一八二四年，是倫巴底人街的勒慕安餅店的工頭，一個叫吉耶的人發明的。糖面的加工出現於一八三〇年，亦使糖栗子在一八三五年得以面世。一八四〇年，加入易溶於口的糖果的花式小點心誕生。

「petit-four」立刻取代了「friandise」。friandise 已失去其優越的地位，指的不過是兒童或家中寵物的小甜食。

卡漢姆絕對不能被視為花式小點心的「發明者」，花式小點心是在他之前已有的東西。不過可以肯定的說，在他之後，croquembouche 再也不同了，構思、製作技術、味道、形狀及呈現方式……通通更為細膩。享用這些一口大小的美食時，應能感受到「真正的味覺的豐富」——卡漢姆之語，並在點心中發現味覺和由外觀誘發出來的欲望之間的完美和諧。

花式小點心有時僅是經典蛋糕的微縮版，但也有純粹的創作，並有乾式花式小點心、新鮮花式小點心、糖衣水果、杏仁糊等等的區別，這些花式小點心都是甜的。也有鹹的花式小點心，魚肉、乳酪、肉類等等口味，不過始終屬於麵粉類糕餅，因為是小餡餅的繼承者。

一八八〇年，著名的烹飪老師古斯塔夫．加爾蘭師傅記錄了數百種花式小點心，其中許多種點心的名稱極富魅力。巴黎高級住宅區帕西的糕餅師保羅．寇格蘭，別名老大，則創作出三十餘種的花式小點心，皆以女子名命之。

依歷史而變化的糕餅製作

十七歲時，因為在巴伊的店中已沒有什麼可學，卡漢姆便於一八〇一年離職，進入前述的冏德宏的店中工作。契約中明列，卡漢姆可以在大資產階級的家中做他想要做的「額外工作」，一如今日的「自由工作者」。資產階級的凱旋時代已然來臨。

「一年之後，在一八〇二年，我完全離開了糕餅店，好去做我自己的特別工作。在很短的時間裡，我這一行裡最值得稱道的人物皆讓我享有他們的重視及善意。我賺了許多的錢，而光這件事就證明了，比阿諛奉承更好的是，在我的工作中，我擁有一些受人喜愛、且讓我成名的獨到創

為什麼是「PETIT-FOUR」？

「petit-four」（小爐灶）這個字正好出現在文藝復興時期之後。

那時，在專業店家及私人的家中，用磚石砌起來的爐灶並無任何調節或控制溫度的方法。當爐灶燒得極熱時，當時人會說「grand four」（大爐灶），也就是「大火」（grand feu），意謂著爐中之火燒得極熱，可在此時將大型肉塊遞進爐內燒烤，因為需要高溫的旺火才能將肉迅速烤好。

不過，若要烹飪精緻的菜餚，如魚類或蛋糕時，則需要等些時候讓溫度降低，當時人便說是「petit four」（小爐灶），也就是爐灶中的火炭轉為「小火」（petit feu）之意，可用於文火慢燉。

就這樣到了法國大革命，當時一方面取消了同業公會的特權，另一方面也讓貴族廚房中的雇用工作消失無蹤。大家都目擊了這樣的改變。而即使當時在沙龍裡享受甜食的社會已然消逝，另一個新興且毫不做作追求享樂的社會卻也隨之建立了起來。金錢不過是換了手。於是，專賣店如百花盛開般紛紛成立，投入這種既快速又容易的販賣。

先是熟食店兼燒烤店老闆，然後是豬肉食品商，他們收回了製作鹹的花式小點心的權利，許多昔日糕餅大廚轉而生產介於傳統糕餅及糖果製作之間的甜味美食。這種全新的商店為了與眾不同，有一段時間取名為「pâtisserie de petit four」（小爐灶糕餅店）。

新之處。」將近三十年後，卡漢姆在其烹飪的巔峰之作《巴黎的烹飪者或十九世紀的法國烹飪術》（1828）中帶著小小的驕傲寫道。

一七九七年，前歐坦主教夏爾·莫里斯·德·塔雷宏—佩里戈被第一執政任命為外交部長，直至一八〇七年才卸任下來。當時的毒舌派說，美食是他唯一不會背叛的事物。這一點波拿巴特非常清楚。

在坎巴賽雷斯的建議下，皇帝選擇了塔雷宏不僅因其外交才幹，亦因如此便可讓皇帝自己從一項苦差事中解脫出來：每月四次，以政府之名，「瘸腿的魔鬼」應邀請三十六位賓客參加晚宴，賓客選自回歸的流亡貴族、高級官僚、外國使節及盛裝的貴婦等等。如今情勢已大為好轉了，而就像以前擔任第一執政一樣，皇帝對繁複的餐桌禮儀的嫌惡同樣日甚一日。

因此，在過自己的放縱生活前，年輕的卡漢姆常常陪同老闆巴伊到部長家中裝設他精心製作的甜點高塔。

若卡漢姆不準備傾聽將把他的名字與塔雷宏聯繫在一起的命運之聲，這個昔日的小廚子往後就只不過是位「有錢的」師傅。不過，卡漢姆一直有個清醒的頭腦，他在一八〇三年末時開了一家自己的糕餅店。店址位於和平街，一條從此改變的和平街。

從商很快地讓卡漢姆手頭拮据，但自第一帝政上台起，他便投身於糕餅店——非常非常受歡迎的糕餅店，這使他能經常出入早已認識的、並步步晉升至首相的塔雷宏家中。

兩位非比尋常的人物之間很快就建立起了互信、真摯和友好的關係，而為了法國廚藝——他們的共同信仰——之最高榮耀，他們更成為真正的夥伴。無論如何，儘管生活的環境完全不同，他們都是同一種人。我們怎樣也無法非難卡漢姆，這個有著表裡不一的雙重人格、始終全神貫注於其專業、用心揉練其絕佳品味的人，雖然他追求自身的利益，卻相當正當。

糕點外交

在一八〇四年至一八一四年，亦即拿破崙一世加冕至波旁王朝復辟的前一年，卡漢姆為塔雷宏服務了十年。這是他一生最幸福的時期，他也讓自已的專業更為精煉並成了名。

外交部的美食服務依照著舊政權的習慣而組織了起來，身為真正貴族的塔雷宏深諳此道。卡漢姆則從中學到演出餐飲的方法。無論重要與否，每一場盛宴皆有其儀式，故應生動地塑造出與欲傳達的訊息相關的裝飾。私下的宵夜應激起深刻的情感及祕密之樂。正式的大型晚宴應展現出邀請國的慷慨大度，並依照受邀者的重要程度加以尊榮之。

橋上的中國樓閣

「橋應該做成白色的，略帶點開心果的綠色，裝飾橋的帶子用黃色，圓柱的底座和柱頂盤用檸檬黃。圓柱和屋頂仍應以開心果的綠色來製作。長廊、柱頭、十字窗框及小樓閣的頂飾用檸檬黃，帷幕及牆飾用粉紅色，流蘇和飾品用黃色。」

——由卡漢姆撰寫並繪製插圖的《如畫的糕點》，巴黎，一八一五年。

糕點仍然是全體戰略的祕密武器。但假使比菜單中其他菜餚更重要的甜點高塔和壯麗炫耀的的蛋糕構成了宴會中的要角，也不應忽略了美妙的桌巾、珍貴的餐具及炫目的餐桌裝飾。依循法國前王朝的最佳傳統，卡漢姆學習著如何得到讚嘆。

我們可以說，卡漢姆的烹飪和糕點全都刻上

了當時的時代精神，可稱作帝國風格：奢華與宏偉雖繼承自舊政權，但用可形容為「古典」的精神來加以重新詮釋。憑著優雅及精確，他去除了無用的賣弄，也改良了昔日因辛香料無章法的使用而讓菜餚變得沉重累贅的缺點。

一八一二年，受到拿破崙懷疑的塔雷宏退職在家，「技術性失業」的卡漢姆悲傷地回憶起昔日在首相家配膳室中的工作：「與此行中最有能力且酬勞最高（原文如此）的人一起工作，並使用最高級且最健康的食材。」。

於是，卡漢姆著手撰寫他的糕餅製作專論，並在王政復辟後出版。此書是他一系列著作中的第一本。尚．弗蘭斯瓦．何維[35]證明，這昔日棄兒工作個不停，一方面要刻苦學習在當時極為艱難的廚藝，一方面可能還要苦讀以使自己精通文學。這位來自曼恩河城門的姆指仙童因此成為和其同時代的沙多布里昂一樣多產的作家。而且他還是個了不起的素描畫家！

一八一四年三月卅一日，反拿破崙聯盟的軍隊包圍巴黎，重新回到政界的塔雷宏請忠實的卡漢姆加入他剛重返的陣營，並將他送入俄國沙皇處為沙皇服務。自此以後，關於這位偉大糕餅師兼廚師成為「瘸腿魔鬼」的最佳特務的傳言，一直沒有停止過。

國際和談會議終於有了個結束，就像任何事物都有完結。一八一六年，卡漢姆重拾了一段時間的墨筆，然後才動身前往威爾斯親王處為其服務。這是一趟煉獄之旅，但不僅是因為英國菜本身，還因為未來的喬治五世苦於消化不良。

「所有這些輝煌的地位並不適合我。」被倫敦的霧氣弄得意志消沉的卡漢姆敘述，「我這完全屬法國的靈魂只能活在法國；在那裡，沒有優越的地位，沒有野心（原文如此），我將投身於

【35】作者註：Jean-François Revel, *Un festin sans paroles*, Pauvert, 1979.

從年幼時就開始的工作，做一輩子。我敢說，我的研究對這門科學的進步來說是必要的……」

其實，當卡漢姆還在巴伊那裡工作時，他長時間在版畫陳列室的研究已在其糕餅製作的著作或在甜點高塔的製作過程中開花結果，讓他成為了這方面的米開朗基羅。

卡漢姆從勒胡吉、榭侯及克拉夫特所設計的、模仿天然景色的十八世紀花園汲取靈感。在建築方面則根據無可爭議的當代權威尚．尼可拉．路易．莒宏。

在他宛如甜點目錄的著作中，充滿了意欲勾起其富裕顧客好奇心的銅版畫片，並以染過色的糖再現建築物復原後的模樣。當然，當時並沒有四色印刷，所以他在「橋上眺望巴黎」、「埃及金字塔」、「土耳其清真寺廢墟」（橋或廢墟果然大受歡迎）等畫旁附上了顏色說明。

糕點的帕拉底歐

因其不朽的甜點高塔，卡漢姆配得上「糕點的帕拉底歐」的稱號。帕拉底歐是十六世紀最偉大的義大利建築家。事實上，建築正是卡漢姆最擅長的，他熱衷於探索公共紀念性建築的祕密。一八二〇年在維也納，他為英國大使的晚宴製作了他一生中最有名的裝飾甜點。

在這場筵席裡，五座用「砂糖」與蛋白霜作成的宏偉的勝利紀念碑裝飾著餐桌，並以卡漢姆式的獨特風格，也就是一種讓人狂喜的巴洛克風格來表現反法聯軍的壯盛軍容。這件作品嚴格說來雖不能算是建築模型，卻很接近，因為只能用眼睛品嚐。其中一座勝利紀念碑獻給了梅特涅親王，親王遂回贈一座嶄新的攜帶式懷爐，是用黃金打造的。

卡漢姆、擠花嘴與指形餅乾

十八世紀中葉時，指形餅乾（原意為匙形餅乾）非常知名，墨農的著作《布爾喬亞女廚師》中記載了其作法。順帶一提，與已逝的波蘭國王史塔尼斯拉斯・萊欽斯基一樣，夏爾・莫里斯・德・塔雷宏—佩里戈的牙齒幾乎沒有一顆是健康的，而且在當時似乎每個人都是如此。因此，在用餐的尾聲，塔雷宏與史塔尼斯拉斯國王一樣，喜歡把自己愛吃的餅乾浸在馬德拉葡萄酒裡吃，這種餅乾就是指形餅乾的一種。

大家也許知道，刀叉等餐具的尺寸在這兩百五十年間變小了。對於我們現代人來說，當時的湯匙真的很大。指形餅乾的大小是根據湯匙的大小決定的，所以，**指形餅乾是因使用湯匙製作才做成橢圓形的**。相對於此，各式各樣的玻璃杯則沒有改變，帝政時代用來喝葡萄牙馬德拉葡萄酒的酒杯也與現在的大小相同。

所以，要把三根手指寬的指形餅乾浸到水晶杯裡，必須先把餅乾弄斷，冒著碎屑會撒到蕾絲襟飾和天鵝絨及膝褲上的危險，這樣真的很惱人。於是有人拜託卡漢姆想點辦法來解決這個不便的問題。

時值十九世紀，但卡漢姆不愧是卡漢姆，雖然他構想出來的裝置其實十分簡單。卡漢姆把裝了麵團的漏斗從天花板垂吊下來，只要一拉繩子，中間的麵糰就會像細細的香腸一樣流出來，然後只要把它切斷就行了。

別笑，就是因為有這個裝置，一八七四年才會有個名叫做歐布里歐的人，做出了我們現在所知、附上金屬擠花嘴的擠花袋。把裝有麵團的布袋一端如管樂器的吹口般漸漸收小，再把短管狀的金屬擠花嘴裝在上面。金屬嘴尖端的樣子可自由選擇。利用注射器的原理，在袋子上施加壓力，麵團就會順著流出來。

製作合於馬德拉葡萄酒杯杯口大小的指形餅乾時，必須考慮到麵團烘烤後會膨脹的因素，選擇適合恰當的金屬嘴。

接下來，輪到糕餅師傅的恩人，馬口鐵匠特洛提耶出場了。他設計出了各種尺寸的蛋糕模型，還製造了無數個以輕量「鍛造」金屬製作、用來烘焙塔的圓模型。同樣地，特洛提耶也做出帶環的金屬嘴，使用起來方便得無可挑剔。

擠花嘴這種道具可以有各種直徑、各種形狀的規格。若使用扁平形、波浪形、平滑的圓形、有溝的圓形等金屬擠花嘴，就可以讓麵團與鮮奶油做出我們心中希望的裝飾形狀。

一八〇八年，一位出身波爾多的學徒設計出了更簡單、價格更低廉的圓錐擠壓紙袋，如今，製作甜點的名手想用巧克力、鮮奶油或易溶於口的糖果書寫文字時也會使用它。只是，即使使用了附金屬擠花嘴的擠花袋或紙袋，要精通這種裝飾技術還是必須累積相當的訓練。一切都取決於動作是否確實、手腕是否柔軟熟練。

在法國，指形餅乾依舊與甜葡萄酒或香檳一起上桌，英國人始終認為這是典型的、令人極為動心的、深具法國風味的吃法。

就在前一年，俄國沙皇才把聖彼得堡的高位賞賜給了卡漢姆，不過在居留了四十天以適應這對西歐人來說的全新環境後，他覺得當地環境甚糟，對於受監視一事也感到屈辱。「即使想把我留下也是枉然，當地的廚師對於我不好好利用弄到手的東西而離開聖彼得堡一事無法理解。」即便如此，沙皇並無不悅。卡漢姆停留當地時絕對曾經在各處街頭閒晃，還為沙皇獻上了「聖彼得堡建築計畫書」，沙皇則以鑽石戒指作為回禮。

就我們所知，「美化巴黎的建築計畫書」全兩卷出版時（1821, 1829），法國國王路易十八世並未有任何表示及反應。「沒人能當自己家鄉的先知」（意指要得到陌生人的尊敬比較容易）指的就是這個吧。

羅特席爾德的時代

詹姆士・德・羅特席爾德既非王侯亦非元帥，而是當時最有名的銀行家，與卡漢姆同年同月同日出生的他享受著命運的最佳恩惠。拜出生的時間與地點所賜，他得以展開遠遠比他的「雙胞胎兄弟」更為美好的人生開端。

羅特席爾德思慮周密，在某種程度上已用金錢征服了巴黎，這回則決心征服巴黎人的胃袋。在那些或多或少具備影響力的人們碰頭的地方中，有一處便是他的餐桌。

從羅特席爾德宅邸的配膳室到餐廳，卡漢姆是最適合處理餐點供應的理想人選。「……這被上天守護的人……完全理解將烹飪藝術家置於僕役之首有多麼重要，如此一來便能以佳餚與整體服務來提高家中餐桌的聲譽。這也才是在眾多大人物中獲得榮譽與威嚴的唯一方法。」卡漢姆自信十足地作下此番結論。

在羅特席爾德男爵從塔雷宏手中買下的拉非

【36】作者註・Lady Sidney Morgan, *France in 1829-1830*, Ed. Saunders & Otley, London, 1831.

特街宅邸以及布洛涅森林城堡這兩處，都依照卡漢姆的指示備有冷藏與殺菌等相關設備，這些調理設備在當時十分驚人。廚房寬敞明亮、通風良好，能供水，並由眾多女性擔任這些需要具備專門知識、必須交給值得信賴之人的工作。這裡看不到貧窮的孩子拖著裝有髒水的桶子走來走去。

用餐時間結束後，卡漢姆常常進入客廳，接受蕭邦、安格爾、德拉夸、羅西尼等賓客的稱讚。愛爾蘭作家摩根女士[36]是宴會的常客，她描述著當主人要她注意欣賞甜點高塔時所受的感動：「在製作得極為精巧的建築中，我的名字用冰糖寫在一根砂糖圓柱上……」。而且，她也很喜歡當天上桌的「傑出精巧的」甜點：「有清爽的甘甜與水果滋味的普隆畢耶，取代了我們英國淡而無味的舒芙雷……」

這位銀行家的現代化烤爐與無可比擬的冷藏設備幾乎沒有空閒下來過，大家所熟知的羅特席爾德舒芙雷亦在此完成。羅特席爾德舒芙雷當然不是淡而無味的舒芙雷，而是以大量的糖漬水果裝飾，類似普隆畢耶的舒芙雷。

但，時光流逝。四十七歲的卡漢姆疲於繁重的工作，似乎感到體力漸衰。當羅特席爾德親切地向他提議，問他要不要在費希耶的新城堡中度過平靜的退休生活時，他拒絕了：「我想一個人住在巴黎小小的住宅裡，完成我的著作，我的書將為我帶來遠遠超出需要的收入。」當他寫完《十九世紀的法國烹飪術》第一卷時，因身體狀況惡化無法寫字，第二卷與第三卷便口述給女兒瑪麗。他沒有等到第四與第五卷出版，這兩卷由弟子普呂姆黑根據其札記與大綱出版。卡漢姆死於一八三三年一月十二日。

關於普隆畢耶

普隆畢耶—雷—班是位於弗日山區的溫泉療養站，一八五八年七月二十一日，拿破崙三世在這個小鎮會見了當時的義大利首相加富爾。傳說

羅特席爾德華美無比的舒芙雷

將一百五十公克切成丁的糖漬水果浸泡在一百毫升的但澤烈酒中。將二百公克的細砂糖與四個蛋黃置於瓦缽中，以攪拌器猛力攪拌直到泛白且起泡。加入七十五公克的麵粉，然後是半公升的滾燙牛奶，混合均勻。將所有的材料倒入鍋中，一邊攪和，一邊慢慢煮至沸騰，然後再煮個一至二分鐘。將麵糊倒回瓦缽中。在兩個舒芙雷模中（每個模為四人份）塗上奶油，並撒上二十公克的極細砂糖。將兩個生蛋黃、糖漬水果及浸泡用的烈酒加進之前的麵糊裡。將六個蛋白加少許鹽打發至緊實，仔細地與麵糊混合好。將麵糊裝進模內，放入預熱攝氏兩百度的烤箱中。二十五分鐘後，快速地撒上冰糖霜，再烤上五分鐘。

——《拉胡斯美食字典》，© Larousse-Bordas 出版社，一九九六年。

當地的糕餅師受到了囑咐，製作出這款嶄新的甜點以用於當時的官方晚宴。這是一種在杏仁漿製作的英式蛋奶醬冰淇淋上，覆以攪奶油與杏桃果凍，再飾以糖漬水果做成的甜點。然而，普隆畢耶已於一八二八年在維亞的《國王的廚師》（原書名是《皇帝的廚師》）中登場過了。一八二五年左右，「普隆畢耶式的冰淇淋炸彈（以外硬內軟的冰淇淋做成的金字塔形冰點）」更出現在著名冰淇淋製作者托爾托尼的食譜集中。巴爾札克也對此甜點做過描述：「晚餐的最後，端出了所謂的普隆畢耶冰淇淋。如各位所知，這種冰淇淋加了許多非常美味的小小糖漬水果。冰淇淋沒有作成金字塔的形狀，而是盛裝在小型玻璃器皿中上桌。」

卡漢姆的遺產與其繼承者

說不定有人覺得，卡漢姆的著作中所描述的華麗甜點與酒菜檯子只不過是風格的練習，實際上並沒有真正地做出來過。

有些人則懷疑，雖然配方作法與理論指示都相當完美，但這些裝飾在技術上是否真實可行則有待討論。

我們可以回答是，在卡漢姆與其後繼者的年代裡，社交界若要如此大手筆地提供豪華的裝飾

皇后燉米還是孔德燉米？兩種政治正確的甜點

我們將這兩道極高雅美味，也時常被混淆的點心都歸於卡漢姆。皇后燉米是為了尊榮約瑟芬皇后而於一八一〇年——第一帝政期間——在塔雷宏家中獻上的，是一種極精緻的牛奶燉米。以巴瓦華茲醬汁（加了香草的英式醬汁，並添上攪奶油與義式蛋白糖霜，飾以糖漬水果丁）製作，使用吉利丁凝結，以模成形，冷食。這道點心也可使用新鮮水果。到了十九世紀末，此偉大的經典之作就連家庭主婦都能親手製作（見第217頁）。

孔德燉米則像所有冠上此名的菜餚一樣，是為了獻給這個王族或此家族最知名的成員，已逝的偉大的孔德。奇怪的是，在烹製熱的鹹味孔德燉米時總有紅四季豆泥，而冷的甜味孔德燉米通常是用牛奶和鮮奶油製成的柔軟的米蛋糕，周圍還會飾以一圈糖漿杏桃，並淋上櫻桃酒杏桃泥。

孔德燉米也是在塔雷宏家中製作的，但當然晚於皇后燉米，畢竟繼拿破崙帝國之後到來的，就是復辟的波旁家族。

甜點，相關的金錢、時間、人力等等完全不成問題。許多例子都可顯示卡漢姆與其對手的確製作過這些龐大的裝飾甜點。但即使如此，在這些美麗的設計圖中，也有許多款式實際上並沒有被製作出來。卡漢姆最親近的後繼者顧非也寫過許多不同的提案並存留至今。

也因如此，在一九四八年卡漢姆誕生兩百週年的慶祝活動上，許多華麗的酒菜檯子得到了正式亮相的機會，顯示其並非只是這位深受塔雷宏激賞的糕餅師腦中的空想。

巴黎市藝術評議會將卡漢姆的作品「照原樣」重現，由有國王的糕餅師以及糕餅師之王之譽的名匠松德操刀製作；松德本身是卡漢姆的親密協助者古斯塔夫．凡特羅布的直系弟子。

眾所周知，松德曾為比利時國王博端與英國查爾斯王子製作驚人的結婚蛋糕，令人印象鮮明。這裡雖僅舉出這兩個名字，其實還有許多人曾委託他做蛋糕，所以是最適合再現卡漢姆傑作的人選。

展示會在一個美好的夏日舉行，地點選在布洛涅森林中最美的建築物，著名的玫瑰園附近的巴嘉代勒橘園溫室。非常多人前來參觀，鑑賞這在昔日為大人物量身訂做的糕點藝術，亦是法國文化遺產真真實實的一部分。

然而，從第一帝政時期以來整整兩個世紀的歲月裡，時代、風俗習慣與品味已經產生了許多變化，卡漢姆與其弟子的藝術甜點製作及烹飪「流派」在二十一世紀幾乎為人所棄，就像高級訂製服飾一樣。原因在於，不管怎麼看，要製作出這樣的甜點幾乎是不可能的。但即使如此，仍不該忘記未來的技術是根據過去繼承下來的東西所發展出來的。

而這份遺產的獲得者、希望成為松德接班人——只要有王子或公主要結婚——的法國與世界各地最有天賦的年輕糕餅師、製糖師與巧克力師傅，紛紛參加各式各樣的專業競賽，提出自己的傑作，以磨練自己製作甜點的知識、技術與才能，使之更上層樓。

就這樣，時代已然改變，卡漢姆的藝術甜點製作已不再符合時代的要求與欲望。但這些競賽中的輝煌之作既展現了現代精湛的技藝，亦見證了當代美學。雖然當代美學似乎受到了遠東造型藝術的強烈影響。在二十一世紀壽司浪潮席捲食客的刺激下，新的糕點藝術表現在簡約以及令人驚異的色彩運用中，但想把富麗堂皇之物做得簡單可有多困難！要用糖、易溶於口的糖果或巧克力來表現……。

但，請大家安心，在慶祝人生重要節日的餐桌上，有著糖衣果仁和各式小飾品，蒙上如雲霧般的珠羅紗，那令人懷念且深具布爾喬亞傳統庸俗風格的甜點高塔，一定不會缺席。

蛋糕的黃金時代

整個十九世紀幾個世代下來，能在過多的傭人以外，全天候僱用專門糕餅師的王公貴族、銀行家或單純的有錢人家越來越少了。但卡漢姆的「後繼者」——卡漢姆自己也是如此——並非單純地只當個糕餅師。顧非、凡特羅布、維伊莫、莒布瓦、貝爾納等人，除了身為完美的糕餅師，也是偉大的名主廚。

當然，大部分大師都留下了大量的著作，但大師們的美味甜點之所以流傳到今日，則要拜那些糕餅師傅所賜。這些糕餅師傅有些從知名的私人宅邸配膳室開始做起，慢慢累積經驗，存點小錢開店，一方面在店中調教新的糕餅師，一方面讓店舖自豪地成為糕點藝術的保護者、支持者。

在巴黎、里昂、馬賽與波爾多這些比其他地方更重視美食的城市裡，十九世紀的糕餅師數量比現在要多得多。但在經過了約莫一百五十年以後，這樣累積下來的「系譜」對於現今的世代而言，已經不具太多意義。

因此，冒著遺漏重要店主的危險，就來介紹

幾位奠定近代糕點製作基礎，時至今日仍有巨大影響力的「父親」吧。因為，不只是他們身為名糕餅師這點毋庸置疑，而是因為那些我們隨時掛在嘴邊的糕點，恰是其創意與技術的不朽具證。如果沒有這些糕點，蛋糕店的櫥窗將多麼寂寥。櫥窗不僅是為了賞心悅目，也為了讓人食指大動。

在細數那些至今仍屹立不搖的經典糕點以前，先為一些已被遺忘的糕點感到惋惜，它們當然是非常美味的糕點，但在這裡就不提了，免得太感傷。話雖如此，為什麼有些甜點長久以來一直都很受歡迎，有些卻不是？恐怕是因為從以前到現在，受歡迎的甜點都比沒那麼受歡迎的甜點來得更好吃。

而且，我們也必須承認，十九世紀真的是天才糕餅師輩出啊！

社會主義廚師的皇后燉米

菲雷阿斯．吉爾貝生於一八五七年，在成為一位偉大的廚師之前，他在如基耶老爹（請見第221頁）等著名的優秀大師手下擔任糕餅師。吉爾貝曾擔任法國第一本烹飪雜誌《烹飪之藝》的主編，並大力支持廚師社會生活的提昇。如今許多仍被評為「完美的食譜集」的書多半出自其手，他還將這些書的版稅作為扶助高齡廚師生活的基金。吉爾貝的皇后燉米食譜——簡化過的、布爾喬亞化的版本——不只在十九世紀，在二十一世紀初也相當流行。當然，皇后燉米這道甜點並非由他所創，而是拿破崙時代的產物，但基於以上種種理由，我們絕對無法默不作聲地忽視菲雷阿斯．吉爾貝。

顧非，眼不離鐘，手不離秤

若說卡漢姆活躍於第一帝政時期，那卡漢姆的嫡傳弟子茍勒．顧非就是第二帝政時期的名廚。

顧非生於素富盛名的巴黎糕點家族，他的兩個兄弟以極盡奢華之能事的烹飪工作累積了光彩耀人的工作資歷：一個在英國宮廷，另一個在聖彼得堡宮廷。其父皮耶—路易希望莒勒能夠繼承家業，便在聖梅利路的店裡教導他。

然而，一八二三年的某一天，卡漢姆在某個櫥窗前停下了腳步，櫥窗裡陳列著糖錠花籃，牛軋糖與杏仁糖膏的甜點高塔則圍繞在旁。平常幾乎不顯露感情的卡漢姆為了讚賞這件優秀作品的創作者，踏進了這家店。顧非先生當場向他介紹自己十六歲的兒子，男孩也馬上被這位著名的來訪者聘僱為「特別餐點」的助手。兩個月後，顧

社會主義糕餅師的皇后燉米

將美國的卡羅萊納米一百二十五公克浸在煮沸的熱水中五分鐘，濾掉熱水，用冷水冷卻，再濾掉水，加入牛奶七十五毫升、砂糖一百公克、鹽少許、牛油三十公克、再加入一支剝開的香草豆莢。

鍋子加蓋，開小火（攝氏一百五十度），不要動到鍋子，慢慢煮三十分鐘。煮到米吸進所有的液體卻保持原形的程度。拿出香草豆莢，將米移至大碗中，加入四到五湯匙的杏桃橙皮果醬將米「稀釋」。將六十公克的糖漬水果丁事先浸在四湯匙的櫻桃酒中，加入一大匙糖粉，再混入米中。

製作五十毫升的卡士達醬，將八片吉利丁放入其中溶解，再加入三湯匙的櫻桃酒，把米放進塗上油的巴瓦華茲模中，放進敲碎的冰塊裡。*取出放在鋪有餐墊的盤子中，送上餐桌。

——菲雷阿斯．吉爾貝，《每月的佳餚》，Abel Goubaud editeur，巴黎，一八九三年。

*作者註：今日都把巴瓦華茲模放進冷藏庫。油若使用葡萄籽油，即使低溫也不會結凍，可輕易地將甜點從模型中取出。

非便在巴黎市為安古萊姆公爵舉辦的舞會上製作甜點。這場舞會不但有宛如一整個聯隊的甜點師傅憚精竭慮做出的精湛古典風格甜點，更必須與卡漢姆一同工作，在四天四夜裡製作出一百個大型甜點高塔與三百份前菜，其繁複與創意令應邀來參加市方主辦舞會的七千賓客為之驚嘆。

於是，出色通過試用期的莒勒・顧非在七年間的每一個場合裡輔佐卡漢姆，最後終於可以一手承攬杜勒麗宮盛大的王室宴會。老師去世十三年後，他決心抽身而退，回到他的初戀：他在聖歐諾黑郊區路上開店，並在極短的時間內就大獲成功，其「甜點工廠」——一如今日用語——一共僱用了二十八名工匠！而其中負責製作花式小點心與裝飾的，正是松德的大伯父——年輕的卡尼維。真是個不得了的家族！

不過，罹患變形性風濕的顧非在一八五五年將店出讓，於羅亞爾河畔的夏希代過起退休生活。他在那裡過了好幾年苦於病痛且無聊的日子。因此，一八六七年，顧非的三個忠實朋友、三位我們熟知的美食家與作家：夏爾・德・蒙司雷、布利斯男爵和大仲馬在經過短短的討論後，為顧非準備了另外一把「椅子」，此乃 Jocky 俱樂部晚宴的「導演椅」。

自一八三五年以來，這家俱樂部就成為氣氛優雅精緻的美食殿堂，並在臨史克里伯大道的史克里伯大宅舉辦過多場盛宴。很遺憾地，顧非已近乎無法動彈了——而這又使得他越來越胖——其忠實的弟子卡尼維從藍納元帥的廚房中辭職，成為他名副其實的左右手。事實上，簡直就像使徒似的。拜他們所賜，不管在歐洲宮廷還是在新興的美國暴發戶之間，Jocky 俱樂部的晚餐評價達到前所未有的巔峰。

顧非寫了很多本書，包括烹飪書（1867）、甜點書（1873），至今也依然是美食界的聖經。但其書卻不像聖經那樣散發出神聖的味道。在處女作的序文中，顧非毫不遲疑地寫下這段文句：

「在我下決心寫這本書之前，曾經深深煩惱。讓我猶豫多年的是：我覺得到今日為止出版的許多烹飪書都是無用的，它們幾乎全都是拙劣的模仿。每一本都只是重複著無聊的食譜，其中很多還是錯誤的。被同樣的習慣制約，犯下相同的錯誤……。」

偉大的藝術家恐怕都有偏執狂的傾向，尤其是生病的時候。正因為他們是偉大的藝術家，所以這點可以被原諒。這些「開天闢地」者，以其各自的做法讓文明向前推進。而當顧非在序文結尾加上這樣一段話：「我作的更好嗎？我好好完成了這本舉世期待的烹飪書嗎？這應交由讀者去判斷。」……讀者為這本書送上了喝采。但是……但是……各位是否注意到，像這樣的「烹飪」書，也就是食譜，打從存在以來幾乎就是在介紹眾所周知的、或至少在談話中多少聽過的餐點與甜點的作法，而對每一位作者來說，他們提出的方法都是理想的。業餘愛好者或專業人士很難在食譜中發現全新的創作，在某種層面上僅是針對一般取向而已。正如一位音樂家或演奏家不管再偉大都不一定能成為作曲家，有名的顧非也只想出了少數甜點。其中之一是馬札林，是將攙

美好的發明

用金屬線做成的攪拌器約於一八六〇年被發明了出來。可惜我們不知發明者是誰。自古以來，人們常用枯乾的小樹枝來打蛋和鮮奶油。攪拌器在二十世紀初變成機械式的，到了一九五〇年左右，則變成電動式的攪拌器。

有奶油與糖漬水果的餡料填進布里歐許麵糰裡作成的，不過這種點心也沒有那麼流行。

即使如此，我們還是得感謝這位偉大的專業人士。不管就其教導方式或其著作中的食譜配方來看，他都率先為甜點製作導入了份量與比例需講求精確的概念，是為第一人。也就是說，要等到十九世紀的後半葉，在卡漢姆與顧非受到認可的同時，大家才終於認識到烹飪與甜點製作不單只是技術，而是一門科學。

莒勒．顧非曾這麼寫道：「在擬訂每一項基本指示時，我眼不離鐘，手不離秤。」

十九世紀的名點

一八〇七年，菲利克斯的「做壞的」蛋糕

巴伊，巴黎薇薇安路上著名的糕餅師，讓卡漢姆展開職業生涯的人，在退休時把店面轉讓給當時另一位被視為甜點最高權威的菲利克斯。菲利克斯做出了當時最受歡迎的甜點，可惜現在不但少有人想起這甜點，還把它與卡特—卡荷（請見第228頁）弄混。這種甜點就是「manqué（蒙給）」（亦即失敗之作）。

不過，當我們說蒙給出自於菲利克斯之手時，必須了解，做出這種甜點的是他的某個員工。這有點像是打勝仗的時候，大家不會說是哪一支軍隊獲勝，而會說勝利屬於那位指揮軍隊的將軍。在這種情況下，雖然有做失敗的糕點蒙給，但店主是不失手的，菲利克斯反而挽救了困窘的狀況。

說來誰也沒想過，當粗心大意的新手沒把蛋白泡打好且「變成粒狀」時會做出海綿蛋糕來。菲利克斯沒有把麵團丟掉，反而徐徐注入融化的牛油與蘭姆酒，再倒進稍有深度的模型中送入烤箱，烤好之後用糖杏仁把表面的突起遮住，陳列在店面中，一下子就賣光了。

一八八三年，約瑟夫．法弗在他的著作《烹

飪大字典》中記述了這件事。「幾天後，結帳付錢的婦人大大稱讚了一番那種好的不得了的新糕點，她問：『那糕點叫什麼呢？』店主與店員交換了個疑問的眼神：『那是做壞了的蛋糕，夫人。』

蒙給大受歡迎，為了它還特製模子，模子多半是正方形，邊緣有三指高。在現今，比起蛋糕本身，蒙給模子更廣為人知。這說起來甚為可惜，因為蒙給特別帶有檸檬的香味，還覆上了檸檬味的易溶糖（糖衣），是種非常好吃的蛋糕。

一八四〇年，基耶老爹覆有蛋白糖霜的牛奶雞蛋烘餅

基耶老爹也是位十九世紀糕點界的大人物。其中原因大家馬上就會知道。但首先，請先嚐嚐當時的點心之王——覆有蛋白霜的牛奶雞蛋烘餅！大家現在多半只認識麵包甜點店裡的「布丁塔」了，雖然不是非常好吃，卻是種營養豐富的點心。

基耶老爹在拉丁區的布西路開了家糕餅店，他與同行菲利克斯一樣，對老是聽不進教導的學徒很是困擾。一八四〇年夏季的這天，某個學徒心不在焉，做了太多基本醬汁。這種在當時還被稱作「crème pâtissière」（甜點醬汁，即日後的卡士達醬）的醬汁可用於各種蛋糕，並依據不同的甜點，加入杏仁粉或果醬之類的材料。

基耶老爹大聲責罵這個學徒，因為材料在黃昏之前會變酸，所以他想快點用掉，不然就可惜了。他準備了約半打被稱作「cercle à flan」的牛奶雞蛋烘餅圓模，填入醬汁，灑上砂糖。但卻在把牛奶雞蛋烘餅放進烤爐前，忍不住嘆了口氣——這樣做出來的甜點是好吃不到哪去的！

於是，一位波爾多出身的新手學徒開了口，這個既不好奇地四處張望、口才也不流利的少年鼓起勇氣：「如果在上頭稍稍裝飾些蛋白霜，看起來不是更像樣嗎？」

關於這位出身波爾多的少年，我們先前已經提過。他就是那個為了在蛋糕上寫字，想到把紙捲成圓錐狀來使用的聰明少年（請見第208頁）。主人搖著頭說：「那你就來做做看吧。」

年輕的修麥特在蛋白中加入適量的砂糖並快速打發，把蛋白霜放進捲成圓錐形的擠花袋，在烘餅上做出了漂亮的皺摺。烘餅現在看起來十分美味了。接著，他小心謹慎地把自己的作品放進烤爐，稍微烤過之後，依然使用擠花袋，但改用草莓與杏桃橙皮果醬來作最後的裝飾，如此便做出了覆有蛋白霜的牛奶雞蛋烘餅，一道就像小麵包一樣可愛的甜點。修麥特繼續製作直到把醬汁用完。巴黎沒有哪一位糕餅師不想立刻販賣這道甜點。

如我們所知，中世紀製作的牛奶雞蛋烘餅大多是鹹的，當時被稱為 flaon，這字是由古普羅旺斯語的 flado 而來。時至今日，不論是用雞蛋製作的卡士達布丁，還是由工廠生產、添加凝乳酵素與香料的「乳製品」，我們都稱之為 flan。

同樣地，托缽派的乞食僧、頂禮者以及不發願的修女／不論他們是巴黎的傢伙還是奧爾良的傢伙，是男丑也好，是女丑也好／謹獻上油膩的道明會濃湯與牛奶雞蛋烘餅……

——維雍，《遺言詩》，一四六二年。

一八四〇年，西布斯特的聖歐諾黑

有人說國王的出生年份是一八四六年或一八四七年……國王？我說的是糕點中的國王。不管怎麼說，這種糕點都是以糕點及麵包從業者的守護聖人來命名的，其頂級糕點之象徵無需細述——聖歐諾黑——法國人歡度佳節的糕點。

然而，當這種蛋糕在巴黎的聖歐諾黑街的名店，西布斯特之家問世時，看不出來這道法式創作將舉世聞名。聖歐諾黑原是一位年輕糕餅師歐古斯特．朱利安的作品。朱利安則是某個為十九世紀貢獻了諸多人才的家族的後代。我們在前面已經提過。

這種以其華美輕盈而在今日大受歡迎的蛋糕，起初就像是環狀的布里歐許，並在環上再冠以布里歐許小圓球，讓人聯想起伯爵冠上的珍珠。蛋糕的中心則填入卡士達醬。但因為這個有點難消化的試驗之作表現得並不像件成品，便改用品質佳卻很容易變酸的攪奶油來試試，卻因此讓海綿般的布里歐許麵團被浸得稀稀爛爛的。必須不斷地累積經驗才能做出成功之作。

這正是歐古斯特・朱利安做的事。他重返自家的糕餅舖，與兄弟一起做了許許多多的嘗試，以期做出穩固的蛋糕基部……或許還是不能防水，但無論如何是輕盈的，且不容易變軟。總算找到解決方法了，雖然此方在接下來數年後才臻於完美。當西布斯特繼續販賣容易變軟的聖歐諾黑，往往從店裡帶回家放在桌上就散掉的時候，朱利安想出了用甚乾的酥麵團做基部，在其上放置環狀的泡芙麵團的方法，並另外準備用小泡芙做成的圓球，然後把圓球以焦糖固定在環狀的泡芙麵團上。

西布斯特回過頭來改良這道糕點。從前的糕餅師不論是誰（和現在的糕餅師不同），即使在法律的保護之下（自古皆然），都沒有獲取專利的傲慢。亦因如此，西布斯特（或是其雇用的員工）才製作出了冠以西布斯特之名的知名特製醬汁，通常用來填在聖歐諾黑內。儘管如此，還是有些美食家比較喜歡香堤奶油（攪奶油）。

西布斯特醬汁是一種香草味的卡士達醬，或以吉利丁加固，或與義式蛋白糖霜——在攪打時使用能將蛋白燙熟的滾沸糖漿——一起加熱變得輕盈。在以前，加進醬汁中的是法式蛋白糖霜，意即生的蛋白糖霜。但科學發現證實，法式蛋白糖霜的原始配方相當危險，根本就是細菌培養液。現在的法律禁止販賣及消費以生蛋白為基礎來製作的食品，因為生蛋白是造成食物中不過，別忘了指出這件事——冷藏庫都是甜點的征地。

法斯蓋勒的布荷達錄

就像德．塞維涅侯爵夫人並沒有發明巧克力一樣，路易十四時代著名的佈道家路易．布荷達錄神父也沒有創作出冠以其名的甜點布荷達錄。其實，這是一個在安當堤道區的布荷達錄街開店、名為法斯蓋勒的糕餅師所創的，在十九世紀中葉大為風行。

用基本的酥麵團或布里歐許麵團當塔底，填入奶油杏仁餡（始終是製作糕餅的基本醬汁），並將兩個切半的糖漬威廉種西洋梨置於其上。為了對知名佈道家表示敬意，恭敬地將和有碎杏仁的杏仁蛋白餅做成十字架形狀，當成裝飾，然後再放進蠑螈爐（置於壁爐中用以保溫的爐子）中或烤架上燒烤約一分鐘。現今也可做成供眾人分食的大型塔。而且，擺上十字架以贖貪食之罪的作法已經很久沒看到了。若喜歡的話，亦可在杏仁蛋白餅上塗一些杏桃橙皮果醬。

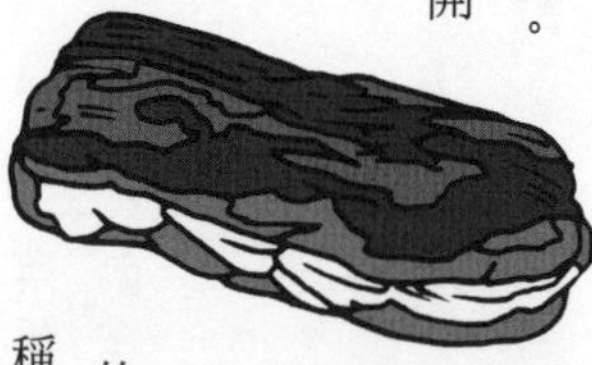

一八五〇年，里昂佚名糕餅師的閃電泡芙

里昂城還是高盧的首都時被叫作Lugdunum，這個名字是從高盧的神祇Lug而來的，Lug則是火和光之神。因此，大受歡迎的閃電泡芙在里昂誕生應該不只是個偶然。用來做泡芙的麵團在數世紀前就已用來油炸或烘焙，偉大的卡漢姆則為了他的鬆脆甜點改良過泡芙麵團。在最初似乎被稱作「公爵夫人」的閃電泡芙是：將泡芙麵團滾上一層碎杏仁，做成指狀放進爐中烘焙，再裹上易溶於口的糖衣或焦糖。

後來不再使用杏仁，而是在烘烤後填入清爽的咖啡或巧克力卡士達醬夾餡，再裹上各式易溶於口的糖衣。夾以香提奶油餡並裹上焦糖的口味也極受歡迎。閃電泡芙始終做成一人份，但有各種各樣大小，可一口吞下為其初衷，就像電光石火，故得其名。

說到這裡，在英語系國家中，閃電泡芙和大部分的法國美食一樣保留了原法文名稱。據說威爾斯親王，未來的愛德華七世，在一次偷閒之旅歸國時將閃電泡芙放在行李中帶回了倫敦。

一八五一年，弗拉斯卡提的修女泡芙

曾為皇親貴族工作的拉坎在十九世紀末出版了至今仍知名的《糕點製作備忘錄》，並在書中提到已有五十年歷史的修女泡芙「即使在被摩卡咖啡蛋糕狠狠踢上一腳後，步履照樣穩健」。摩卡咖啡蛋糕應要為其罪行懺悔，因為在糕餅師傅的托盤中，修女泡芙始終是法國人最喜愛的甜點。

修女泡芙約於一八五一年至一八五六年間在冰品糕餅店弗拉斯卡提問世。弗拉斯卡提位於黎希留街和義大利人大道之間的街角處，前身為時髦舞廳。在其牛奶雞蛋烘餅的外表下是填滿卡士達醬的泡芙，其上加以攢奶油。

之後，這位大有前途的「初學修女」隨著年齡慢慢地改變形體，直到一世紀前才選定了我們如今認識的外形——圓鼓鼓的頭和身體。身體是由大泡芙做成，裡面填滿了上等的卡士達醬或西布斯特醬，咖啡或巧克力口味皆可，頭部則由小泡芙做成，餡料相同。然後再將奶油醬的打褶領圈和修女帽放在各色易溶糖衣的外衣上就完成了。

與閃電泡芙和奶油餡泡芙等表親一樣，修女泡芙是一人份的糕點。這些泡芙深具特色的外形則歸因於擠花袋及其各色配件。

一八五五年，好多的馬拉可夫

麥克—馬洪元帥在克里米亞戰爭中奪下防衛塞巴斯托波要塞的馬拉可夫巨塔，為聯軍打了勝仗。當日，他說了一句大家都知道的名言：「我在這裡，我一直在這裡」。

關於油酥麵團和油酥餅的真相

有些人毫不遲疑地指出，姑且不論年代紛歧，油酥麵團應來自薩布雷城。但老實說，若追溯油酥麵團的年代，最多不會超過十九世紀中葉，而諾曼第卡爾瓦多斯省的里基約小鎮則是這美味易碎甜點的故鄉。好吃細緻的油酥餅當然來自於品質最佳的奶油，輕柔地揉捏麵團亦為關鍵（以手掌壓麵團）。外行人會誤認為必須要不斷地揉壓麵團，其實不然，只需稍稍地用手壓製麵團，就像濕潤的砂一樣，這也就是此名稱的由來。

須遵守的材料比例為：一個雞蛋和一百二十五公克的砂糖粉及少量鹽，一起使勁攪拌，再加入尚未融化的柔軟奶油一百二十五公克再繼續攪拌。將攪拌過的材料倒入二百五十公克的麵粉中，依喜好加入蘭姆酒、香草、肉桂或檸檬。用指尖混和，以手掌根部的壓力將麵團做成不密實的圓球，在陰涼處放置三十分鐘。將麵團快速擀平至所希望的厚度，並以塔模或餅乾模切開。用中火烘烤，並待冷卻後再取下或挪開，因為熱餅乾易碎。

一九二三年，薩爾特河畔的薩布雷依同樣的作法製作稱為「當地名產」的油酥烘餅，以占同名之利。不過，用布列塔尼鹹奶油製作的聖荷儂油酥餅老早就存在了，也還有其他的杏仁油酥餅或捨奶油而以鮮奶油做成的油酥餅，例如美好時代的「寧芙烘餅」（一般家庭女孩的家常點心）。里基約的油酥餅喜歡使用肉桂。奧地利著名的糕點林茨蛋糕將肉桂和杏仁粉混合使用，並覆以覆盆子果醬。蘇格蘭油酥餅是相當厚實的油酥餅乾，所謂的米蘭油酥餅則是果醬夾心油酥餅。

就像皮耶．拉坎所寫的：「這是當今最風行的贈禮。若不送油酥餅就跟不上潮流——從特胡維爾及烏爾加特度假歸來的婦女如此宣稱。三十年前，在巴黎只能在魚販郊區街）的莒給商店找到油酥餅。如今，到處都買得到。」*

* 作者註：*Mémorial historique et géographique de la pâtisserie*, Paris, 1888.

陷入一陣狂熱的法國連巴黎郊外的小村莊都取名為馬拉可夫，好幾種糕點也採用此一凱旋之名，但彼此之間大不相同。有內餡為咖啡慕斯的蛋白糖霜或達夸茲，有飾以普隆畢耶冰淇淋的環狀泡芙，也有某種用杏仁漿和西洋梨做成、以巧克力包裹的牛奶雞蛋烘餅——在拿破崙三世的宮廷裡特別受歡迎。上流人士每逢星期日同樣趕著做這種糕點。沒人知道馬拉可夫的創作者是誰，這種美味的甜點到今日也依然多半屬於自製的家庭式點心。

一八五五年，佛維爾的熱那亞麵包或比斯吉

佛維爾曾是西布斯特店中的糕餅大廚。我們對這人的事知道的不多，他的名字總是和一些最佳糕點連在一起，只能說，他擁有把精明能幹且富創意的合作者聚攏在自己身邊的才能，在金錢上的管理則全權交給美麗的妻子。其妻子的名氣和西布斯特糕餅店一樣有名，不過那是另一則故事了。

而一八五五年，不僅是攻陷塞巴斯托波要塞的那一年，也不僅是米修發明腳踏車的那一年，還是佛維爾創造熱那亞比斯吉的年份。這種糕點使用了等量的杏仁粉和麵粉，名稱則讓人想起一八〇〇年奧地利圍攻這座義大利城市的事件。駐守在熱那亞的馬塞那將軍和軍民靠著水煮米和五十噸的杏仁存糧，熬過了艱難的三個月。

大家常常把熱那亞比斯吉或麵包和歐古斯特．朱利安的熱那亞海綿蛋糕搞混。熱那亞海綿蛋糕因為不含杏仁所以輕得多，亦是多種蛋糕的基礎，如摩卡咖啡蛋糕。熱那亞海綿蛋糕的作法可能來自一位義大利糕餅師。

一八五七年，基涅亞的摩卡咖啡蛋糕和基耶的奶油餡

這種美味的蛋糕之所以叫做摩卡咖啡蛋糕，是因為咖啡增添了夾心餡料的香味——布西街名

糕餅師基耶老爹之作，而其奶油餡長久以來則以「基耶式醬汁」廣為人知。

當時，基耶老爹一邊攪打蛋黃，一邊將「持續加熱至細絲狀」的糖漿慢慢注入其中。當這慕斯冷卻後，再次攪拌並加入尚未融化的柔軟奶油。於是，既緊實又有光澤的奶油餡就大功告成。接下來只要添加香氣即可。

起先用的是極濃烈的摩卡咖啡以做出高尚的味道，不久後就變成了巧克力。但卻也保留了巧克力摩卡咖啡蛋糕這種奇怪的名字給基耶的後繼者基涅亞所做的蛋糕：將有好幾層的熱那亞海綿蛋糕填入基耶老爹的醬汁，可能是巧克力口味。

為了擁有美麗的外觀，基涅亞在熱那亞海綿蛋糕的側面也裹上奶油醬汁，再輕輕地敷上碎杏仁。或許該高興於擠花袋和金屬擠花嘴的發明，用有溝槽的金屬擠花嘴在摩卡咖啡蛋糕上做出薔薇花飾，再裝點上一些浸過利可酒的咖啡豆後，即告完成。

在過去一世紀裡，摩卡咖啡蛋糕成了布爾喬亞家庭的絕佳甜點，雖然和歡樂的聖歐諾黑比起來少了點節慶的氣氛。常常，數個大小不同的摩卡咖啡蛋糕層層相疊組成了甜點高塔。

基涅亞在節日時可以賣掉四百個摩卡咖啡蛋糕，而對二十一世紀的人來說，這種蛋糕仍舊是最佳的膽固醇來源。

約一八六〇年，「家中的」卡特—卡荷及速成蛋糕

一八九三年，新拉胡斯百科全書字典把卡特—卡荷形容為「家中的蛋糕」，愛理不理地解釋著此名稱可讓人記得這道糕點使用了重量均等的四樣主要材料：奶油、砂糖、蛋和麵粉。

這種家庭式的傳統糕點約在一個世代後才受

到正視。現今還是如此，專業人士承認，只要聽人說到卡特—卡荷嘴角就會微微一笑。也不會去製作它。

然而，這種過時的糕點若配上杏桃醬和一大碗的巧克力，就能成為家中小朋友的最佳點心。「速成蛋糕」是卡特—卡荷的變形，只要用檸檬皮增添香味，並加上檸檬風味的糖衣即可。

一八六七年，巴爾札克的挪威蛋捲

首先，我們要說清楚一件事。這裡的巴爾札克是嘉布遺會修士大道上格蘭飯店的大廚。這裡所謂的挪威蛋捲也絕對不是煎蛋捲，而是一球香草冰淇淋放在熱那亞海綿蛋糕上，再覆以蛋白糖霜，在爐中以快火烤出顏色後，在端上桌時澆上烈酒並點燃之，冰淇淋將完好如初。

據傳這位廚師巴爾札克頗有科學頭腦，他想將美國物理學家阮福關於熱傳導的研究做一應用。他成功地展示了此番應用，不過卻是在巴黎市政府招待參加萬國博覽會的中國代表團的晚宴上。大體說來，法國人對地理……似乎不那麼關心。

一八六七年，胡傑或賽爾罔的千層派

mille-feuilles（千層派）這個字在一九〇六年被收錄進字典裡。但在一百年前，一個我們不知是何方神聖、名叫胡傑的人就發表了千層派的食譜，雖然沒有獲得任何成功。直到一八六七年，一個名叫賽爾罔或梭紐的巴黎糕餅師在桶槽街街底開了一家店，將此甜點提供給他的客戶後，千層派才開始獲得注目。這種用摺疊六次的摺疊千層酥皮做成的精緻糕點，當時一天可賣數百個。英國人稱之為 puff pastry。

傳統的千層派由數層纖薄的摺疊千層酥皮組

成，酥皮之間有卡士達醬。表面在塗上杏桃醬後會再加上易溶於口的白色糖衣。側邊則覆蓋著烤得恰到好處的去皮杏仁。長久以來，千層派上的裝飾都使用以打洞鉗裁成、另外烤好的環形酥皮。千層派可做成個人獨享或眾人分食的大小，但始終要在極新鮮時食用之。

一八八〇年，米薛爾的英式水果蛋糕

據說在十八世紀初期，蘇格蘭丹地城的某香料商人之妻，為了盡快處理丈夫賭博贏來的大批船上貨物，創造出了橙皮果醬。蘇格蘭人是不會浪費任何東西的，這些商人想到，可利用已做成蜜餞的橙皮來提升他們傳統久藏蛋糕的滋味。久藏蛋糕類似香料蛋糕，深受船員歡迎，自文藝復興以來就一直以水果乾製作，尤其是李子乾。這蛋糕也就是 plum cake。英語的 cake（來自古斯堪地那維亞語的 koeke）就是法語的 gâteau。丹地蛋糕，就像其配角橙皮果醬一樣，成了蘇格蘭之光。雖然法國這二百年來應該沒有人不知道這種蛋糕，但就是沒有任何糕餅師傅從中汲取靈感。直到某個名叫米薛爾的巴黎冰點糕餅師出現，即興創作了這道使用化學酵母（當時開始普及使用中）來讓麵團發酵的糕點，並以水果乾和水果蜜餞作裝飾。米薛爾的茶館很快就讓這種英式水果蛋糕廣為人知且深受喜愛，也為了創造時尚感而保留其英文稱呼。菲利克斯．波丹之子立即將英式水果蛋糕列入自己店裡的糕餅單中，並相當受到布爾喬亞女顧客們的喜愛：「來片英式水果 cake 吧，親愛的女士？——樂意至極。這杯茶也非常甘美……」。

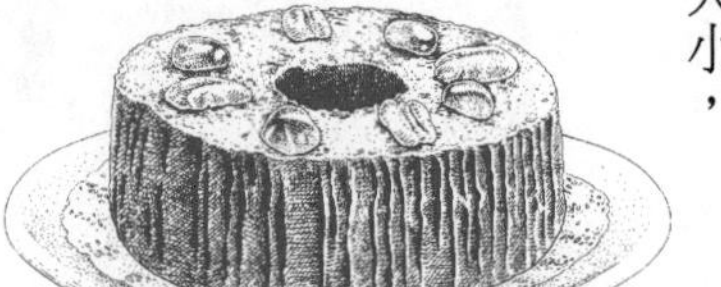

一八八七年，古斯塔夫．加爾蘭的瓦許漢

在這個年代，古斯塔夫．加爾蘭是非常有名的廚師長，常被外派到各地去製作最豪華的巴黎

餐點。他寫了很多食譜，直到三〇年代都由「聯合商店」出版。他在「近代菜餚」的章節中介紹了瓦許漢，但卻沒有任何憑據可證明他就是這道深受歡迎的美味甜點的創作者。vacherin這個名字會讓人聯想到另一個奇蹟，瓦許漢乳酪，瑞士人和法國的弗宏許—孔戴人皆主張自己的家鄉是瓦許漢乳酪的產地。這種約手掌高度的圓筒形乳酪以牛乳製作，用雲杉皮當帶子捲捆起來，熟成時要以小湯匙舀起食用。總之，言歸正傳，甜點瓦許漢以添加了香醋的環狀瑞士蛋白糖霜組成，並在烤爐中以文火慢慢烤乾。中間填以香草冰淇淋或像如今在名店勒諾特所做的一樣，裝滿了摩卡咖啡冰淇淋。上頭則擠上彩色的攪奶油條紋，再用水果蜜餞或美味的新鮮水果裝飾。

一八九〇年，創作者不詳的薩蘭波泡芙

薩蘭波泡芙是以櫻桃酒醬汁為餡的大泡芙，形狀為橢圓形，糖衣為綠色的易溶於口糖果，並在其中一端以巧克力豆為飾。小孩子會以為是青蛙，答案卻遠非如此。薩蘭波是古斯塔夫・福樓拜知名小說的書名及女主角名，厄內斯特・黑耶曾以此小說創作歌劇並大獲成功。此外，綠色的薩蘭波指的亦是迦太基公主薩蘭波，與原野中的雨蛙一點關係也沒有。奇怪吧？

一八九一年，無名麵包師的巴黎—布列斯特泡芙

最「法式」的糕點，一百多年來人氣依然不衰，即使不是高貴氣派，用來創造名望的糕點。其獨到且富才華的發明者甚至不是糕餅師，而是某位巴黎郊區的麵包師。極有可能，但需要證據。某些人斷言那位麵包師的姓氏是極具法國味的莒宏，他創作了名為巴黎—布列斯特的糕點以慶賀經過自家門前的自行車賽。莒宏說的比賽是於一八九一年首次舉辦的自行車比賽，由一名叫做泰宏的無名之輩以平均一六・八一四公里的時速首獲冠軍。不過，這場比賽的路程事實上是來

艾斯科菲耶，倫敦薩瓦大飯店的餐廳主廚。

回的，也就是巴黎—布列斯特—巴黎，往返要一千二百公里，因此我們想，或許單單是去程也值得受到讚揚。

這位麵包師將自己的作品做成自行車車輪的形狀，想當然耳。但沒人敢說他是否加上了車輪的輪輻。巴黎—布列斯特泡芙始終先以泡芙麵團做成環狀，再用光滑的大型擠花嘴將三圈泡芙組合起來：其中兩個套在一起，第三圈跨置於其上，並以大量的碎杏仁做裝飾。放入烤箱烘烤時烤箱門要保持微開，這一點非常重要。

將泡芙縱切成兩半，填入添加了糖杏仁烤蛋白糖霜的奶油卡士達醬後，把兩半泡芙組合起來並撒上許多糖粉。已經變為單程的巴黎—布列斯特自行車比賽自一九五一年之後就不再舉辦了，不過巴黎—布列斯特泡芙到現在仍然是大家偏愛的家常糕點，雖然已經沒人記得其名稱來由。

一八九四年，歐古斯特·艾斯科菲耶的梅爾巴水蜜桃

偉大的廚師艾斯科菲耶在當時是倫敦薩瓦大飯店的餐廳主廚。他在回憶錄中寫到，在這間十九世紀末世界上最豪華的餐廳裡，「一到晚餐時間，就能見到最知名的海內外人士」。而一八九四年的某一天，澳洲名歌唱家，女高音內莉·梅爾巴在柯芬園劇院演出了歌劇《羅恩格林》，由於艾斯科菲耶主廚與飯店裡的常客都很熟，梅爾

巴就邀請他去欣賞歌劇。為了表示感謝，這位普羅旺斯人決心為她保留一份驚喜，此驚喜亦同時成為了各大報的熱門話題。

「我記得《羅恩格林》的第一幕出現了莊嚴神祕的白天鵝。我想呈現白天鵝將臨的那一刻，以冰塊雕刻成的天鵝兩翅之間嵌上了一只銀器，上鋪一層香草冰淇淋，若干水蜜桃置於其上，並蓋上絲狀糖做成的紗」。

何等可惜！現今在雜貨店中所販賣的梅爾巴水蜜桃已大大不同了。其變質甚至在艾斯科菲耶還活著的時候就已經開始。因此在一九二五年阿姆斯特丹王宮的葳勒敏女王舉辦的餐會中，雖然呈上了這些有名的桃子，卻毫不忠實。怒氣騰騰的大廚深覺遭到背叛，向所有的媒體澄清：「我的食譜只以柔軟且熟得恰到好處的水蜜桃、上等的香草冰淇淋及加了砂糖的覆盆子泥組成。任何違反此原則的動作都會損害水蜜桃的纖細，水蜜桃是種精緻的水果、是這道甜點的基底。」

梅爾巴水蜜桃在一八九九年收錄於艾斯科菲耶任職的卡爾登飯店的菜單裡。他從來不是個糕餅師，卻是位什麼事都難不倒的廚師，對甜點也相當精通。

一八九六年，巴黎咖啡廳的蘇載特可麗餅

未來的英國國王愛德華七世既識肉體之樂，也深諳美食之道。當他還是威爾斯親王的時候，於一八九六年的某個晚上在蒙地卡羅的巴黎咖啡廳用餐。與他同席的還有一位自稱蘇載特的年輕女性。威爾斯親王點了——希望他在事先關照過——一道司廚長的私房甜點，因為司廚長端出的可麗餅麵團材料包括了一些可能被視為古怪的東西，但卻斟酌得恰到好處而成就了一道美食，雖然究竟是領班師傅還是司廚長的配方無人知曉。想像一下：橘子汁一份、柑香酒一湯匙以及……兩湯匙的橄欖油！就在太子用餐的當下期間，材料靜置了兩小時，讓可麗餅因之變得細

緻、光滑、芳香四溢。對摺兩次的可麗餅覆以橘香奶油，淋上柑香酒，在這一對佳偶面前以銀製平底鍋在銀製桌爐上慢慢加熱。沒想到，甘甜的烈酒因過熱而燃起火燄，甜點燃燒著，彷彿一場儀式似的。太子和那女子輕聲驚叫，後來聽說是預先安排好的戲碼後就放下了心，愉快地享用起來。當他們詢問這令人垂涎的驚喜之名時，司廚長在威爾斯親王的女伴面前行了個禮。太子認為是個好主意：蘇載特可麗餅就此誕生。

認為艾斯科菲耶發明了此一甜點的說法大錯特錯，因為一八九六年六月二十一日的晚上他人在倫敦。

二十世紀及以後：
最近的過去與現在的瞬時

一九一四年八月，第一次世界大戰的第一波三聲砲響結束了美好年代。這時，也才算真正揭開了二十世紀的序幕。

就在一九〇一年，卡漢姆的最後「繼承人」，糕餅師兼大廚莒布瓦逝世。他被視為，可以這麼說，一位中繼者。

莒布瓦是連接諸位偉大先輩和自家弟子歐古斯特・艾斯科菲耶的鉸鏈。艾斯科菲耶就是前述梅爾巴水蜜桃的發明者，是新時代裡的第一位大廚。在其極長的職業生涯期間——超過六十年——根據他自己的說法，在世界上播下了兩千個法國廚藝專業者的種子。但在他以後，找不到第二位能稱得上既是偉大的廚師、又是偉大的糕餅師的人。

莒布瓦出身於詹姆士和貝蒂・德・羅特席爾德夫婦的廚房，這裡總籠罩著大師的身影，比活人還具存在感的身影。因此，即使他跟隨的是承接卡漢姆工場的弟子安斯，並非直接受教於大師，其一生卻持續受到卡漢姆的影響。同一派系的顧非亦然，他將大師的教導具體化，並將廚藝提昇至科學且幾近宗教的境界，讓廚藝與糕餅製作發展至極致，奢華且裝飾意味濃厚，雖然很快就變得不合時宜。

若說卡漢姆熱衷於建築，那莒布瓦則崇拜雕刻。如同大師一樣，為了無損於菜餚之完美，他會預先將支架準備好以便於排列。每道熱菜都安置在有臺腳、邊飾及木楔等等的臺座上，造型極為精美，那時候摩登風格已經開始流行了起來。全部的菜都是由炸麵包、粗麵粉、米和製作麵條的麵團做成。有時候，製作裝飾便需時數週。

在多數的場合中，和卡漢姆的作品相同，莒布瓦的東西雖美但不能吃。老實說，製作當初完全是使用可食用的材料，完美的成品卻不太適合拿來食用。

在這個居里夫婦發現了鐳，而布朗—賽嘉創造了內分泌學的年代裡，莒布瓦寫道：「冷的蛋糕、冷的奶醬、塔和甜食自晚餐開始時即以左右對稱的方式在桌上排列好，大部份的菜餚在整頓晚餐中只是展示而已。如此一來，廚師和司膳長必能自由地裝飾餐桌，大展才華，讓菜餚的裝飾能運用得宜。」

這幾行字被認為是卡漢姆對莒布瓦所做的口述，節錄自其浩瀚自傳的其中一本《藝術烹飪》。自傳中還包括了年輕糕餅師們的寶典《糕餅師及甜點師大全》與《今日的糕餅製作》，也和他所有的作品一樣再版多次。其中一千兩百種經濟實惠的家常菜餚食譜直到一九六二年——並非多久以前的事——都還在出版，但《藝術烹飪》在凡爾登之役後就已絕版。

美好時代巴黎首屈一指的糕餅師

那時候，每週日，第三共和國的上流家庭會在早上十點聚集在教會前的廣場上，並在十一點時從教會廣場上散開。此一情景如儀式般標誌出了禮拜日的兩個活動。這兩個活動前後間隔一小時，並發生在兩個完全不同的神殿中。首先在上帝之殿為靈魂求得救贖，接著前往最佳糕餅師的神殿以讓五臟廟獲得至福。

到上帝那裡去時，戴著手套的手緊緊抱著彌撒經文書，而從糕餅店出來時，戴著手套的手指好好地提著用細紙繩包紮好的金字塔形盒子。盒中的巴巴或千層酥將在安樂家庭氣氛中做為家族晚餐的結束甜點，也就是吃完烤雞或烤羊腿之後。

我們說過，自烹飪之初，品嘗甜點便是家庭、宗教和社會慶祝儀式的一部份，所有地方皆然。我們也將在後面提及傳統糕點。

至於那些公證人之妻常以慈悲的口吻稱呼為「老實人」的一般老百姓，雖然他們家中自製的甜食或塔沒那麼複雜，在大清早看到祖母或媽媽在廚房桌子上準備糕餅的景象也無損孩子們閃耀著希望的眼睛，不過要是手邊有點錢，沒有什麼能比在彌撒後享用糕餅店的美食更能提高身價了。

到一九一四年反戰社會主義者尚．紏黑斯遭人暗殺，向世人宣告二十世紀將成為人類史上最悲慘的時代為止，糕餅師凝聚了前世代的創意和技術，為客人們製作出眾多經典糕餅，為星期日的盛宴、由大排鐘宣告的盛大節慶、以及其他為幸福人生設立標竿的重大節慶，提供了極多樣的選擇。

糕點之戰

現在的世代並不瞭解從一九一四年至一九一九年這五年對所有的人都甚為痛苦難熬，不管是前線的士兵、還是後方的百姓。這是一場身體上、物質上及精神上的考驗。若有人還依稀記得二次世界大戰期間飢饉人民極端悲慘的景況，那只有更少的人知道一次大戰期間曾嚴格管制食物，尤其是砂糖和麵粉。同樣地，在更久以前，一八七〇年巴黎遭普魯士圍城，那些甚至要吃老鼠果腹的可怕日子，現今也只會出現在小說的情節裡了。

直到一次大戰結束後的數個月，仍能明顯感

受到糧食供應的困難和貨幣供給的不足，而且越來越強烈。

但在另一方面，自一九一四年八月宣戰到一九一七年一月二十日的三年期間，母親們仍然迅速地完成甜點包裹以送達在前線等候的戰士手裡，而點心的製造和販賣也都還算正常。

之後，某些食物的減少及隨之而來的價格上漲，工人的短缺及顧客購買能力的下降皆已嚴重影響到糕餅業的經營。一九一七年一月二十日頒布的一條法令強制糕餅業每週必須休業兩天，即星期二和星期三。

休業法令頒布的四個月後，五月下令禁止以小麥麵粉、黑麥粉和玉米粉製作糕點。不含麵筋的樹薯粉、米、澱粉、豌豆、栗子和菜豆則是准許使用的麵粉類和代用品。從此之後，大部分的麵團都不可能製作了，何況也缺乏奶油和新鮮雞蛋。幸虧在一八六九年有一位名叫梅傑—慕列斯的人發明了人造奶油，即乳瑪琳——拿破崙三世那時候舉辦一項競賽，「為了取代奶油，以嘉惠海軍及貧苦大眾」。

直到一九一八年二月禁止販售任何糕餅為止前，這種以各類便宜油脂形成的乳狀物與雞蛋粉和馬鈴薯，讓天才糕餅師得以做出類似美食的東西。

最後，雖然因協約國的勝利而結束了戰爭，「果醬的販賣、產品品質及受到認可的材料含量」等相關限制卻要到一九二二年七月才被廢止。在那以後，大家終於能享用所有想吃的糕點，享受無憂無慮輕鬆生活的狂熱年代（1920）也才正要開始。

歌劇院蛋糕和克利西蛋糕的家族劇

境由心生，不論今昔。

這話怎麼說？比如說，自一九一四年起到一九一八年，當士兵們在一個壕溝到另一壕溝間分送燉菜的餐車面前排隊時，在徵用來的莊園中，

從旅行用餅乾到愛國糕餅

biscuit（餅乾）一字和其近代字意可追溯到十六世紀中期，在那時寫做 bescuit（兩次燒烤）。最初，修道院把烤了又烤的麵包分發給窮人或朝聖者，讓他們隨身攜帶。之後有了兩面燒烤的烘餅，硬得像石頭，能長久保存，可說是 biscotte（餅乾）的「先祖」，亦是水手和士兵的日常伙食，更是出任務時的必備之物。

然而，十七世紀起，用像熱那亞蛋糕那樣以稍微乾澀濃稠的麵團做成的、可供眾人分享的大蛋糕，如薩瓦蛋糕、卡特—卡荷或蒙給，也被稱為 biscuit，理由並不是很清楚。這種習慣流傳至今日，我們多半將稱這些糕點為熱那亞比斯吉或薩瓦比斯吉，而不是熱那亞蛋糕或薩瓦蛋糕。

一八六二年在南特，最早的餅乾工廠誕生了，其產品遍及全世界且成了通用名詞：petit-beurre（奶油小餅乾）。奶油小餅乾的形狀——亦是其設計——極為簡單，易於辨認：略呈長方形，有著鋸齒狀的邊緣，餅上有很多像針孔般的小洞。其麵團近似於油酥麵團，以麵粉、砂糖和奶油製成。

一九〇〇年代初期，以往由糕餅師手工製作的小型糕餅終於也在工廠大量生產了，包括指形餅乾、杏仁蛋白餅、貓舌餅、瑪德蓮、小修女、油酥餅、鬆餅捲、香菸捲筒餅（貓舌餅做成圓筒狀）、扇子餅（將鬆餅折成四折）等等。現今的製餅產業不論對各國農產食品企業或現已漸漸成為跨國農產食品大企業來說，都是經營支柱。其重要性對穀物生產和商業來說皆不可小覷，更別忘了大筆的廣告預算。

若干世代以來，餅乾和乾糕餅一直佐以點心酒食用。這種優雅的習慣讓人想起中世紀有一邊將烤麵包片浸在酒杯內，一邊喝葡萄酒以祈求賓客健康的習慣。烤麵包在古法文為 pain toasté，從拉丁文的 tostus 衍生而來，tostus 為動詞 torrere 的過去分詞。盎格魯—撒克遜人則採用此字，成為英文的 toast（乾杯）。

在美好年代時期，於家中自製餅乾和乾糕點是年輕女孩必備的才藝，當母親請客人喝茶時，女孩便在眾人恭維中紅著臉端出糕餅讓人享用。不久之後，自製糕餅成了義務，因為自一九一四年的秋天開始，得製作糕餅包裹寄給戰場上的父親、弟兄、親戚或兒子。從此以後，畫有圖案的餅乾鐵罐也變成了收藏品。

參謀部的人正坐在美麗的餐廳中享用美味的晚餐。這些高級將領肩負終止戰爭的責任，而為了確保國家的未來，他們理應享有法國一流廚師及糕餅師的服侍。因此，廚師和糕餅師像其他人一樣一同被召集過來，在被派遣的單位中擔任職務。

所以，名糕餅師路易・克利西在整個戰爭期間都負責服侍福煦元帥。克利西早在戰爭數年前就已製作出美味的蛋糕，但是否因此才得以在馬恩河之役的勝利者身旁得到一個職位，我們不得而知。

一九一八年以後，克利西取回在波馬榭大道五號的店面，並在法令授權可以販賣糕點以後再度讓其顧客飽享美食。一九五五年他決意退休，並把財產和祕密食譜轉賣給足以與其匹敵的馬賽爾・布佳。

數年之後，在某次的家庭晚餐中，布佳端上了自家櫥窗內的驕傲，知名的克利西蛋糕。然而，布佳的兩位連襟也是糕餅師，一個是「Coquelin Aîné」的店主，另一是和店主同名的糕餅店達洛瓦優的擁有者。也就是說，這兩位連襟可是用專業糕餅師的眼光來品味克利西蛋糕的。

隔週，達洛瓦優為其顧客展示了一種名為「歌劇院」的新蛋糕。有人注意到歌劇院蛋糕和克利西蛋糕簡直一模一樣。但「歌劇院」雖令人驚訝卻不至於構成犯罪，因為當時並沒有保護糕餅製作的著作權問題。

不過，因為時髦的新人糕餅師勒諾特買下了一間達洛瓦優在高級地段的店面，為店面換上了新招牌，歌劇院蛋糕遂馬上成為勒諾特的知名創作。克利西蛋糕則始終在布佳的店中販賣。

好幾種知名菜餚及糕餅也擁有「歌劇院」之名。偉大的廚師在爐灶前比在帳簿前更有創造力。在鹹味菜餚方面可舉出蘆筍尖配雞肝；在甜食方面則有冰糖栗子泥鬆餅夏洛特以及兩種牛奶蛋糊，一為糖漬草莓口味，另一為糖漬紫羅蘭口味。而歌劇院蛋糕就像克利西蛋糕一樣，是有著

關於塔當蘋果塔之真實與謬誤

第一次大戰之後，許多事物都改變了。連吃飯的方法也是。尤其是吃的哲學。昔日諸多的悲傷和不幸讓生活重拾正途，美食亦然。只不過和「以前」的美食不同，而是以簡單的幸福做成的美食。激進的料理不再受到青睞，大家只談回到原點，只談傳統的地方菜餚。美食評論家夏爾．布杭說道：「昔日的美味重新受到崇拜⋯⋯，沒有任何人會對其難以置信的豐富感到懷疑」。而同為美食評論家，又名庫爾儂斯基的莫里斯．薩楊自一九二一年起便走遍全法國，以進行其《美食法國》的寫作，一本高達二十八卷的龐大美食年鑑。他在書中「大大推崇地區性的家庭菜餚而非巴黎名餐廳的精緻高雅」。

一九二六年，庫爾儂斯基在旅行到拉莫特—博夫宏時發現了一家餐廳，由兩位未婚的老婦人塔當姊妹共同經營。當他在吃甜點時，端上桌的蘋果塔是他從未品嚐也從未聽說過的——焦糖化的蘋果餡在下，鬆脆的餅皮在上。有人跟他說這是倒轉過來的蘋果塔。奇蹟般的美味！一回到巴黎，我們這位喜歡開玩笑的評論家編造出一則故事，他說，因為塔當姊妹中的史蒂芬妮在蘋果塔出爐時可能是一時不小心，讓蘋果塔掉落在地上，拾起時又上下顛倒了。

在美心餐廳與媒體共進午餐時，庫爾儂斯基請這間知名餐廳的糕餅師製作此一名為塔當的蘋果塔。記者大啖這道加了攢奶油的美味甜點，並盲目地相信了這則傳遍全世界的故事。就這樣，塔當蘋果塔進入了糕點的黃金傳說。

一層巧克力鏡面糖衣的方形比斯吉，比斯吉則浸過咖啡，而且為了讓人能夠辨識，在巧克力糖衣上裝飾著金葉，寫有「opéra」的字樣。

二十世紀還有很多由知名糕餅師所創作的糕點，雖然在媒體中或許不是全部都很有名。在此無法通通介紹，只舉出像歌劇院蛋糕一樣評價最高的。首先是鮮奶油草莓蛋糕：用兩塊浸漬過櫻桃酒的海綿蛋糕夾以新鮮草莓及奶油餡，並以杏仁糖衣覆蓋。「莎巴女王」：圓形的巧克力蛋糕，以極輕的杏仁比斯吉麵團做成。後面還會談到極知名的德國黑森林蛋糕。世界變得越來越小。

震撼二十世紀的兩次世界大戰對糕餅業的打擊極大。當然，戰爭的恐怖無法預料。但本書既

小小的LU變得好大

第二帝政初期，約一八五〇年，在南特，勒費弗爾先生（Lefèvre）邂逅了瑪提勒（Utile）小姐。他們陷入熱戀、結婚、開了一家糕餅店並率先生產大量製造的餅乾……不僅如此，他們的孩子在成年以後，更讓其雙親的奶油小餅乾成為法國真正的榮耀。這種簡簡單單名為LU（Lefèvre和Utile）的奶油小餅乾得利於年輕的路易，一位行銷及傳播的天才。畢竟LU餅乾雖然相當美味，卻需要一場當時的人無法想像的、令人愉快開心的、各種形式的廣告大集合，才好為這項地方性產品打開國際市場的大門。

在小小的LU歡慶一百五十週年時，其各式各樣的包裝和展示材料已成為真正的民俗藝術品，散見於二〇〇三年五月二十七日的拍賣會上：繪有欺眼畫的金屬盒、野餐籃、玩具、海報，以及由二十世紀最偉大的藝術家所繪製的書刊廣告插頁：慕夏、布伊賽、卡皮耶洛、班哲明·哈比耶及路易吉·盧瓦等人。

第二次世界大戰期間，為英國部隊準備蛋糕與巧克力的女人，1941-1942年。

然記載了糕餅製造者的歷史，就不該省略這個對當代人的幸福有所貢獻的職業在當時所面臨的困難。

或許是因為戰爭、糧食持續不足、生活水準低落及隨之而來的所有不安，此一時期並沒有什麼革新可供報導，但糕餅師卻在此年代中發揮了驚人的想像力與技巧，在幾乎容不下糕餅製作的形勢中發揮才幹。

另一方面，製品、設備、品質和衛生環境都大大進步了。電力讓現今的糕餅工廠可以不斷地生產，工廠內配備的機器設備若無專業工人的知識和技術則毫無用處。操作一年比一年更精巧的機械需要更多的技能，也不該在通曉資訊科學時喪失了其才能與精神。多虧了冷凍與加熱烹飪技術的不斷改良，所有關於烹飪、糕餅及果醬的技藝才得以成為技術進步的最大受惠者。

慾望永遠填不滿的愛好美食者若得知德國佐林根有一間頂尖的餅乾和巧克力製作學校肯定會

大吃一驚。這家「德國製餅中央職業學校」每兩年會在科隆舉辦一次學術研討會。在巨大的螢幕上可以見到電腦繪製的圖像及圖表，這場美食奧林匹克的多國代表（雀巢、Master Food、Kraft Food、Barry Calebaut、Lindt、Ferrero和Cadbury等等）發言則以數種語言進行同步口譯。其中交換的資訊從「防菌的包裝概念」到「甲基溴化物替代品的選擇」或者是「電腦輔助測量巧克力的表面塗層」等等，盡是挑起你食慾的話題！

法蘭西最佳工匠

很幸運地，即使是邁向二十一世紀的現在，仍有許多了不起的糕餅製作專業「人」士。即便工具或機械有越來越多的改良，糕餅製作的大部份知識仍倚靠著個人經驗為根基。

一位一九八〇年代的法蘭西最佳工匠於二〇〇〇年獲選為「法國製糖暨巧克力學院」的院士。這人是哈佛爾的糕餅師安德雷・布雪。他在一次專訪【37】中向加斯東・勒諾特的學校致敬。而在此校中任教的名師即我們前面提過的古斯塔夫・松德。松德是糕餅師之王，是卡漢姆一系的繼承者及後繼者。安德雷・布雪指稱，若無這些前輩，就無現今的專業製作水準。這些先驅者開啟了一個進步的時代。

我們或許可以談談其他的年輕大師，如勒諾特，或媒體寵兒皮耶・雷爾梅，或巴瓦華茲之王杜里耶斯，但雜誌中的人物專刊可能會比我們的介紹還要好。

因此，我們在這裡偏好前幾年前剛剛去世的艾田・托洛尼亞。為人謙遜的他可是法國糕餅業界的的最高指導者。托洛尼亞錦標賽兩年舉辦一次，乃最具才華的糕餅師之無上獎賞。安德雷・布雪解釋道：「艾田・托洛尼亞是所有人的先知。」

【37】作者註：Chocolat et confiserie Magazine, n。389, octobre 2002.

托洛老爹：一幅聖像

雖然全世界的同業對艾田．托洛尼亞的稱讚其實太過，年輕一輩的糕餅師又虔敬地自稱為其門生，當年的媒體對他卻不太在意。而踏入現由其子負責、位於水堡路四十七號的小店面時，往往叫人難以相信這裡曾是二十世紀的糕餅製作聖地。這間店位於一棟美麗宅邸的一樓，以前是驛站和路易十六的劊子手桑松的住宅。

「糕餅工場」在鋪著石板的中庭另一邊。其設備以二次大戰後的眼光來看甚為現代化，當時，「托洛老爹」在爐灶的門前做砂糖細工，如此才能利用爐灶的適當溫度。當時他沒有乾燥箱。

托洛尼亞於一九〇九年出生在中央高地，一生中的大部分時間也都在此度過。與同時代的許多人一樣，他在糕餅店裡當學徒的光景就像他陳述的，「是孩子的苦役監獄」。他的父親因第一次大戰而殘廢，回到家中後也放棄了肉品商人的工作。當托洛尼亞一得到畢業證書，這位夢想成為糕餅師的十四歲少年就馬上跑去當學徒。雖然當時是一九二三年，而非十九世紀，但在閱讀這位未來的砂糖魔術師那尚未發表、充滿生之喜悅的回憶錄時，我們的心也緊緊地貼近了這位昔日——僅僅幾十年前的昔日——的小小糕餅師：

「我在聖德田的莒巴克糕餅鋪找到了學徒的差事。在那裡開始了我的苦役，是的，我可沒誇大，對孩子而言那真是苦役監獄。那時需要當十八個月的學徒，當然沒有簽約。星期日清晨兩點起床後，一直工作到下午兩點。平時則是從清早四點工作至傍晚。只要做了最小的蠢事，或犯了最小的錯誤，得到的就是幾個耳光，不然就是被踹上幾腳，相當恐怖。說真的，這對十三或十四歲的孩子來說真是太艱辛了。不過在我們之前的世代更讓人同情，因為小孩子自十歲起就開始工作了」。

「……我的老闆是個壞老闆，但卻是個非常

好的糕餅師。他嫻熟於砂糖細工，他做出來的花朵在當時而言是相當美麗的。記得當時我站在他後邊看著他工作，他知道了我的企圖後對我說：『別看，你太笨了，永遠都學不來的！』可是我喜歡砂糖細工，我被它深深吸引……」

如同他所說的，在「終於要做自己的工作」前，小艾田常被惡劣的老闆用棍棒毆打，所以逃離店家是常有的事。他也沒忘記忘了給學徒飯吃的肥胖老闆娘……。終於到了十六歲，小艾田找到了正直的店主，但他並不是一個好的糕餅師，他讓小艾田做裝飾的工作，而這年輕的孩子做得極好！

幾年之後，當托洛尼亞打算結婚，在水堡路上開家自己的店時，第二次世界大戰爆發了，他的計畫被迫中止。他在洛林被俘虜，很快地厭倦了戰俘營中的飲食，他和里昂名廚保羅．拉孔布一同逃跑，在外流浪了一個月後返回家中，不過疲累不堪的他既做不了砂糖細工，也做不了攪奶油。

兩年後，托洛尼亞再也克制不住，和家人又回到了水堡路上。那家店以前是麵包兼糕餅店。

「……我們再次開店，但有好幾個月只能使用麵粉，所以只能做麵包。我設法取得少量的糖和黃油和幾個雞蛋，當然不多。我也保留了少許麵粉……。於是開始了『驚險的雜技』，即使是一個蛋殼也不可任其從檯子上掉下來，連一點奶油漬也不能留在大理石檯面上，因為一週有三次到四次執行得很徹底的儉約檢查。我在晚上工作，所以會將蛋糕藏在公寓裡。星期日早上，客人會上到屋裡，我的妻子就在寢室中賣起閃電泡芙和鮮奶油泡芙。[38]有一天，來了兩位監察員，並以現行犯將我逮捕。但是他們很寬大，因為我做的事大家也都在做。於是做了和解，我做了一個餡

【38】作者註：正因如此，這段時期裡有位女性糕餅師成了蒙馬特的歌舞女郎。

餅送給他們」。

「……然後，在一段時間之後，生活恢復正常，我可以製作糕餅了，從那時候起我便在砂糖細工的技藝上精益求精。……當時我做砂糖細工的機會並不多，我還不是偉大的砂糖細工工匠。我創造了自己的獨門技術，因為沒有任何人教過我。」

「顧客開始為了洗禮、聖餐或婚禮向我訂購甜點高塔。我則滿心歡喜地盡心竭力進行裝飾。」

就和卡漢姆一樣，托洛尼亞一邊熱心地跟著老師學習素描及繪畫，但也未曾疏忽日常工作。他自一九四六年起屢屢獲得法國和歐洲或世界性的動章與獎盃，開啟了他原本在世界大戰中可能永遠被犧牲掉的生涯，成為戰後第一位法蘭西最佳工匠。

這些年來，托洛尼亞為世界上的大人物、大使和元首工作。如教宗保祿六世前往印度時在機艙內所吃的點心，那些各色的冰凍花式小甜點裝在用砂糖細工做成的黃白色相間籃子裡。黃色和白色則是象徵梵蒂岡的顏色。也不可忘記德・羅特席爾德男爵夫人。夫人為了十二月十二日的接待會要求用白巧克力做出兩個真人大小的裸女，放在由八百朵糖玫瑰做成的床上，而且是一週後就要。由於時間不足，起先拒絕的「托洛老爹」最後只完成了一尊一百七十五公分的裸女。交貨時由一輛裝了軟墊的大車，由若干摩托車伴隨著，送到距離巴黎五十公里之遙的費里耶城堡。城堡裡的機動部隊和消防單位也全都俟機待命……。

「那的確是我做過最美的作品。但可讓我吃了不少苦頭，因為就在宴會之前沒多久，幾乎是和時間賽跑」。

「……就是這樣了，我多多少少已經說過我的職業生涯了。我每天從早上八點開始工作一直到店裡的午餐時間，下午則將全部的時間奉獻給砂糖細工藝……做砂糖細工就像音樂家作曲一樣。我非常喜歡」。

「我現在已經七十五歲了。當然，我感覺到身體已經衰老。不過在工作上可不是，我始終追求新的東西，使用新的技術。我早就厭倦了不新鮮的事物」。

「……對我來說，我的人生中每一天都會收到的禮物，就是我的職業。我打從心底熱愛這份工作。這份工作帶給我的不只是快樂」。

二十世紀的糕餅師？

在這個人人一致同意太小的世界裡，勤勉的人們充滿活力地奔來走去。我們敢說，若聖彼得從天國的門口往下望的話，應會覺得地球像是個萬頭亂竄的螞蟻窩。

人們為了工作、讀書、娛樂、約會而離開家門，使得外食的機會增加到前所未有的地步，卻未因此降低品嘗美食的欲望。

自十多年前開始，無論是速食店、連鎖餐廳、我們負擔不起的星級高級餐廳，還是飛機、火車、船舶上的餐飲服務，亦或宴會的自助式餐點與大賣場中的點心區，皆能為熱愛美食者提供風味絕佳的產品，這是因為美味的「現成食品」大規模地生產，所以雖然價格低廉，新鮮和品質卻沒有什麼問題。

偶發的意外事件較少出現在受嚴格法規強制規範的熟食業者身上，大部份的問題通常都出在流通業者那邊。隨著先前提過的技術進步而來的是可將從遠處特選出來的產品從一地傳輸至另一地的冷藏或冷凍運輸網絡，而依據計畫制訂及情報蒐集而大量生產的產品，使得各類甜鹹味糕餅也不再是奢侈品，就像熟食店一樣。

用我們曾曾祖父的眼光來看現今的食品技術和製造方法並不適當。且不說味覺上的挑剔，我們現在吃的攪奶油就比阿蒙．法里耶（1841-1931）總統當時所吃的要來得新鮮且輕淡。此外，當時這些人能想像在「家外面的餐廳」裡可以吃到芒果塔和蟹肉迷你三明治嗎？就算是以最低價格來計算，以舊法郎和新法郎和歐元來計算，都無法做比較。

目前社會學、經濟學甚至是美食研究都甚少著墨於所謂的「現成食品」——暫時缺乏適當詞彙，故先姑且稱之——但我們或許能把未來的糕餅師及熟食商提供的產品看得更清楚。而這完完全全地和徹底改變服裝手工業的成衣一樣。

也就是說，將來會有自製的、手工藝的、稀有的、民族的及考古的糕餅製作。然後會有屬於精緻小店的、手工的、極精美的、量身訂做的、少量的及精英的糕餅製作——就像高級訂製服飾一樣的高級訂製糕餅或藝術糕餅製作，既保守又富實驗精神。最後，到處都有可大量生產、可隨手購得的糕餅製作，既有品質管控又多樣，而且大部分人都買得起。

像這樣的糕餅產業在二十世紀最後二十五年就已經存在了。這種產業在更早前就曾以「糕餅師—熟食商」的面貌出現過，其祖先則是在法國革命時期登場的傑曼．舍維[39]，所以 **Potel et Chabot**、**Dalloyau** 或 **Flo** 等等名店的入口應該擺放他的雕像才是，就像印度餐館和中國餐館每天以白米供奉店中的神明一樣。

為了清楚闡述我們的意圖，可舉巴黎地區的一間公司為例。這間公司由一位年輕的主廚提耶利．雷斯坎於一九九一年創立。且讓我們暫時將這家中小型企業稱作「開心果」。這家企業當然需要資訊的獲得與處理，此乃經營和管理的基本工具，還需要行政管理階層、業務及高水準的生物學家等等。不只如此，在糕餅製作的現場中，需要素質整齊的廚師、糕餅師和甜品師團隊，在經驗老到的糕餅主廚的監督下辦事。而這位具創造精神的主廚知道如何完美地去融合那些不可改變、統管此地的規劃，也知道如何將最時興的材

【39】作者註：Maguelonne Toussaint-Samat, Histoire de la cuisine bourgeoise, Albin Michel, 2002.

料運用在傳統產品中，且保有老滋味。

無論是供應全巴黎的高級自助餐廳或巴黎以外各地，「開心果」企業的命脈和成功的關鍵都在一肩扛起品質責任的採購主任身上。

品質如今已成為法國糕餅產業的關鍵字，無論是全手工的還是半工業的。因此，生意好到可出版自己的內部刊物、令人景仰的高級糕餅店Potel et Chabot從未忘記在許多期的刊物中關心這個問題，使之深入每一階層合作者的心中。

因為有原料的供應、儲存、製造和流通方式等各個環節，所以只要品質管理稍有不慎就可能引起衛生上的大災難。對高級產品來說這種影響將更為嚴重。總而言之，從貨物流通的初期到最後，若要做到衛生第一，務必要根據一絲不苟的操作手冊嚴格執行。

大量生產的糕餅師—熟食商只能使用大量購入的原料。比方說，「開心果」一週要使用到六百公升的蛋。沒錯，是「公升」：將蛋打破，把蛋白和蛋黃分開，再冷凍，然後再用冷凍貨車運送到客戶手中。有蛋黃集裝箱、蛋白集裝箱還有蛋白和蛋黃攙混的集裝箱。從主廚到工人，每個人都很清楚地知道若干單位的全蛋相當於多少的蛋液製品。

不論是動物性食品還是大部份的水果都是如此冷凍與儲藏，然後再依工場的需要「回復室溫」。在展售世界各地產品的各式商展中可以選購試吃國內外的所有食材，具有經營手腕的生意人在採購時會以最便宜的價格買到品質最佳的產品，買賣契約則以年度為期。這些大量生產的蛋糕、甜食或道地佳餚，根據需求，或是半成品或可直接食用，真空包裝或冷凍交貨都有可能。

備查：「以慕斯裝飾的洞窟」

這件大型作品最詩情畫意。形狀是圓形，有四個拱孔。這件作品以王后鬆脆餅組成，上糖面時一部分上玫瑰糖衣、一部分上焦糖，剩下的則是加了番紅花的碎糖。鬆脆餅出爐時以五至八個及十至十二個為一組，撒上粗砂糖和碎開心果。岩石做成的四個拱洞由杏仁泡芙麵團做成的環形餅乾組成（以篩子撒上糖粉）。不必黏在柱子上，只需將環形餅乾串起來就能完成美麗的岩石，再以蛋白糖霜包覆，並抹上香草奶油。台座以德式鬆餅製成，飾以珍珠色的環狀海綿蛋糕。拱頂上有銀色糖絲做成的瀑布。

——卡漢姆，《巴黎王室糕餅師》，一八一五年。

第五章

法國傳統糕點

民間與宗教糕點

主顯節。是國王蛋糕，還是國王烘餅？

在基督教的傳統裡，國王蛋糕標誌著一月六日主顯節（三王來朝節）的慶典活動。希臘文 **epiphaneia** 的意思是「出現」，意指遠道而來的使節認出了至高基督之國的啟示，三位博士（三是象徵性的數字）順服於聖嬰基督前向其效忠。波斯語 **magi** 的意思是「傳講宗教奧義之人」，也就是「有智慧之人」。

主顯節國王蛋糕

卡什蘭想要延遲慶祝的時間，然後他平靜下來想著國王蛋糕，神祕地切開來分送給大家的糕餅，彷彿裡面隱藏著重大的祕密。所有人的眼睛都盯著這個具有象徵意義的糕點。傳蛋糕時有人建議，每個人都閉上眼睛來取用屬於自己的那一塊。誰會咬到蠶豆？傻笑浮現在每一個人唇上。

——莫泊桑，《遺產》，一八八四年。

大約與主顯節同時，也就是冬至後兩週，古埃及人正歡欣鼓舞於尼羅河每年的固定氾濫，那是上天的恩賜；而古羅馬人則慶祝著「太陽復活」，認為隨著白晝的變長，光明終將戰勝黑暗。這時節也是群眾大吃大喝、瘋狂作樂的古羅馬農神節慶。農神節本身則受到了巴比倫新年 **Akitu** 的影響。

教會把這個日子基督教化了，就像它之前把基督教自己的宗教儀式直接貼覆在古老的異教傳統上一樣。於是，聖誕節首先被建立起來。西元三五四年，教宗利貝里歐定十二月二十五日為基督誕生日，這一天被認為大概可算是冬至（十二月二十一日）的結束。

關於三王，也就是三博士，只有馬太福音書詳述了其造訪伯利恆的經過，難以被基督教官方神話學所採信。雖然在接下來幾個世紀裡，民間傳說將之不斷美化，但這個節日直到西元一千年仍然遭到大神學家的厭惡。他們認為，這日子造成了縱酒作樂與放蕩的大吃大喝。

之後，奇妙的人心滋養了宗教感，戰勝了教條完整主義。傳統肖像圖畫從這之中亦汲取了不少靈感。

那麼，主顯節國王蛋糕或國王烘餅扮演了什麼角色？請牢記古老的祭日傳統在集體記憶深處依舊鮮活，這點非常重要。而有著太陽的形象、圓盤狀或圈形、美麗又可口的金黃色圓形糕點就這樣普及了起來。在中世紀，帶有布里歐許風味的發酵麵團出現得比千層酥皮要早，並依然在法國南部大半省份中被嚴格保存了下來。

這種點心以及那場食用前無傷大雅的遊戲仍然停留在事物、行動與思想的重覆上，卻也引領我們在時光長河中走得很遠。一個蛋糕能意謂不少事物，而吃蛋糕，更應列為優先。

大致而言，法國可分成兩個部分：南方的歐克語區和北方的歐伊勒語區。因而有兩種傳統：南部人吃主顯節國王蛋糕，羅亞爾河流域以北的人則比較喜歡吃主顯節國王烘餅。

在普羅旺斯和朗克多地區，人們會用檸檬皮為布里歐許風味的圈形蛋糕增添香氣，並以水果蜜餞裝飾，稱之為王國蛋糕。在波爾多一帶，類似的布里歐許風麵團則被稱作 tortillon（tortil 是男爵的冠冕，非常簡單的一圈）。枸櫞蜜餞的裝飾是必要的，也一定要加上甘邑白蘭地的香氣。在奧維涅地區，為了節省或道德的緣故，通常以橙花水來取代酒類。

里昂的杏仁奶油餡夾心六摺千層酥烘餅在洛林地區只不過是簡單的半千層酥。「真正的」巴黎烘餅是攙有杏仁粉的油酥餅。在法國北部和比利時，當地人喜歡加有鮮奶油和冰糖的維爾維耶布里歐許式烘餅。

所有的糕餅中都藏有一顆蠶豆，誰「抽」到這顆蠶豆，誰就是那一天的國王。通常，聚會中最年輕的人得老實地將覆蓋在餐巾下的糕點交給每個人。「國王」要選擇他的「王后」，且向聚會中的所有人進酒。在大部分的地區，還會保留「給上帝或給聖母的那一份」，送給一邊挨家挨戶討賞，一邊唱著歌的年輕人。

布黑地區的討賞之歌

「主人先生，快快／切開蛋糕／從門口或窗口／賞給我們一塊。／給我們的份兒越好／您的份兒也會越好。／天上的主看到了誰在給予／將來祂會償還。／副歌：若您啥都不想給／那我們會在您門邊撒泡尿。」

主顯節國王蛋糕與歷史

自從一四四〇年糕餅店從麵包店分出去以後，麵包店希望能保留製作三王來朝蛋糕的權利，因為巴黎麵包公會每年都會將一塊極美麗的主顯節國王蛋糕獻給國王，這個儀式對麵包師而言是至高無上的光榮。糕餅師為此深受傷害，惱火數年後決定對麵包師提出訴訟。審判的過程極冗長，一直到一七一八年才做出了禁止非糕餅師者使用蛋、奶油或砂糖的宣判。

百科全書作者的蠶豆

一七七〇年一月六日，狄德羅偕妻子一起在霍爾巴赫男爵的官邸中慶祝主顯節。他在自己那一份烘餅中找著了蠶豆。在大家舉杯向他致意的當下，美酒給了他靈感，於是我們這位百科全書的作者在吃完蛋糕時寫了一首詩：

「在三級會議中，一位君王想要頒布法律給／凡有氣息的人。／而在我的帝國中正好相反：／臣民統治國王……／作於一七七〇年／於馬桑街的小騎兵競技場大廈，／坐在可愛的妻子身旁／手按於真摯之心，手肘倚著桌子。簽名：無土地亦無城堡的狄德羅，因一塊蛋糕的恩典而成為國王。」

製作蛋糕的低筋麵粉廣告，1905 年。

關於蠶豆的使用，瓷人和瓷人愛好者

富含營養價值的蠶豆在古代即是主要食物。但蠶豆看似發育數週人類胚胎的模樣，使得古代希臘的某些宗派，如俄爾甫斯教派或畢達哥拉斯學派主張，蠶豆是未出生就已死亡的嬰孩，介於後代子孫（指即將出世的嬰孩）和祖先（指已過世者）之間。對他們來說，食用蠶豆就等於吃掉自己的祖先及子孫。因此他們禁止食用蠶豆。

雖然無法否認蠶豆有令人不快的一面，但可保存一整年的優點讓喜愛蠶豆的的人仍大有人在。再者，蠶豆從春天採收後一直到冬末都可食用，特別適合在年終的農耕儀式或結婚典禮時獻作素祭，以祈豐收和子孫繁茂。除此之外，對當時來說極為重要的是，古人認為供上乾燥的蔬菜是與冥間溝通的最佳方式，冥間是已逝者和未來將出生者共同居住的地方，而植物枯死後結出來的種子則蘊含著將要萌發的植物。對埃及人來說，蠶豆田的象形文字意謂著靈魂等待重生的地方。

因此，現代（據說在一八七四年）用小瓷人（據說是薩克森人想出來的）來取代主顯節國王蛋糕中真正的蠶豆也不讓人訝異了。小瓷人以聖嬰耶穌為形象，呈現出襁褓中的嬰兒模樣。如今的小瓷人正逐漸演變為富有地方色彩的彩色小人偶，還有「蠶豆」（即小瓷人）的收藏家，甚至有可標價上市的交易所。二十一世紀的高級糕餅店亦供應珍貴的寶石蠶豆。

不難想起，各地的人類極早就開始在裝嚴的抽籤場合中使用蠶豆了。並不是說蠶豆隨手可得——若真是如此，倒不如使用小石子來得方便——而是與神聖的事物有關。中世紀的某些宗教團體，如柏桑松教務會，在任命主教時便以藏在眾人分享的麵包中的蠶豆作為媒介。

在華盧瓦家族統治的時代，巴黎的主顯節國王蛋糕被雅稱為葛宏夫洛。僧侶葛宏夫洛是位業餘的天才糕點師，只要亨利三世的告解結束後還有時間，他就會留在羅浮宮的廚房裡製作糕點。

葛宏夫洛是一種按照波蘭人的方式，以啤酒酵母發酵麵團做成的大型餅乾，這位僧侶對此法並不陌生（亨利三世有段時間曾任波蘭國王）。庫格洛夫即是從這個波蘭系統出來的（請見180頁）。為了慶祝主顯節，要為七位賓客製作等量的葛宏夫洛。八角形的模子可將蛋糕分成八份，其中一份獻給上帝或聖母。

在一六五〇年一月六日的前一晚，國王一家人分享的是葛宏夫洛還是傳統的巴黎烘餅？沒有人知道。但就如編年史寫的，住在首都的人隔日早晨一醒來，巴黎城牆內「不再有國王，除了蠶豆之王」。究竟發生了什麼事？

安娜王后在分發糕點時，唯一一顆蠶豆放在「給聖母的那一份」裡，也就是要分送給貧窮人家的那一份。但羅浮宮內無法接待窮人，王后便宣布她會在隔天彌撒結束時遵照傳統布施並分送蛋糕。為了好好準備這件事，她很早就回到房間裡。而事實上，這應該是安娜王后的特意安排，好讓自己與年輕的路易十四在破曉前離開羅浮宮，逃離巴黎及投石黨人。路易十四永遠忘不了這一天。

一七四〇年一月，最高法院禁止在巴黎販賣及食用主顯節國王蛋糕。法國正遭遇一場可怕的糧荒，前所未有的氣候失常讓情況雪上加霜，上漲的塞納河河水自一個月前就開始阻絕首都的糧食補給。糕餅師極為憂心，僅有的一點存糧不得不省著食用。

大約過了半個世紀以後，法蘭西共和曆第三年的雪月四日。出乎眾人意料之外，公民公會議員尼可拉．香朋提出了用「平等烘餅」來取代「迷信的」主顯節國王蛋糕的議案，主張拿掉蠶豆的國王蛋糕會更「平等」。此一改革提案最後沒有成功。

聖燭節及封齋前的星期二的可麗餅

在冬至與春分中間的二月二日是聖燭節（Chandeleur，從 chandelle「蠟燭」衍生而出），這一天，眾人會在教堂內手持祝聖用蠟燭並排成儀式行列，以紀念聖嬰耶穌在聖殿被獻給主，亦紀念聖母的潔淨禮（安產感謝禮）。但羅馬教會並不承認聖燭節，在典禮曆上完全沒有記載。

不過，即使沒有宗教信仰的人也不會錯過這一天的可麗餅盛宴和炸糕。

可麗餅和炸糕——基本上屬於同一種麵團——是我們懂得做的最古老的節慶糕點。它是最簡單也最原始的糕點，至今也仍是最受人喜愛的傳統美食，雖然我們通常對深藏其中的象徵意義不感興趣。

可麗餅的儀式之歌

「在封齋前的星期二，在封齋前的星期二，你可別走／我會做可麗餅，我會做可麗餅／在封齋前的星期二，你可別走／我會做可麗餅，你可要嚐嚐／有狂歡節，明天你可別走／今天是聖克雷班節／在封齋前的星期二，你可別走／我們會做可麗餅，你可要嚐嚐／讓你飽到撐爆。」

就像前述的主顯節國王蛋糕或主顯節國王烘餅前輩一樣，有著古老歷史的可麗餅到今日仍繼續標誌出種種的慶祝儀式，雖然我們不再知曉那些儀式是為了慶祝再生、豐饒、光明，還是為了慶祝太陽戰勝了黑暗和寒冷。在用來標記世俗之曆以前，食用這種質樸的美食曾經是祭祀奧妙大地的一部分。

當然，一年中任何時候都可以製作可麗餅或炸糕，但就算在最世俗的人家裡，這些季節性傳統美食（同時也是具文化意義的美食，若我們認真看待的話）也被熱心地保存了下來。但若各地觀光局不做點努力的話，「食肉日」的民俗意義——狂歡節、四旬齋第三個星期的星期四、狂歡節期間領著牛做盛大遊行的日子等等——可能會越來越淡薄。

話雖如此，尚—呂克．佩提特諾卻說得好：「美食沒有不帶著鄉愁的」。（待會兒我們將環遊法國一圈，好回憶起各種節慶場合中的重要可麗餅，其中有一些在法國又重新流行了起來。）

還記得，四旬齋（封齋期）（從拉丁文 quadragesima dies 而來，意為第四十天）從復活節前四十天的聖灰星期三開始，是一段天主教教徒必須遵守的節制飲食和懺悔時期，亦即一段潔淨期。四十這個數字自古以來就富含象徵意義，屢屢出現在所有的宗教，在神話、故事、傳說和法律中。

自製花邊可麗餅

這些要趁新鮮食用的可麗餅像極了瓦片。其配方包含了可在藥房買到的葡萄糖，這是每位糕餅製作愛好者的必備品，用途多多。應取同等重量的奶油、葡萄糖、過篩麵粉及雙倍重量的糖粉。烤箱以攝氏一八〇度預熱。融化奶油及葡萄糖，加上糖和麵粉均勻混合。將麵團做成一個個約核桃大小的球狀，並以適當間隔置於烤盤中。將麵團放入烤箱數分鐘，奇蹟將要出現了！小球攤了開來並逐漸變成金黃色。用抹刀鏟起並使之在盤中冷卻。將可麗餅以做三明治的方式兩兩堆疊，中間夾以不甜的摜奶油，並淋上以等重量的加鹽奶油及糖粉做成的布列塔尼焦糖。然後就可以吃得津津有味了。

飛舞的可麗餅

「在維琪的一家餐廳裡有專做可麗餅的甜點師。這位甜點師一次可做兩份：他兩手各拿一個鍋子，把餅同時拋到空中，並翻面到另一個鍋子裡！左邊的可麗餅拋起翻面到右邊的鍋子裡，反之亦然。這件事和糖一樣令我著迷。於是下午我不出門散步了，並試著像他那樣來做可麗餅。可麗餅時常掉在地上或掉到壁爐裡，不過漸漸也有成功的時候了。之後，我試著在巴黎的家中製作可麗餅，但從未成功過……」

——艾田．托洛尼亞，《我的回憶》。

就像是標誌著第二十天的四旬齋第三個星期的星期四，在封齋前的星期二（mardi gras，可吃肉的星期二。gras 意指有肉的），也就是四旬齋的前一日，為了鼓勵信眾的士氣，大眾娛樂、豐盛酒席和許多逾矩行為在此時都受到了允許。在古羅馬時代，在同樣的時期裡，民眾會在三月一日的戰神節狂歡作樂以慶祝春天的再臨。這些被社會或宗教禁止的違反風紀之事，對窮人而言，值此新生之際，是對一個更美好世界的期望。

與主顯節糕點有兩種選擇一樣，法國還是被一分為二：北部偏好可麗餅，南部偏愛炸糕。有些人針對這點做了進一步推究，認為這種上溯至中世紀的美食區分應是經濟原因所導致，與「油脂」的使用有關。

在法國，有多少個地區就有多少種可麗餅和炸糕——有各式各樣的基本材料、製作方法、可能的裝飾、形狀、厚度，尤其是名稱不同。

因此，有庇卡底加入攪奶油的「landimolle」、香檳區的「tantimolles」、阿爾戈納的「chialades」、亞爾丁的「vautes」、洛林的「chache-creupés」、里慕贊的「sanciaux」、貝利的「crêpiaux」、加斯科涅的「cruspets」或貝阿爾恩的「crespets」等等，但都沒有太大的不同，里昂、布列斯、弗宏許—

孔戴或薩瓦那種大又厚實的可麗餅「matefaims」在巴斯克地方也稱為「cruchpetas」。加斯科涅的「cruchade」是用玉米做的，科西嘉的「Panzarotti」裡面則有事先用鮮奶煮過的米（只有在復活節時才會做）。

布列塔尼風格的可麗餅和烘餅

在坎佩的工廠做出來的布列塔尼花邊可麗餅極為細緻，是種摺疊起來的乾式糕餅，冷食，吃起來口感酥脆。然而，布列塔尼、下諾曼第以及旺代的烘餅卻拒絕被當作可麗餅，因為烘餅是為用餐準備的，並非甜點。烘餅是用黑麥做的。不要把這兩者搞混。

黑麥可麗餅之歌

（一）

傍晚已盡，午夜閉合
在顛簸的老舊四輪車上
我們正儘快趕回農場
白晝在那裡等著我們；
一陣香味飄了過來
加強了我們對熱騰騰的好湯及黑麥可麗餅的想望。
瑪莉馮妮在充滿脂香的上等牛奶中[1]
小心翼翼地倒入篩過的蕎麥粉
很快地用叉子攪拌攪拌，
她用圍裙搧搧風
乾荊豆燒了起來並劈啪作響，把火爐照得好亮

（二）

當下馬上
在三角架上
放上長柄鍋
用一塊肥肉上油

【1】作者註：一般都是用水，此指極豐富的可麗餅。

製作燕麥餅的母親和兩個孩子，Havell & Son 繪，1814 年。

好讓這位溫柔的農家女
既快速又仔細地
用小小的無齒木耙
將輕盈的麵糊攤開
再加上一把乾荊豆
然後，在歡樂的熊熊之火中
可麗餅膨脹了起來並變得金黃，
還會微微地顫動；
不過這位可麗餅女郎一下子就將餅鏟起翻轉了
過來
用的鏟形刮刀就像是希臘英雄的寬短利劍……

——戴歐多．玻特雷爾，布列塔尼的吟遊詩人（1868-1925）。

可以肯定的是，布列塔尼烘餅和「傳統的」可麗餅完全不同。布列塔尼烘餅的配方相當簡單：蕎麥粉、少許鹽和水就是全部的材料。千萬不可使用雞蛋，也不需要在烹飪前稍微靜置一段時間。因為，就算被當作穀物類，蕎麥並不因此而屬於禾本科，不含有能讓麵團發酵的穀蛋白。「烘餅（galette，只有一個L）」這個字從地理學的源頭來看來自於上布列塔尼。上布列塔尼地區說的是高盧語（gallo，兩個L）這種方言，而非屬於塞爾特語系的布列塔尼語。galette這個字可能是從gallo衍生而來，但少了一個L，原因無人知曉。

雖然被錯誤地稱為「黑麥」，蕎麥其實是菠菜的親屬，同屬蓼科，原產地滿州（但對中世紀的歐洲人而言，東方只不過是一個非常廣大的土耳其而已）。適應力極強的蕎麥於西元一千年左右被栽種在貧瘠的布列塔尼土地上，此地種不出小麥、大麥，甚至連黑麥都無法收成。但柄狀的蕎麥種子也只能做成粥或烘餅。

炸糕

即便是炸糕，依據其形狀、密度（厚實的可麗餅麵團或擀薄的發酵麵團，甚至僅是靜置的麵團）、材料，便決定了各地不同的名稱。在奧爾良的特產是「rondiaux」；在普瓦杜是「fontimassons」及「tourtisseaux」；在奧維涅是「guenilles」；在旺代、安茹及安古慕瓦則是「bottereaux」。但諸如「merveilles」、「oreillettes」或「bugnes」等名稱也隨處可見。

從麵團上切下來的炸糕可以做成各種模樣，也因為麵團相當緊實，還可以編成辮子或打個結再炸。但不論是哪種樣子都會灑上砂糖才吃。

薩瓦的「carquelins」或「craquelons」會用白酒（當然是薩瓦的名酒apremont）代替水和牛奶來調和麵團。蒙佩里耶的「merveilles」一定要用橄欖油來炸。而深受南法人喜愛，淌著油，滿是砂糖，讓人吃得滿臉滿嘴都是糖的著名大塊頭「chichis frègis」一如其名，一定要用鷹嘴豆粉來做而非小麥麵粉，如此才能做出質地柔軟滑順的麵團。這種炸糕最初是為了聖灰星期三而做，不過因為大家都非常喜歡，因此變成全年都可在市場買到。

昔日，在亞爾薩斯地區的鄉下，母雞是第一批狂歡節炸糕的受益者，正如加入肉桂和櫻桃酒的「Jungfrauekieklas」；牠們則以早熟豐足的產蛋量來感謝農人。

包入水果、蔬菜、肉類和魚肉等等的炸糕並不屬於這些「民俗創作」，不過卻在很早以前的菜單中就有記載。花朵做成的炸糕在中世紀極為常見，如今也在美食雜誌裡重新流行起來。最有名的是金合歡和接骨木花的炸糕。

可麗餅——或布列塔尼烘餅——佐以各式各樣或鹹或甜的配料就算是一道菜，甚至可當作一餐。它們因之成為日常生活的一部分，即使我們在特殊日子裡更喜愛它們。在這些特殊場合中，享用可麗餅的樂趣並不全然來自於聖燭節的祥和儀式，事實上，聖燭節就像是小型的家族或社交聚餐。

鍋柄長到需要二人共持、可在壁爐爐膛中煎可麗餅的煎鍋已經不存在了，爐膛亦不復見。也幾乎看不到一手握著金幣，一邊把最先烤好的可麗餅丟到櫥櫃上以祈求好運和財富的情景了。

在封齋前的星期二和主顯節中「募捐」曾經是項傳統。有時會特意變裝打扮的小孩子和年輕人穿梭在村落的街道中，唱著歌，挨家挨戶地大聲要求可麗餅或能做可麗餅的材料。

聖燭節的普羅旺斯船形糕

三世紀時偉大的基督教殉教者聖維克多在羅馬皇帝特意下令下受盡了所有能夠想像的酷刑。他是在馬賽宣講福音而喪命的，自然理所當然地成為馬賽的主保聖人。

紀念這位虔敬羅馬士兵的節日訂於七月二十一日，但馬賽人、艾克斯人及鄰近沿海各地的人全都以二月二日為聖燭節，並在此日大啖小糕

關於炸糕

對法國人來說，beigne就是一記好耳光（beigne，耳光；音與炸糕beignet相同）。對魁北克人而言，環狀的beignet就等於說英語的人口中的「甜甜圈」。在美國亦然。

二〇〇三年五月，蒙特婁的《責任報》告知其同胞：從今以後，魁北克省可能不用再羨慕北美洲其他地方了，因為旗下三百間北美店面光二〇〇二年便製作了二十七億個炸糕（一個相當於一九九卡路里，脂肪成份為十二公克），「在北卡羅萊納州創立於一九三七年，於紐約證券交易所掛牌」，生產效率極高的Krispy Kreme公司，針對「外出時有甜食可吃，真好」的加拿大人，為了讓他們自此以後在超市、電影院及便利商店都能買到KK甜甜圈，在蒙特婁開設了第一間店面，擁有「四千六百平方呎店面，投資兩百萬美元，並雇用一百多位員工」。幸運得到工作的人必須不斷供應一堆冷凍麵團，以及「從油中起鍋後便一直保持熱騰騰狀態的甜甜圈」。根據該公司的公報來看，KK甜甜圈店只需七十八秒就可做出四千九百三十六個甜甜圈，堆起來的高度相當於當地的維爾—瑪麗廣場摩天大樓。

該公司的甜甜圈（一打要六點四九美元）使用「紐奧良的法國大廚開發成功的獨家密傳麵團」製作而成。「製作的祕方不止於此。麵團利用空氣壓縮壓擠成形，中間不需刻意挖洞。甜甜圈中央的洞從此退場」。

「本鄉中人無先知」，對這位法國主廚來說，他應該很慶幸法國和自己之間隔了一整片海洋。雖說進步不能停止，但二十一世紀的地球村到底會做出什麼樣的糕點呢？

南法的聖枝主日甜點

一五八五年於普羅旺斯艾克斯舉行的省級教務會議宣告，嚴禁復活節前的禮拜日讓兒童攜帶插有蛋糕和糖漬水果的橄欖枝到大彌撒中。教務會議誠然是白費了時間、口舌及墨水，因為接下來的四百年內，整個法國南部仍然保有此一風俗，直到現在也沒有消失。地中海周邊的許多基督教國家亦然。

直到第二次世界大戰以前（至今仍如此，依地方而定），只要是復活節前的禮拜日，小孩子前往教堂時手裡一定會拿著橄欖枝，宛若捧著聖體似的。不過橄欖枝變成了硬紙板做成的小樹木，樹枝以金紙包裹，葉子也用金紙做成。

糕餅店販賣的聖枝依其裝飾糕點的豐美與否而有不同的價格。糖漬柳橙——太陽般的水果——插在頂端，樹枝上則掛著各色甜食及環狀糕點，通常是茴香風味的「環狀小餅乾」，在普羅旺斯的阿爾卑斯山地區稱為「brassadeaux」，在桂西—佩里戈地區則稱為「tressegos」。小孩子們——態度莊重且穿著最好的服裝——把掛著美食的聖枝帶到教堂中，讓神父為他們祝福，以紀念耶路撒冷城的人揮舞著棕櫚枝或橄欖枝迎接耶穌的到來。

自古以來，地中海的居民就會鋪開樹枝以迎接春天的到來。而不論是從前還是現在，虔誠的人都會在教堂前的廣場上購買黃楊的小樹枝，帶回家中，掛在床頭的十字架上。至於孩子們嘛，當然是趕快把糕點吃掉！

餅——聖維克多船形糕。

從前，人們在位於馬賽舊港口南岸，令人極為景仰的聖維克多修道院前的廣場上販賣這些保證了祝福的船形糕，此地同時也是大海拋回殉道者殘軀的海岸。但因這一天的禮拜儀式是「聖母的潔淨」日，所以船形糕的起源和意義讓人越猜越糊塗。

沒有人知道船形糕和聖維克多之間到底有何關係。同一天還進行著使用綠色大蠟燭以免遭到雷擊的祝福儀式。這一天也是公證人的年節聚餐，在宴席中，淋上麝香葡萄酒、最早成熟的卡彭塔斯草莓絕不可少，當然還要搭配上船形糕。

聖維克多修道院供奉的黑色聖母除了見證了極為古老的崇拜，亦確實是伊西斯—阿忒米斯信仰的變形。伊西斯—阿忒米斯是一位乘舟的母神，在馬賽還有另一尊她的多乳房雕像，極為沉重，或許是四六〇〇年前由弗凱亞人——建立此城的東方希臘人帶來的。船形糕難道是美味的護身符嗎？聖燭節瀰漫的異教氣息讓我們不禁思忖，聖維克多是否就這樣白白地犧牲了，所以羅馬教會才不承認此一節日。

總而言之，馬賽的聖人街是製作橙花口味或茴香口味船形糕的歷史聖地。普羅旺斯的艾克斯亦以此糕點自誇。

品嘗船形糕時通常會配上一杯卡塔真葡萄酒。卡塔真葡萄酒是用香料和濃縮葡萄汁釀成的，不論是哪家的媽媽都會在桌巾櫃內藏上一瓶。

在復活節，雞蛋萬歲！

即便日期不固定，復活節總是恰巧在春分前後幾天，基督徒會在這一天慶祝基督的復活。蛋一直是生命再生的象徵。在全世界的基督教國家裡，復活節糕點的製作與裝飾都大量使用了蛋。這段期間也是產蛋的高峰期。

住在薩瓦、亞爾丁及克略茲山區的人雖然並不富裕，這一天卻絕對不會錯過以中世紀古法做成的「黃金湯（指浸在湯或鮮奶中的麵包）」，其實也就是煎麵包。切片的麵包先浸在鮮奶裡，然後浸在打散的蛋汁中，接著再炸，最後撒上糖。亞爾薩斯的農民稍為富裕些，會以葡萄乾和碎杏仁裝飾，做出類似的甜點「crimselich」。

科西嘉人素來是復活節糕點的冠軍。最典型的當然是薩甸著名的「cacavellu」（U cacavellu incu i ovi di u sartinesu）——嵌有水煮蛋的布里歐許，有時會塗上用植物熬出來的紅色或綠色染料。從前的家庭主婦多半利用村子裡的麵包店烤爐製作這種糕點。「curcone」則是蛋形的小布里歐許，為使其具有光澤，會在烘烤過程中塗上糖漿。

旺代地區的「paquaude」或說「alise」（小型的）和布列塔尼的知名糕點庫伊尼阿曼（奶油甜點之意）一模一樣。若要製作一般家庭吃的paquaude，只需混合五百公克的麵包麵團，一百二十五公克的奶

油，等量的砂糖粉，兩個蛋和一湯匙橙花水即可。蛋形布里歐許要先發酵四小時，然後再用中火烘烤約一小時。順便一提，旺代人非常喜愛布里歐許，有時會做出所謂的超級尺寸來，尤其是在結婚典禮時，布里歐許可能重達十磅！

對亞爾薩斯的孩童來說，帶來復活節彩蛋的是野兔而非教堂的鐘，復活節當天的美味糕點則是以羔羊形狀的模子烘烤出來的牛奶麵包。此處的羔羊自然指復活節的羔羊，寓基督自我犧牲之意。雖然自西元六九二年起，君士坦丁堡主教會議即禁止了此一形象。在亞爾薩斯的猶太人社群中也可看到一樣的麵包，不過是出現在慶祝逾越節的那一天，以紀念希伯來人出埃及前在房門上以羔羊血為記的歷史。這種散發著櫻桃酒香的糕點以羔羊狀的上下雙模烘烤，並讓麵團於事前就在模中發酵成型。烤好脫模後撒上砂糖，最後插上三色旗當作

裝飾。

不過，是因為想像力的貧乏、或因為所有的東西都被發明出來了？現今法國的復活節糕點幾乎都差不多。最常見的是個人獨享或眾人分食的薩瓦餅乾，以奶油醬汁勾畫出小小的鳥巢，裡面再放入幾粒迷小的利可酒砂糖蛋。要不然就是做成半顆蛋形狀的大蛋糕，裝飾的精緻與多寡依糕餅店的豪華與否而定。鮮奶油和糖面一直都是巧克力口味，因為沒有巧克力就構思不出復活節糕點了。大鐘也是甜點師的靈感來源。

至於復活節的星期一，就在不久以前的年代，每個地區都還會獻上各具特色的糕點，但對二十一世紀來說，這樣的習俗似乎已經屬於舊時歲月。現在的孩子應該參與或從事地方食譜的蒐集，使其繼續流傳下去。

數年前，法國的家庭主婦與糕餅師還能在上半年的最後一個宗教節慶，歡樂的五旬節製作應景的糕點，現在卻幾乎見不到跟上述復活節糕點極為相似的鴿舍蛋糕了——代表著聖靈的糖錠鴿子取代了糖蛋。不過，若過節時正逢好天氣、週

亞爾薩斯的8字形餅乾

這種用來當做糕餅師公會標誌的知名乾硬餅乾是中世紀麵餅的後代，我們在第126頁已經提過。其加工過的麵團先要放入撒了灰的滾水中煮，然後撒上粗鹽及小茴香種子，再放入烤箱中烤到硬。雙結或Ω字母的形狀可能象徵著永恆。未婚夫妻應在聖星期五，就像在聖誕節的隔日一樣，一起啃個8字形餅乾以確保愛情的永恆。

末或減肥的話，來個冰涼的甜點似乎真的較合適。

聖尼古拉的香料蛋糕和聖誕節的柴薪蛋糕

自西元三五四年後，基督徒便在十二月二十五日歡慶基督的誕生，拉丁文稱之為Natalis dies，十二世紀的法文則借用普羅旺斯語中的nadal，衍生出naël（現代法文為Noël「聖誕節」）一詞。而根據眾多傳說，四世紀呂西亞的米爾主教聖尼古拉是航海者的保護者，後亦成為兒童的保護者，紀念日則是十二月六日。我們已經談過這位聖人（請參見第152頁），也談過了奉獻給他的香料麵包，法國東北部的人為了向聖尼古拉表示敬意，會在十二月初食用極為大量的香料蛋糕。

相當受歡迎的聖誕老人的起源常常引起爭論，但因為和糕點沒有關係，所以我們不深入探討這個話題。假如我們相信聖誕老人的話，那並不是我們該擔心的。而我們當然相信他！

現今的聖誕節甜點大部分都做成聖誕老人的樣子。不過，直到十九世紀中期——雖然在貝利或維瓦黑等省份仍保有製作人形聖誕節糕點的習慣——這些糕點卻一如今日的法蘭德斯糕點「kerstbroden」，是以木偶或強褓中嬰孩的形狀出現的，完全無法與聖誕老人連想在一起，可見當時的兒童民間傳說中並沒有聖誕老人。

同時，傳統的布施僅僅是幾個小錢或一些傳統甜食，如乾果、蘋果或幾塊布里歐許：

「讓我們歌唱聖誕，我的好太太
為了一個蘋果或一個梨子
為了喝上一點蘋果酒」

或是：

「在快樂的聖誕節
我的米樹嬸嬸

我從鑰匙孔中看見
您在吃蛋糕
不管是黑的還是白的
我要走了，從來沒……」

從中世紀初期開始，聖誕節便是親朋好友一年一度的歡聚之日。午夜彌撒前的家族聚餐往往呈現了親情友愛與虔誠虔敬。通常大家會分享特別的蛋糕，例如諾曼第的「garot」、阿爾戴什的「炸糕」與布列塔尼的「烘餅」，並等到天上第九個星星出現以後，才開始用餐。

亞爾薩斯及普羅旺斯的聖誕節傳統色彩仍然比其他地方更為濃厚。雖然這兩個地方大大不同，對法國人而言卻都能勾勒出一個真實的聖誕節輪廓：東部是聖誕樹，南部則是馬槽（基督誕生的場景模型）。

任何一個如密斯特拉一樣的南法人都不會忘記為「十三道甜點（代表基督和十二個門徒）」中的「兩種牛軋糖」配上「油幫浦（以橄欖油製作的橙香糕餅，典型的普羅旺斯糕點）」。

在亞爾薩斯，必定會端上其實是一種香料蛋糕的亞爾薩斯梨蛋糕「bireweck」，蛋糕中除了梨子外，還有果乾及水果蜜餞。

亞爾薩斯人在歡慶聖誕節時還會將8字形餅乾分送給戀人及孩童。這種餅乾大到可用手臂穿過或掛在脖子上。還有其他為了此一神奇之夜特製的亞爾薩斯糕點：「馬納拉」，做成人形的橙花口味小布里歐許，葡萄乾則是眼睛；「布列多」家族，各式各樣只能在聖誕節吃到的應景小糕點，裡面放奶油的叫奶油布列多、放杏仁的叫「swowebreedle」、放檸檬的則稱為「spritbreedle」。從史特拉斯堡到寇勒瑪，隨便問哪一個小朋友都答得出這些糕點的不同名稱。

不過在現在，從加萊到沛皮尼翁，從布列斯特到史特拉斯堡，最受歡迎、最「典型」、且是法國特有的聖誕節糕點，應該非聖誕節柴薪蛋糕莫屬了。最經典的口味則是栗子及巧克力。

然而近幾年來，由於一些無關緊要的理由，像是膽固醇或大腿脂肪團，「輕淡的」聖誕節柴薪蛋糕變成了顧客的最愛：不要砂糖、麵粉、奶油、鮮奶油、巧克力甚至也不要栗子，時髦的大糕餅師們紛紛「炮製」這樣的蛋糕以討媒體歡心，讓他們得以拍攝令人驚豔的照片。

為了標誌冬至的到來而於家中壁爐使用真正的木柴來升火的這項傳統，比聖誕節古老了許多，也比基督誕生更為古老。這個儀式顯示出歐洲宗教混雜的一面，那把火不但與公牛神米特拉的崇拜有關，也跟信仰永不熄滅之太陽的塞爾特神話有關。而基督教傳統與種種地方迷信，自然而然地，便隨之貼覆了上去。

一般而言，果樹的枝幹及大型樹枝要在屋中爐灶裡連續燒上三天、七天或十二天（象徵性的重要數字），並由家中最年長與最年幼的人來共同點燃。在進行儀式時，常會在爐膛中撒上油、蜂蜜、酒、鮮奶和聖水。此一儀式裡包含了遵守教規之人所有最重要的義務：對火的敬拜、尊敬祖先、維護傳統風俗等等。

接著，因為中央暖氣系統和對流暖氣機的出現，爐灶不再被使用，木柴則變成了餐桌上的糕點。柴薪蛋糕有各式各樣的作法，會隨著不同的外觀花樣和口味做不同的變化，除了具有獨創性，也保存了過去的傳統。

不過，就算我們將柴薪蛋糕的發明歸功於美好時代最知名的糕餅師拉坎，我們也不知道這讓人驚豔的發明始於何時，更無從得知這種聖誕節中的世俗歡慶源於何日。有人肯定是一八九八年，有人認為是一八九九年。既然如此含糊不清，那麼不如歸於傳說吧。

社交慶祝糕點

我們已經談過了，從很早很早以前開始，蛋糕的首要天職便是為了表示敬意、做為感謝的明證、並在與神祇或與社會的關係之中，標誌出分享的喜悅。

如同先前所述，這些今日依然存在的特殊甜食，其文化性與節慶性在最初多半源於宗教節日，雖然它們現在多半已和聖誕節一樣地世俗化。而在另一方面，我們越來越重視所謂的特殊場合或現代社會慶祝活動，如五月的母親節及二月份的情人節。蛋糕越來越被當作是不可或缺的東西。托各種節日和銷售市場的福，這些日子對糕餅師來說也變成了一場慶典。畢竟現在結婚的人似乎越來越少，新生兒洗禮或領第一次聖餐的場合亦隨之降低，實在大大損害了甜點高塔的銷售。

包法利婚禮上的甜點高塔

「為了做圓餡餅和牛軋糖，糕餅師傅還是特意從伊夫特請過來的。糕餅師因為在那地方頭一回露臉，所以做起事來小心翼翼。上甜點的時候，他親自端來一盤能讓人驚叫的甜點高塔。首先是底層。那是一塊藍色的方形硬紙板，形成一座有廊有柱，周圍還有雕像的殿堂，神龕中則擺滿了金紙做的星星。第二層是用薩瓦蛋糕做成的城堡主塔，周圍有白芷、葡萄乾、杏仁和四分之一柳橙做成的小小碉堡。最後，在最高層的平臺是一片綠色的原野，在那裡有岩石、果醬湖以及核桃殼做成的船。一個邱比特在巧克力鞦韆上盪來盪去，鞦韆兩邊的柱子上頭各有一個真正的玫瑰花球。」

——福樓拜，《包法利夫人》，一八五七年。

甜點高塔在十九世紀脫離了王侯的豪華晚宴而變得大眾化，資產階級無法想像婚姻中沒有一個堆疊著層層鬆脆餅、以砂糖花朵與絹網絲帶做成的蝴蝶結裝飾、頂上放著象徵新婚愛侶小人偶的甜點金字塔。這對伴侶會在隔年再一次向糕餅師訂購類似的甜點高塔，只不過塔頂上換成了搖

籃。十年後，為了慶祝孩子初領聖餐，搖籃再變成拿著蠟燭的小人偶。

在那個年代，人們對於再婚時是否訂製結婚蛋糕頗感猶疑，但就像維多利亞女王的女官斯塔芙男爵夫人在其教導「禮儀」的書中所說的，她並不建議這麼做。今日，每對新婚夫婦都能訂做個人化的紀念蛋糕，太過顯眼的鬆脆餅因此變得越來越少見。新婚夫妻以美式風格，兩人一起握著刀子切開結婚蛋糕成為結婚儀式中的高潮與慣例，攝影師也絕對不會錯過這一刻。

當今最有名的結婚蛋糕，不用說，當然是英國查爾斯王子和戴安娜．史賓塞小姐的結婚蛋糕。他們的結婚蛋糕就和婚禮一樣受到媒體的極度注目。出自松德爾之手的結婚蛋糕可招待數百位賓客。若想複製此一極品糕點，可前往有「糕點仙境」之稱的糕點博物館特別展示室收集資料。身兼糕餅師、糖果師及巧克力製造師的大師，法蘭西斯．米佑在庇里牛斯山北邊的波城（亦為巧克力的歷史中心之一）建造了這棟博物館。

這個高達三米九三的結婚蛋糕依照英國傳統，全部都用砂糖做成。七層平台的每一層都放著待切開的蛋糕，並理所當然地以英式鮮奶油餡做裝飾。依照習俗，蛋糕上的糖製藝術品須保留到第一個小孩誕生的慶祝時刻，糖錠做成的花朵則會分送給受邀的賓客。

要做出這樣的蛋糕需要很長的作業時間，要做出各部份的草圖模型、雕刻和鑄模，並為整體造型勾勒想像好幾種版本。珍珠花環是這整件作品中最精緻脆弱的部份。

松德爾這位不同凡響的人物曾在荷蘭女王、比利時的博端國王，還有伊朗國王札薩·巴勒維與令人難忘的法拉的結婚典禮上大展長才，也曾在瑞典國王的生日中一顯身手……這裡僅僅舉此數例。不過，他最自豪且樂在其中的，還是親自教導英國皇太后製作蛋白糖霜這件事。

傑爾維茲的慶祝蛋糕

「餐後甜點端上了桌。在中央，有一做薩瓦蛋糕做成的廟宇，邊上有甜瓜做成的圓頂。在圓頂上種著人造玫瑰，在旁邊有銀紙做的蝴蝶正在翩翩起舞。花蕊裡放了兩粒橡皮糖，猶如兩滴露珠。然後在左邊，有塊白乳酪放在深盤裡，右邊的盤中則堆疊著受到損傷，滲出了汁的大草莓……」

——左拉，《酒店》，一八七七年。

可是，在不講究繁文褥節的今天，已經不太鼓吹不能完全食用的堆疊型蛋糕了，現代人比較喜歡平坦的蛋糕，只要有優雅高超的鮮奶油裝飾即可。

雖然經由各樣競賽產生的冠軍糕餅師竭盡所能，利用砂糖、巧克力、牛軋糖、杏仁糊及水果蜜餞做成的花朵及緞帶，製作出令人難以置信，比真品還美的傑作，巧妙到任誰看了都捨不得吃掉，但他們更樂於向愛好美食者展現真正的蛋糕，每一件都是世界之最，是莊重樸實中的美麗珍寶。

現為法國廚藝學院一員的詹姆士·貝提葉是一九九七年托洛尼亞大獎得主，其精緻完美的傑

詹姆士．貝提葉的卡修佩

此蛋糕有三層結構：基礎為達夸茲（含有杏仁粉及／或榛果粉的蛋白糖霜）和厚厚一層的香堤奶油杏仁巧克力慕斯，接著是厚厚一層的香堤奶油杏仁巧克力醬汁，最後在上面再加上一層可可亞成份高的煉乳巧克力鏡面糖衣。

達夸茲：首先將二百公克蛋白、一百公克砂糖粉和一八〇公克的杏仁粉打至起泡，裝進擠花袋中擠出一個十八公釐高的圓形來。以小火烘烤近三十分鐘。

巧克力慕斯：用蛋黃四個和鮮奶二百公克做出英式醬汁。趁熱將醬汁倒進二七〇公克切碎的巧克力（塗層用）中，混以五十公克奶油和六十公克融化的杏仁巧克力。待到微溫時，加入三百公克香堤奶油（攪奶油）攪拌均勻。放入圓模中，待冷卻後再放進先前已冷卻的達夸茲上。

杏仁巧克力醬汁：用兩個蛋黃和鮮奶一百公克做出卡士達醬後，馬上混入三十公克的杏仁巧克力和二十五公克的杏仁糊，並在冷卻之後加入一百公克的攪奶油。置於圓模中，再放在巧克力慕斯上。最後把蛋糕一起放入另一個圓模中，以攝氏四度冷藏之。

鏡面糖衣：八十公克不含糖煉乳一煮開，馬上倒進一百公克切碎的巧克力（塗層用）、二十五公克砂糖粉和二十公克葡萄糖中。以食物調理機攪打後，將糖衣敷在已冷卻的蛋糕上，但保留中央杏仁巧克力醬汁的部分，劃以菱紋。脫模。再將卡修佩放入冰箱冷藏，約三十分鐘後即可食用。或是將模中的蛋糕冷凍起來，在食用前先解凍再脫模。

作讓桂冠實至名歸。他的「卡修佩」在當初固然是為了五十四位賓客而做，但對一般甜點愛好者而言，不能不試試這道蛋糕食譜，用來招待十來位賓客恰恰好。

被遺忘的節慶蛋糕

在巴黎以外的地區，尤其是在鄉下，一些標誌著社會生活轉變的儀式讓人想起若干傳統美食，為了喚起記憶，我們特別要提到最有名的「新兵」布里歐許。每一年，在為已屆服役年齡（二十歲）的年輕人所舉辦的宴會結束時，一定會端出這道糕點來。

由抽籤決定的兵役自一九〇五年起改為義務役，直到二十一世紀被廢止為止。但對當時的青年而言，兵役具有由男孩轉變成大人的象徵意義。同村莊或同條街的居民會負擔伙食費用，讓穿著軍服且配帶徽章的青年在餐會中大吃大喝，以不醉不歸表現男子氣概。

通常，人們會將一塊布里歐許留下來，轉交給次年的新兵隊長，這在當時被稱為「麵包交接」。

另外還有一些已經消失的習俗：法國北部的婚約糕點「cuignet」（拉長的蛋糕），這個象徵得到允諾的蛋糕必須在耶誕節由新娘（要親自動手做蛋糕）的雙親致贈給求婚者。此時亦是雙方家長懇談的好時機。

在洛林，未婚的年輕女子要做鬆餅；在布列塔尼，要做的當然是用小麥麵粉做成的可麗餅。不過，在這史前石柱之鄉，求婚者得在正式提親時帶著母親或教母做的「求婚蛋糕」[2]。若女子接受求婚，則要回贈完全相同的蛋糕。

至於葬禮方面，在鄉村地方的習俗中，甜食通常不會出現在餐桌上。但在不久之前的北方省

【2】作者註：請注意cuignet與couign，甚至是與kouke的相似之處。

及加萊海峽省，在豐盛的饗宴——稱為「啃亡者之頭」——之後，死者家屬會在致哀者回家前贈送發酵麵團做成的葡萄乾蛋糕。參加葬禮的人在家裡將之切成薄片，並浸在菊苣做成的牛奶咖啡中食用。黑色葡萄乾象徵了喪事，贈送糕點則是向為喪家帶來安慰的親朋好友表達感謝。

法國的甜點遺產

不論是由排鐘宣告的重大宗教節慶或社會節日，介紹法國各地在各種場合使用糕點的習俗真是樂趣無窮。土地上留下來的烹飪遺產中實在有太多美好的事物了，讓美食熱愛者有理由在一年裡的每一個時節，都盡情享受在地的當令特產。雖然這些糕點大部份都極為簡樸並依據傳統製作，但每一家都有點變化。

然而，這些糕餅的延續卻往往因為祕方無法傳承的危機而顯得十分脆弱，年輕一輩的糕餅師也越來越無心保存或復興這些正在失傳的食譜。沒有什麼能夠與自家風味的糕餅相比，只因我們可從中找回那份記憶裡的感動。

在一長串的各地布里歐許名單中，幾乎已經沒有任何一個家庭能做出那種特殊的胡埃格管狀蛋糕了，這種蛋糕曾是胡埃格數百年來的驕傲，卻得要花極長的時間去尋訪會製作的老奶奶才行。不過朗德地方的帕斯提斯及薩瓦的聖傑尼斯布里歐許卻沒變，仍然是家中小孩的最愛。至於由熱那亞麵糊做成，以蘭姆酒及香草提味的波爾多的坎雷其實不是布里歐許，這種鬆脆柔軟的甜點無法在家製作，因為得有模具才能做出坎雷的獨特外貌。

不論在任何時候、任何地方，每個人都可享用的塔

正如我們已知的（請參見第133頁），塔是全歐洲最常見的糕點。其歷史非常古老，是一種以油酥、千層或酥麵團餅皮，裝入撒上砂糖或醬汁

的水果、甜味或鹹味餡料的食物。

圓餡餅是由前述放了餡料的餅皮上再覆蓋上一層由同樣麵團的薄餅皮做成的。若塔模的側邊甚高，那通常就不是塔模而是圓餡餅模。我們也會使用高邊圓圈，放在當作底部的烤盤上。

最具代表性的家庭甜點是水果塔，它顯示了各省份的四季更迭。家庭主婦並不急著將果園中的上等水果製成果醬，而是做成水果塔。不過從年頭到年尾，果醬在製作糕點中都派得上用場，還能讓糕點增添色彩。

但是，不要認為所有的塔都是相同的東西。就像是各地的方言有其特殊的腔調，極易辨識一樣，每個省份也都有專屬的蘋果塔。

以亞爾薩斯的蘋果塔為例。從前本來和別的地方一樣是擀薄的麵團，後來在揉製原先的麵包麵團時，在麵粉中加入了奶油來進行改良（在今日，二百公克的麵粉要用上一百公克的奶油）。

將塔皮鋪在圓餡餅模中，放上去皮、去心籽，切分成八等份的蘋果，也就是說，蘋果片要夠厚才不會糊掉。撒上摻入肉桂粉的大量砂糖後——亞爾薩斯人愛極了肉桂，放進預熱過的烤箱中，用大火烘烤二十分鐘，然後將打散的雞蛋三顆和砂糖一百公克、鮮奶油一百公克及牛乳一杯拌勻，澆在已焦糖化的蘋果上。再放入烤箱中烤約十分鐘，趁溫熱食用。

貝利或勃艮地蘋果塔中的蘋果除了要去皮去籽外，還要浸泡在酒或葡萄酒渣中，若無，則使用甘邑白蘭地。

典型的諾曼第蘋果塔口味極為濃郁，「膽固醇」這個詞似乎無法被翻譯成諾曼第語……。

若艾瑪·包法利（包法利夫人）要動手做蘋果塔，她會這麼做：以麵粉二百五十公克、蛋黃二個和新鮮奶油二百公克做成基本酥麵團，也沒忘記還要加上一撮鹽。在靜置麵團的同時，她會削一公斤的「小王后」蘋果，一半用來做糖煮蘋果，另一半浸在加了一小杯蘋果烈酒和五十

製作酥皮點心的派粉廣告，1888 年。

公克砂糖粉的碗中。接下來，艾瑪會在圓餡餅模中鋪上擀薄的麵團，倒入糖煮蘋果，然後再把蘋果整整齊齊地排好，並用大火烘烤。三十分鐘之後，她從爐中取出蘋果塔，倒上鮮奶油（一百公克）、蛋黃（三個）、杏仁粉（二十五公克）、砂糖（五十公克）及少許浸泡蘋果後剩餘的蘋果烈酒混合物。再以小火烘烤十五分鐘後，趁溫熱食用。以上也就是諾曼第蘋果塔的作法。

沒有比普羅旺斯蘋果塔更實在的了（成功率很高）。普羅旺斯蘋果塔只使用蘋果，極薄的塔皮則是用植物油做成（或者不久前都還在使用的，煮沸牛奶上形成的奶皮），很少使用奶油。切成片的蘋果撒上糖即可烘烤，出爐後塗上數匙蘋果果膠，冷卻之後即可食用。

在前面已經提過的塔當蘋果塔（請參見第240頁）其實就是翻轉過來的蘋果塔，在其他省份也有許多類似的東西。這一樣糕點明星的前頭肯定有若干先驅。

此外，土魯茲還有一種費內特拉杏桃塔。這種塔從前可是四旬齋中旬和復活節的美食，更是某種見證：每個人為了獲得赦免，得前往布加郊區的痲瘋病院探訪病患以表現出憐憫與慈悲等善行，而在接受考驗之後，為了慶幸自己還活得好好且身體健康、心情更輕鬆，人們便會在節慶中大吃大喝一番。因此，被命名為「lou fenetra」的杏桃塔不僅是這一天的傳統慶祝糕餅，也是結束盛宴的糕點。根據詩人密斯特拉的說法，此名稱來自於晚期拉丁文 fenetrum 一字的黑色幽默，意指「喪禮的餐點」，而非「窗子」。法國大革命以後這項習俗幾已完全絕跡，直到最近，土魯茲的知名糕餅師拉寇斯特才重新把費內特拉挖掘了出來。他把費內特拉做成花的形狀並放在櫥窗內展示。拉寇斯的費內特拉在這座玫瑰色之城裡到處被模仿，即使現在痲瘋病患已經不存在了，或許罪惡也已不存在，但貪愛美食之罪卻不然。品嘗費內特拉已經不再具有宗教性質了，它甚至成為星期日午餐結束時的必備糕點之一。在昔日的宴會中若無費內特拉，就像歐克語作家夫羅黑所說的：「多麼棒的費內特拉！在它可憐的一生中，從未見過相同的東西。」

提到宴會，就讓人想到十九世紀末相當有名的美食評論家侯貝·庫爾丁說過，法國北方數世

土魯茲的費內特拉

將擀薄的油酥麵團鋪在橢圓形的塔模中。在其上塗上一層混以略為切碎的糖漬檸檬的杏桃果醬。覆蓋上混合了等量杏仁粉和過篩麵粉的微甜打發蛋白。飾以檸檬圓切片及紫羅蘭蜜餞。撒上大量的糖，以小火烘烤二十分鐘。

紀以來一直是受到侵略和蹂躪的邊境地區，卻也是全國各省中最清楚如何保存方言和庶民菜餚的省分。此說法並不全然真確，不過為了忘記數量太過龐大的黑暗痛苦時期，主保瞻禮節、狂歡節以及無窮盡飲酒作樂的大規模宴會，可不僅僅是古代的歷史而已。

法國北部的冬天傳統美食是著名的李子塔。餅皮甚厚且非常營養，以發酵麵團製成，就和麵包或布里歐許麵團一樣。李子則在等待麵團發酵時，浸在內有小塊肉桂的糖漿中醃漬。醃料中還可加入一湯匙的烈酒並以文火慢慢收乾，趁李子塔尚未冷卻時淋上去。

李子在北方極受歡迎，通常還會和蘋果一起做成糖煮水果，放在用劣質砂糖做成的傳統糖塔上，這種糖塔已在前面提過。

甜味的蔬菜塔

很久很久以前，法國南部一到冬天就很難取得新鮮的水果，當地的居民因此學會享受另一種美食，甜味蔬菜塔。

因此，從阿普特到濱海的聖馬利亞、從聖特到阿克—須爾—阿爾悶，聖誕節大餐中必備的十三種糕點中一定要有甜菠菜塔，或者從坎城到蒙頓的甜菜塔，甚至是德侯姆及孔塔·維內參地方的南瓜塔。

南瓜塔更正確來說應是**tarte au potiron**（筍瓜），亦因此被命名為「panat」。奇怪的是，南瓜派在美國廣受歡迎，卻沒有南瓜派在美國的起源和傳承的相關研究，對沃克呂茲和維吉尼亞之間的移民活動也沒有無明確的查證，其事實亦無從加以確認。另一方面，我們也該提到法國北部的名產，南瓜餡李子塔。

雖然都是使用菜葉，菠菜塔和甜菜塔在作法上並不相同，製作時要很謹慎。

菠菜塔

將極嫩的菠菜挑好洗淨。以滾水燙過，瀝乾並切碎。鍋中淋上一些橄欖油，炒菠菜，並加上大量的紅糖及擦得極細碎的檸檬皮（一個）。將甜餅皮做好鋪在圓餡餅模中並放入大量的菠菜後，放入爐中以相當大的火力烘烤。如此一來，餡料才沒有時間出水。

甜菜塔

這道尼斯經典美食只使用甜菜的綠色菜葉部分。將甜菜的白色邊緣全部剝掉。將菜葉放在陽光下曬乾。隔日當菜葉變脆時，將之如煙捲般捲起並切成細段。另一方面，用二百五十公克的麵粉和略少於一半之量的植物油（或用豬油，奶油亦可，若您堅持的話）及打散的蛋做成甜味塔皮。將三分之二的塔皮鋪在模中，烘烤至淡色，約十五分鐘。與此同時，把剩下的塔皮切成條狀。將切碎的甜菜混以一百公克擦碎的荷蘭乳酪、兩百公克浸過水的葡萄乾、一顆打散的雞蛋及一小撮鹽。餅皮出爐後馬上填入餡料，並把條狀塔皮交叉鋪在上面。將塔放入烤箱中烤十五分鐘。出爐後撒上香草糖，食用前再撒上一些。

——瑪格洛娜．圖桑—撒瑪，《普羅旺斯的鄉村菜》，Robert Morel 出版社，Forcalquier，一九七〇年。

朗克多的塔家族與甜的肉餡餅

一七七〇年，身為英國貴族與印度總督的克里福爵士來到蒙佩里耶接受一位醫學院教授的治療，這位教授被視為自拉伯雷以來世界上最好的醫生。克里福爵士和其隨從受到美麗的城市佩茲納斯的吸引（二百年前莫里哀也時常造訪此地），暫居於此，而隨從中的一名印度廚師（當然了！）成功地改良了蘇格蘭美食——甜味羊肉餡餅。總督常常舉辦印度大君式的盛宴，當地的上流社會人士常常在宴會中大快朵頤。

總督優雅大度地將製作方法傳授給了賓客。當總督回國時，一個名為胡凱洛的佩茲納斯糕餅師便在聖約翰騎士街四號的店裡，販賣起外觀美麗可供一人食用的佩茲納斯肉餡餅。其滋味讓人想起克里福爵士家中的好東西：豬油作成的餅皮，肉餡為切碎的羊肉和腎臟油脂、擦碎的檸檬皮並加上粉狀紅糖。在放入烤爐烘上三十分鐘之前，還會先撒上少量的砂糖以使之焦糖化。模的形狀像定音鼓，有點類似達里歐的模子。古老的模子上頭常刻有浮雕，有時會用金或銅製成，在古董店中往往被當作菸草罐。

小小的貝吉葉餡餅需用到奶油做成的餅皮，並在與前述餡料相同的內餡中放入切碎的糖漬枸櫞。

玻該一地的帕斯提松必用粗紅糖做成的摺疊千層酥皮，餡料則是牛腎脂肪混以切碎的枸櫞、擦碎的檸檬皮、橙花水。南法一帶的人極愛橙花水，將之廣泛應用於糕點的製作中。

至於革呂桑一地的甜餡餅則是眾人分享的糕餅。餅皮和玻該的一樣，使用加了糖的摺疊千層酥皮，包進切碎的冷羊腿肉及腎臟脂肪、擦碎的檸檬皮及粗紅糖。這種由兩片厚餅皮做成的圓餡餅，餅蓋部份因上了蛋汁或牛奶咖啡而呈現金黃色。

形狀相同的貝吉葉圓餡餅除了糖漬哈蜜瓜和羊的腎臟油脂、傳統的檸檬皮及二百五十公克的粗紅糖之外，餡料中沒有任何的肉類。

一般說來，雖然味道偏甜，這些各式各樣卻又十分相似的糕餅通常被當作前菜使用。

像麵團包水果般的幸福

第二次世界大戰期間，亞爾丁省的老奶奶若在黑市拿不到麵粉的話，會用麵包糧票到麵包店換取生麵包麵團，瓦爾省和沃克呂茲省的老奶奶也是如此。於是，就像每年秋天所做的，她們挑選出上好的榅桲，用圍裙的反面仔細地擦好，挖核，取出裡面的種子。接下來，這也是最重要的一環，將榅桲泡在水中，然後在中心處塞上砂糖粉且在砂糖裡輕輕滾動。接著，她們將攤平的生麵團切成四方形，並用四方形的麵團小心地將果實包起來，放入平底籃裡。然後，吵吵嚷嚷的孩子們便興高采烈地跑到麵包店拜託店家幫忙，以文火烘烤所謂的「pan-coudoun」（榅桲麵包）。麵包出爐後總是顏色金黃且香氣四溢。

這個食譜也可以應用在蘋果和洋梨上。至於麵團，則視財力、個人喜好、傳統而定，基本酥麵團、布里歐許麵團、摺疊千層酥麵團都可以。每個省份都這麼做，唯一不同的是名稱各異。

朗克多塔的名稱

在說到「塔」的時候，朗克多人並不使用「tarte」或「tourte」，「croustade」才是通行的字眼，例如洋梨塔。洋梨塔的餅皮是用豬油做成的，餡料是柯比耶紅酒煮聖約翰小洋梨並以肉桂提味。在那爾波內，當地摻有切碎杏仁、美妙無比的蜂蜜無花果塔則可追溯至中世紀。

例如在諾曼第，認識或不認識布爾多（洋梨或蘋果口味）端視住在塞納河右岸或左岸而定。布爾多的基本酥麵團是一顆雞蛋和大量的奶油（毫無疑問！）。上諾曼第的布爾德洛則更加精緻。會先把蘋果去皮、去核、塗上奶油且烘烤四十五分鐘，麵團則使用摺疊四次的千層酥皮麵團。蘋果烤好以後，則在其中填入用蘋果烈酒稀釋的果醬（視情況而定），並放在圓形的生麵團上，用紙包好，塗上蛋汁以烤出金黃色澤。食用前還可以澆上蘋果烈酒，來個火燄布爾德洛。這道甜點的熱量可不小。稱為杜雍的甜點也是如此製作，但用的是水梨。

櫻桃燒薄餅的大家族

用水果做成的點心通常沒有任何的麵團，卻內含加了蛋的奶油醬汁。我們因此將這一類甜點歸類於 entremets。

貝利一地的蘋果古埃宏可上溯至中世紀，十四世紀知名的《巴黎的家長》作者稱其為「波旁塔」。這種塔需要像可麗餅一樣的稀麵糊，以兩個打散的雞蛋、一杯鮮酪、一杯牛奶及二百五十公克的麵粉做成。應先將麵糊放入圓餡餅模中，再將喜歡的水果擺好。如果使用了櫻桃或者小李子的話，做出來的就變成了「米婭」。

馬孔一地的塔圖庸作法相同，但隨便什麼水果都可以拿來用，單獨一種水果或綜合水果皆可。

古埃宏和塔圖庸不該與隨處可見、只使用櫻桃的櫻桃燒薄餅混為一談，就像米婭一樣。同樣的東西在諾安當地則被稱為「galifouty」。在喬治桑家族食譜筆記中的「galifouty」，便是女作家的孫女歐荷．桑親筆記下來的。

奧維涅一地的米亞荷是櫻桃燒薄餅的一種，這個地區性名稱讓人聯想起貝利的米婭，兩者之間應該有點親戚關係。這種糕點極為簡單且富鄉村風味，其特別之處在於，櫻桃倒入可麗餅麵糊之前要先裹上一層麵粉，才不會沉到底層去。

和馬孔的塔圖庸一樣，佩里戈一地的燒薄餅可用手邊現有的任何一種水果製作。根據了不起的女廚師兼作家拉．瑪季依的說法，在佩里戈，所謂的**flaugnarde**首先指的是為了得到一顆糖果、一份禮物或一個親吻而撒嬌的小女孩：「將之擴大引申之後，佩里戈人將這種美味的牛奶雞蛋烘餅命名為芙蘿涅亞，因為入口即化，『慵懶』得幾乎無法保有原來的形狀」。在餡料中——砂糖一百公克、麵粉一百公克、蛋三個或四個及一杯半加了橙花水（非常重要）的牛奶——加入去核的李子乾和／或葡萄乾，然後立刻放進熱烤爐中烘烤約二十分鐘。

佩里戈的米拉蘇是相似的東西，但稍微硬一點，小麥粉中要混入兩倍重量的細玉米麵粉。

與之相反，布列塔尼著名的法荷或法荷茲就和芙蘿涅亞一模一樣，唯一不同是在一公升牛乳中加上五匙的蘭姆酒。法荷或法荷茲這個地區性名稱與「**farine**」（麵粉）一字同源，來自於相當古老的印歐語，並在一七九九年增列入法國國語字典裡。

關於櫻桃燒薄餅

櫻桃燒薄餅**clafoutis**也可寫成**clafouti**。根據字典的解釋，這個字彙是中央高地、里慕贊或貝利的方言。十九世紀中葉，由於作家都德、密斯特拉及喬治桑的緣故，方言得到了某種程度的關注。根據阿藍．黑伊的說法，**clafoutis**結合了兩個保存在方言中的古法文字彙：**claufir**（釘住）和**foutre**（打進）。釘子或許就是暗示著放在奶油醬汁中的櫻桃。

貝利的櫻桃燒薄餅

取一碟子大小的平模，塗抹奶油待用。準備好長梗黑櫻桃，去梗，鋪在模底後再加上一層黑櫻桃。取一只大盆（gamelle，貝利方言稱作「terrasse」），放入麵粉一杯、烈酒一大匙、全蛋一個、鹽少許以及一顆蛋大小的新鮮奶油，再加點水做成光滑的麵團，並用木杓持續攪打麵團約五分鐘，以避免麵粉結塊。將麵糊倒在櫻桃上。麵團會將櫻桃間的縫隙填滿，所以必須注意不要倒進太多，免得風味盡失。放進夠熱的烤爐裡，烘烤約一小時左右。出爐後，脫模，撒上砂糖。放置數小時使其冷卻。早上製作的櫻桃燒薄餅放到晚上享用較佳。或在夜裡製作，於隔天早上食用亦可。趁熱吃既不美味可口，對消化也不好。兩倍的份量可做雙層大蛋糕。可保存兩天。

——《喬治桑的餐桌》，Flammarion 出版社，一九八七年。

另外兩種甜點的字彙之旅分見於勃艮地公國國土的兩端，可見此公國的富庶及廣闊。一是尼維內地方的鄉土甜點夫拉謬思，此乃使用蘋果的燒薄餅。另一個是在法蘭德斯或埃諾一地的夫拉米克或夫拉米許，此為奶油醬汁塔，以韭蔥為餡，卻不一定是鹹的。這兩種糕點的名稱並非來自 flamme（火焰），而是從高地德文的 Flado 衍生出來的 flaon（雞蛋牛奶烘餅／布丁）。

奧維涅塔因為沒有塔皮，所以絕對不是塔。但這種用美味的栗子泥做成的甜點到底為何會取這樣的名稱呢？我們在加泰隆尼亞可以找到同樣內容的東西，但至少有個確切的名稱 crema de castanyes（加泰隆尼亞奶醬）：在半公升以香草和砂糖調味的熱牛奶裡，加入四個蛋黃及二十個煮過栗子做成的栗子泥。以小火煮至濃稠，裝在碗裡冷卻後就可食用。

做為 entremets 的奶醬

加泰隆尼亞人可說是製作奶醬的權威，不論是著名的焦糖布丁，或是放了肉桂和新鮮杏仁的牛奶奶醬。牛奶奶醬是阿拉伯—安達魯西亞菜餚的偉大遺產，是從前的佔領者留給潔隆納省的修女的。

今日，我們尤其不能忘記著名的香料味加泰隆尼亞奶醬，因為國際性的農產食品公司早已把其自有的工業版本奶醬滿滿地塞在超市的貨架上。

只有真正的加泰隆尼亞奶醬才含有八角，這是其香味獨樹一幟的祕密。可別把這秘密告訴農產食品公司，因為他們還不知道……。就像所有從沛皮尼翁到巴塞隆納的奶醬一樣，加泰隆尼亞奶醬因為加了太白粉而變得濃稠，多半單獨放在瓶身寬度大於高度的罐子中供人享用。

完全不同類別的燉米自聖路易時代起（請參

加泰隆尼亞奶醬

首先，在煮開的半公升牛奶中加入八角四個、一小塊肉桂、切碎的檸檬皮及一根剖成兩半的香草豆莢。要用木匙攪拌，不要用打蛋器否則會起泡。將砂糖粉四湯匙、全蛋一個和蛋黃三個、太白粉兩湯匙加入牛奶中，以文火加熱，不斷攪拌，使其濃稠卻不至於煮沸。注入 ramequin 模型（直徑八至十公分的乳酪蛋糕圓模）中，冷卻後食用。

見第137頁），就是唯一能和奶醬一樣大受法國人歡迎的entremets。關於諾曼第芳香四溢的特爾固燉米在歐爾恩河流域是這麼唱著：「要滿足口腹之欲／應吃特爾固燉米／應吃法呂布里歐許／然後再好好來上一杯」。

吃特爾固燉米能使人強壯起來，法呂則是一種搭配著特爾固燉米吃的蘋果酒口味布里歐許。特爾固燉米的作法是：在塗上大量奶油的有柄陶鍋中加熱兩公升的牛奶。當牛奶沸騰之後，放入二十五塊方糖和一小撮鹽、兩茶匙肉桂及一百五十公克的長米。充分攪拌後，將米放入烤爐中以文火烘烤至少三小時，直到表皮呈金黃色為止，食用前再撒些奶油。

特爾固燉米這種名稱令人想起容器。這種燉米與普羅旺斯燉米一樣（請參見第140頁）古老，不過前者不含杏仁，因為當時此地還不認識杏仁。

知名的勃艮地里果東與加泰隆尼亞奶醬很相似，加了蛋，也加了使之柔滑的太白粉，但里果東不用特爾固長米，而是用變硬的碎布里歐許與剁碎的核桃及榛果。食用時會將糖煮水果鋪在上面，並佐以……想當然爾的……紅酒！

第六章

世界各國知名甜點

享用過法國的美食以後，讓我們也來看看法國以外的甜品和點心。但正如那句格言「眼大肚小」說的，豐富的選擇往往讓我們錯失了來自其他地方的好東西，因為我們絕對無法嘗過全部每一種。雖然十分猶疑要如何選擇……，但總而言之，稍微將眼光放在遠一點的地方吧。

當然，在這裡介紹的甜點都是最知名的，是由各個國家的資源、地理和氣候的條件以及社會和宗教的習慣所產生。當然，各國人的偏好亦很重要，不盡然皆依據以上條件來決定。

另外，對一位美食旅行家來說，查訪私房菜的祕密既是義務也是樂趣。如果覺得氣味相投的話，通常都會明快而信心滿滿地對訪者說出祕密。這也是我們將要做的事。

再者，認識他人最好的方式就是在餐桌上，在單純地享受端上來的美食時。

馬格里布，甜點之母

基於以上原因，我們的旅行決定就從位於法國對面，與法國關係深遠的馬格里布三國（北非），摩洛哥、阿爾及利亞和突尼西亞開始。自古以來，此地的菜餚一直因其甜味特徵而受到重視，更是歐洲大部分菜餚的母親，而其阿拉伯—安達魯西亞源頭，則至少有一千年以上。

我們在這裡不提這三國的特色甜點，而針對馬格里布文明的共同烹飪藝術。不論是這三個兄弟國的哪一個，其靈魂和性格都呈現在烹飪技術上。

毫無疑問，這三個國家的共同聯繫是普遍偏好非常甜且香氣濃烈的食物，原料則選自當地的農產：蜂蜜（每個地方都使用蜂蜜）、粗麵粉（或粗或細的硬質小麥粉）、少量的奶油和大量的橄欖油、新鮮的水果（榅桲、無花果，特別是柑橘類水果，如檸檬及柳橙）或乾果（椰棗、葡萄乾、核桃、松子以及大量的杏仁（各種形態）、香氣強烈的香料（橙花水、肉桂、茴香或八角、番紅花，但極少使用香草，巧克力及可可亞也不太被當作香料使用）。也非常喜愛使用種子（西瓜、茴香、芝麻、小米、開心果、花生）和果醬，當然還有雞蛋。

以前是山羊奶，現在各地都使用低溫殺菌的牛奶或保久乳。各類乳製品或由工廠製造，或以手工製成，但沒有使用鮮奶油的習慣。地中海沿岸各地——從前和現在都處於阿拉伯影響之下——能烹調出極為多樣化的甜點。那些高熱量點心並不一定在飯後才端出來，因為即使是貧窮人家的伊斯蘭信徒，都非常喜歡吃這些甜食。

在整個北非地區，所謂的「甜點」、糕餅或甜食並不一定在用餐時享用，因為依其豐富的營養價值來說，它們對一頓正餐來說是多餘的。實際上，各類果醬或豐富的飲料，如咖啡、茶、果汁，以及冰鎮過的水或蘇打水等等才是用來招呼客人的，是一種友情的象徵、好客的表徵，人們會和路過的人和特意來訪者一起分享。

一日遇到社會和家族（在這個地方不用說當然是指大家族）的喜事或宗教節慶，就是吃甜點的好藉口。甜點在家裡分享，也從這家分享到那家。大多數的點心都會被完善保存下來，家中母

羚羊角

馬格里布最知名的甜點羚羊角，並不難做。等量的杏仁糊小香腸和糖粉混合，並以橙花水及肉桂調味後，捲成新月狀，攙進奶油及橙花。在鍋中煮二十分鐘後馬上浸泡在極熱的橙花水中，然後趕緊滾上粗糖或冰糖。或者將生杏仁糊滾上芝麻，煮好，放在上了油的盤中。

親為了能在訪客不論何時到訪時都可以好好端出一盤點心，總是非常注意。

如果主人預先知道有訪客的話，就會端出一大盤熱乎乎且黏糊糊的炸糕來，這在北非可說是最上等的款待。摩洛哥和阿爾及利亞的圈形 sfenj 和北美洲的甜甜圈一模一樣，不過前者整個塗滿了黏稠的蜂蜜。

在突尼西亞，每天都會吃一種稱為「布里克」的炸糕。手邊既有的食物都可夾進鹹味布里克中，特別是蛋，是一種用手拿著吃的傳統食物。而可在路邊購得的甜味布里克上則佈滿了碎杏仁和開心果，還有一層又厚又濃稠的蜂蜜，把麵團好好折起來以後，浸泡在蛋白霜中，再用大量的油下去炸，然後撒上細砂糖，趁熱食用。

在法國，大家都很清楚布里克麵團的樣子，如棉布般細薄，圓盤狀。因為到處都有賣，幾乎不會在家裡做。

但在摩洛哥，相反地，偉大的女性烹飪者到現在還製作一種和布里克相似的麵團，稱作 ouarqa 麵團。只要將薄薄的麵團以靈巧的手法堆疊十次，並在鐵板上烘烤、撒上肉桂和砂糖，就成了如空氣般鬆軟的千層酥餅帕斯提亞。若要做 briouat，則需將麵團切成細長的帶狀，纏在小牛肉碎肉麵團或牛奶煮米麵團上，油炸之後再撒上細砂糖。阿拉伯料理對千層酥餅和甜味肉類的喜愛不分高下。而此類千層酥皮亦將屢屢在甜點的歷史中見到。

كعكة

德國豐富的甜點文化

既豐盛又多變，德國美食擁有豐富悠久的傳統。就像那些大國一樣，德國的菜餚同樣具備多種面貌。德國北部面向北海，寒冷潮濕，鄰居們的影響力透過各個港口傳入而影響到當地的烹調，比如對食物同樣吹毛求疵的荷蘭、波蘭

1950 年代販賣餅乾與蛋糕的商品型錄。

和斯堪第那維亞半島。在德國中部，祖傳食譜巧妙運用了鄉村的有限資源，發展出能長時間燉煮的各類甜鹹味加工食品。德國南部擁有豐富的飛禽野味，也擁有葡萄酒和啤酒，因此每個人都具備朝氣又浪漫的氣質，也與鄰國奧地利一樣愛極了甜點，雖然還無法與奧地利匹敵，畢竟奧地利是無與倫比的糕點王國。

果樹栽培（蘋果、西洋梨，洋李及櫻桃）是德國農業的精髓，幾乎在各地方都能收成的水果造就了前述那些甜鹹兼具的德國菜。不過，有名的櫻桃湯、接骨木果實湯、被稱作荷蘭湯的蘋果湯，以及在北德漢堡使用鰻魚及杏桃做出來的令人驚訝的水果濃湯，這些水果湯都不是甜點。而把蘋果當作蔬菜使用的菜餚更是不計其數。

德國人愛極了蛋糕，也隨時都可以吃蛋糕，不管是在家裡自己做，去糕餅店買，還是在啤酒屋裡點一份。每個城市和鄉村都有著名的糕點：首先擁有無數作法的塔，再來是慶祝用的大型餅乾，如德勒斯登極甜的Stollen。[1]這種在油酥麵團中加上杏仁和水果蜜餞做成的甜點，聖誕節時連在法國超市都相當暢銷。還有呂貝克的杏仁蛋白餅、紐倫堡的香料蛋糕，以及柏林的Baumkuchen，一種在捲成樹幹狀的布里歐許上用含有豆蔻和肉桂香味的杏仁裝飾的糕點。

然而，沒有人能比得上獲得國際評價（遠至美洲！）的黑森林蛋糕。雖然不知道是誰發明的，不過不管亞爾薩斯人或奧地利人說些什麼，一定是在和蛋糕名字同樣叫做黑森林的地方。這種使用了大量的蛋和奶油的海綿蛋糕會加入麵粉一半重量的可可粉。作法是：做兩個相同的蛋糕並浸在櫻桃酒糖漿中，然後把用白蘭地浸漬的整顆櫻桃混以攪奶油做成一層厚厚的夾餡，在蛋糕表面塗上攪奶油，撒上削成片的巧克力。最後別

【1】作者註：十九世紀時創於名店渾頗邁爾，該店於一九五〇年代收歸國有。

忘了擺上櫻桃。黑森林蛋糕應冰鎮食用。

在典型的塔中，還應該提到大黃塔，但也不能忘了蘋果塔。蘋果塔是一種使用混合了杏仁蛋白餅的厚油酥麵團做成的塔—蛋糕。在德文裡，Torte不一定是指塔（tarte）或圓餡餅（tourte）。一句人人皆知的維也納諺語這樣肯定：「Torte是圓形的蛋糕，而所有的圓形蛋糕不見得都是Torte。」

奧地利，糕點的樂園

大多數的美食家都說維也納做出來的糕點是世界第一。這是無庸置疑的事。約莫五百年前，在皇帝菲德烈五世一聲令下，一家麵包店製作了圓形小麵包分送給所有的兒童，麵包皮上還劃著一個十字。而如今不分年齡，誰都可品嘗這種皇帝小麵包。

維也納的麵包店、糕餅店和糖果點心店從中世紀開始就已享有特權，職業公會也很早就非常有組織，甚至遠比法國和英國來得更早。其香料蛋糕工匠的存在亦早於法國。而諸如此類的職業公會全都掌握著獨佔權。

糖果點心專業工匠只可以做焦糖、杏仁糕點、夾心軟糖和餅乾。當知道有巧克力這一樣東西之後，很快地，巧克力專業工匠的團體也隨之興起。至於麵包店，要懂得區別用白小麥粉和黑小麥粉的混合麵粉製作麵包的專業工匠和只用上等小麥粉製作白麵包的專業工匠。雖說如此，即使是後者也無法專精於皇帝鍾愛的所有小麵包或蛋糕。總而言之，在法國被稱為viennoiserie（維也納風格的糕點）的糕點，幾乎和維也納的歷史一樣古老。

據說，一位姓名不詳的廚師長因為手邊的鮮奶油不夠賓客享用，為了增加份量，才想出了攪打鮮奶油的主意。沒人知道這項奇蹟發生的日期，因為沒有人能夠想像一個攪奶油不存在的年

超市裡賣各式麵包糕點的櫃台，1969 年。

代！維也納人不能一天沒有攪奶油。以下景象在維也納絕對不稀奇：顧客將湯匙伸進侍者預先放在桌上的罐中舀取攪奶油，在巧克力、咖啡或蛋糕上再加上一層。有人甚至會直接吃掉攪奶油。各位觀光客！好好觀察你的四周。你們會發現維也納到處都放有這東西。

維也納有一千五百間以上的糕點甜食店，通常每一個小時就會用掉數百公升的攪奶油。而維也納還有一千間的咖啡店和一千間以上的餐館。早上去工作以前、午餐的時間、傍晚五點以後，甚至在觀劇散場時，整座城市的人都匆忙地趕往自己喜歡的店去吃蛋糕。不只如此，他們還會一邊接手機一邊吃蛋糕。這些事若非親眼目睹恐怕難以相信。

你一定知道這句格言：「告訴我您的飲食，我就知道您是什麼樣的人。」這座充滿魅力、才智及藝術的都市早在維也納會議前就已擁有好幾世紀的傳統美味糕點，只要在此停留片刻，便能了解這種群眾營養學對人心的影響。而從統計上來看，維也納的糖尿病患者也不少於其他地方。

十八世紀維也納最有名的糕餅店是德摩糕餅店，距今已有二百年歷史。發跡於布爾克劇院正對面的德摩糕餅店在開業之初，便在店家和演員化裝室之間組織起某種長期的供應關係。如今，劇院的小型博物館裡還收藏著當時的送貨車。

劇院一散場，所有的人都會前往優雅的糕餅店，再一次地讓自己處於上流社會人士和交際花中，擠在許許多多盛裝著冰淇淋的水晶器皿或鬆脆炸糕的銀盤前。炸糕被取名為狂歡節炸糕是件奇怪的事，因為其實每天都吃得到[2]。

德摩糕餅店不久後就成為宮廷指定的糕點供應商，這樣一來大公們隨時都可以吃到美味的糕點。不過，另一種說法是，西西皇后過世以後，

【2】作者註：在傳統風俗中，若女子將半個炸糕交給男子表示其求婚已蒙應允。

札赫蛋糕事件

一八三二年在維也納展開了極為密集的外交活動。起因是拿破崙垮台之後，歐洲重建遲遲沒有進展，奧地利宰相梅特涅便接連不斷地與各國外交官和君主進行會商。為此，其首席主廚弗蘭茨．札赫受命每天構思出新的糕點。終於，札赫靈光一現，把所有的材料混合在一起，製作出麵團中擁有等量麵粉和巧克力粉的大型蛋糕。這種作法前所未見，連卡漢姆都不敢這麼做。札赫蛋糕獲得了前所未見的成功。隔天起，維也納人的熱門話題只剩下這種梅特涅親王的蛋糕。

弗蘭茨．札赫為了將此奇蹟商品化，開立了自己的店面。他結了婚，有三個小孩，在皇帝一直想更新的市中心蓋了一幢旅館，賺了許多錢。歐洲各地有錢的美食家來到藍色多瑙河畔，吃著有名的巧克力蛋糕，聚在札赫的飯店中。一樓的餐廳和茶館供應一碟碟的大塊芳香蛋糕，賓客則舒舒服服地窩在圓圓軟軟、像天使屁股般的「攪奶油」靠墊裡。

然而，傳到第三代時，札赫家族接連不斷地遇上了災難。札赫的孫子愛德華遭遇資金困難，為了迅速解決問題，他將專利證和授權將Ur-Sachertorte（Sachertorte的創始者）這兩個字以牛奶巧克力寫在蛋糕上的執照，出售給德摩糕餅店。接著還發生了另一件不體面的事。

製作蛋糕的祕方出現在漢斯．斯克拉的《維也納糕餅店》書中。

蛋糕的實際所有人札赫大飯店，因其特製糕點遭剝奪而控告德摩。札赫飯店宣稱：德摩販賣的蛋糕是用熱的杏桃橙皮果醬作為覆面，然後再鋪上一層巧克力鏡面糖衣。札赫飯店的蛋糕則是像第一代弗蘭茨所做的一樣，將蛋糕上下兩段切開來夾入杏桃橙皮果醬。德摩做的蛋糕不過是贗品，並不符合原創。

審判持續了七年以上，繯繞此一道義性的問題在維也納有著兩極化的言論。告盡了各層級的法院直到最高法院宣判札赫飯店勝訴，結果演變成蛋糕同業工會轉而支持德摩的情事。最後，札赫飯店不能禁止沒有夾杏桃橙皮果醬的「Sachertorte的創始者」。為了對抗，札赫飯店製作出紮紮實實夾入杏桃橙皮果醬的「自家Sachertorte」。

各位要做的事是造訪這兩處聖地，邊吃邊做比較。無論在這一家還是在那一家，別忘記添上不可或缺的攪奶油。不論是哪一間店的結帳櫃檯，女售貨員都會將外帶蛋糕用烙畫木盒包裝好，讓Sachertorte安適地旅行。

製作Sachertorte時要用加了巧克力的海綿蛋糕，並在圓模中烘製。冷卻後把蛋糕切成上下兩半，中間夾上杏桃橙皮果醬。在加上巧克力糖衣之前，也可塗上杏桃橙皮果醬，將兩種版本合而為一，讓美味更升級。再說一次，一定要配上攪奶油。

將屆晚年的弗蘭茨—約瑟夫皇帝與布爾克劇院的年輕女演員墜入了情網。儘管有記者的緊追不捨，年輕女演員每天仍於用茶時間在後台以密傳的小小庫格洛夫來款待皇帝。

每到聖誕節和復活節，德摩糕餅店的櫥窗儼然成為仙境，不過這間糕餅店在一百五十年前曾經歷慘痛的惡夢，還成了國家的重大事件。也就是所謂的札赫蛋糕事件。

奧地利還有另外一種經典糕點，林茨蛋糕。這並不是維也納的糕點，而是林茨的糕點。這個多瑙河畔的歷史城市做出了這種以肉桂風味的油酥麵團加上杏仁粉或榛果粉，再塗上覆盆子果醬的精美糕點。有的林茨蛋糕只使用杏仁或榛果做餡料，並以巧克力提味，用做果醬塗層的基底。不過不管是哪一種，在烘焙之前，都必須以細長的條狀麵團在蛋糕上組成格子狀。

因為無法列舉出奧地利所有的糕點，所以至少要在結尾時做一結論。若說札赫蛋糕是維也納糕點王國的女王，那繼承王位的公主就是一件令人愉快的奇蹟。這奇蹟以蛋白糖霜與攪奶油做成，佈滿了糖漬花朵及水果蜜餞，形狀為渦卷、薔薇或阿拉伯式草花。它是一陣微風、是穿了舞會禮服的蛋糕。而其名稱，名副其實——西班牙微風是也，極具美好年代之風韻。

就像維也納華爾滋舞曲的標題似的。

但為何是「西班牙」呢？當然是為了尊榮維也納的騎術傳統，以利比札種白馬聞名的維也納西班牙馬術學校。這間學校由皇帝查爾斯四世於一七三〇年創立，以訓練哈布斯堡大公約於一五八一年引進南奧史提利的安達魯西亞駿馬。

遊遍天涯的千層酥

奧地利哈布斯堡家族的帝國自一八六七年起即冠以奧匈帝國之名，直到一九一八年。對奧地利來說，和其「鄰居」雖說不上是強烈的牽絆，但其共同經歷的一段千年歷史也就這樣簡短結束了。而這個鄰居，便是從來就只想成為「匈牙利」的匈牙利，期盼自由的匈牙利。

由於位於歐洲中央，這個國家自古以來即受到舊大陸各個民族的入侵。游牧民族無論是從東邊到西邊，或是從北邊往南邊，總是取道匈牙利這條捷徑。

匈奴人、馬扎兒人、然後是土耳其人，不時有各種民族為了各自的目的地而佔據匈牙利的國土，特別是十四世紀初到十八世紀末。可以想見，這些游牧民族也沿途留下了不少屬於各自文化的飲食痕跡。

從遙遠國度帶來的糕點

「現在的匈牙利菜與我們遠祖翻越喀爾巴仟山時所帶來的已經有很多差異。……然而，現在的匈牙利菜的確還保有從前的痕跡。即使是現在的菜餚，也多多少少可從中得知亞洲菜餚之一二，那些祖先居住過的亞洲地方。」

——卡洛利．昆德，《匈牙利菜的變遷及食譜，直到十八世紀末》，布達佩斯，一九七〇年。

因此就像所有伊斯蘭教軍隊經過的土地一樣，在匈牙利也可見到用摺疊千層酥皮麵團製成的糕點。這種麵團比紗還薄，可來回環繞在各地的傳統餡料上。這類糕點看起來都很相像，但也多變。雖然來源相同，但因採用者不同，故名稱也各異，如 **mghirzat**、**ouarqa**、**brik**、**briout** 等等。

我們在馬格里布已見過這樣的糕點，同樣地，在地中海沿岸的所有國家，或是以前被阿拉伯人佔領過的國家都見得到這些糕點。因此，法國西南部的帕斯提斯是普瓦提葉之役後摩爾人所遺留下來的。此一糕點在摩洛哥的名稱為 **pastilla**，同樣有許多的乾果和松子，極甜。

十五世紀後半開始統治希臘四百年的土

希臘的巴克拉瓦和卡達菲

在塗上奶油的烤盤內，層層疊上六片「樹葉」麵團，一次一片，每一片都要大方塗上融化的奶油。在最上層的麵團撒上一磅的碎核桃或杏仁、半杯細麵包粉和等量糖粉、半茶匙肉桂及等量磨碎丁香。再覆蓋上另外六片塗了奶油的麵團。用刀尖在上面劃出菱形。撒上少許玫瑰水或橙花水，烘烤約一小時。冷卻之後，淋上熱騰騰的糖漿。糖漿應用兩杯糖、兩杯蜂蜜、兩杯水及一顆檸檬汁做成。擱置幾小時之後，切成菱形狀上桌。

卡達菲的麵團為寬條狀。可包裹前述餡料，不過要在餡料或在糖漿中加入柳橙汁。

耳其人，則用蛋和油做出了輕盈的麵團，名為「yufka」。這種麵團可做出不同的千層酥，知名的有鹹味或甜味的「bîregi」或「beurek」，或碎核桃和肉桂餡的「bubul yuvasi（夜鶯之巢）」等等。

在希臘、在伊斯坦堡、在雅典都一樣，被稱為「phyllo」（希臘文「樹葉」）的知名麵團現在已成為工廠大量生產的產品了，可用來製作在近東或埃及也很有名的巴克拉瓦及卡達菲。裝飾這些美食的手法大致相同，不過，卡達菲有時會塗上攙了融化奶油的杏仁糊，放入烤箱烘烤後，再浸入糖漿或滾燙且幾乎焦糖化的蜂蜜中數次。

匈牙利甜點的榮光

德國有名的蘋果捲是一種蘋果修頌（餡餅）。這種蘋果修頌使用的千層麵團類似於「樹葉」、布里克及其他千層麵團。不過它並不是德國糕點，也非奧地利出產，雖然德摩糕餅店的銀盤自開業以來已不知端出了幾個。

無論放不放蘋果，Strudel這個字都無法還原其匈牙利根源。匈牙利早在德摩第一代店主抵達維也納前四百年就在製作這種糕點了。證據是匈牙利人並不認識Strudel一字，而這個德文字意指激流中的漩渦。

這種食物在馬札爾語中的名稱是「黑泰什」，餡料有甜有鹹，可依各人喜好添加蘋果或乾果——蘋果和乾果至今仍深得土耳其人和希臘人的喜愛。而儘管匈牙利是蜂蜜的大產地，黑泰什卻完全不使用蜂蜜。油脂則是豬油。匈牙利人斷言，使用匈牙利小麥做成的黑泰什，其穀蛋白含

布里克、黑泰什、蘋果捲及帕斯提斯的麵團

家庭主婦買的是像「樹葉」麵團那種大量生產的工業產品，不過專業人士總自傲於其如宗教儀式般的製作過程。

無論是在馬拉喀什帕夏的宮殿中，在卡茲諾伏糕餅店，在德摩糕餅店或在傑波糕餅店，麵團都要薄到可以看到報紙上的字，也要光滑、柔軟。麵團要事先做好，才能在使用前先靜置一段時間。麵團是：二百五十公克的高筋麵粉、一杯水、一茶匙醋、一個蛋黃、豬油或牛油（視各地習慣而定）。然後，雙手戴著手套或撲上麵粉的師傅，會在撒上一層麵粉的大桌中央鄭重地擀開麵團，一旁的助手則繞著桌子將麵團輕輕拉至身前，直到一如透明的絲綢，而且不能有任何破洞或撕裂之處。接著，依照各地習慣塗上奶油、豬油或植物油。然後用剪刀剪下裝飾所需的大小，再捲在糕點上。有時候，在烹飪中還會再塗上油脂。所有的過程一定要完美完成，因為沒有後悔的機會。

量為世界之冠。

匈牙利人把糕點和菜餚視為國寶，極度重視，他們甚至用甜點或菜餚來頌揚匈牙利最傑出的人物，如音樂家、文學家或諾貝爾得主。一直非常受歡迎、切成塊狀的巧克力蛋糕里戈·揚西便是為了紀念一九二七年去世的茨崗人（吉普賽人）樂團團長。當時，這位音樂家因誘拐比利時席梅親王之妻，美國億萬富翁之女而震驚了全球新聞界。

最有人氣的黑泰什使用了巧克力和蘭姆酒的攪奶油為餡，並冠以卡洛利·昆德之名。昆德是匈牙利極具現代風格的波古斯（法國大廚）。直到第二次世界大戰，匈牙利的傑波糕餅店和維也納的德摩糕餅店都一同分享著桂冠榮耀，可惜這間垂掛著天鵝絨蕾絲窗簾的名店目前國有化的程度讓人不得不對它懷有偏見，真是令人心碎。

最後，若不提及在巴拉頓湖附近開店、被視為國寶級人物的著名糕點家伊斯特凡·瓦加就太不公平了。瓦加的香料蛋糕完美無比，除了以古式木模製作，還用七彩糖製圖案及鏡面糖衣作裝飾。匈牙利是香料蛋糕的天堂。

強求亞洲的千層派？

在西元一千年左右，土耳其人在中亞過著游牧生活。他們與蒙古人和滿州人屬於同一種族。十世紀時，某些部落分裂出來，在近東地區附近定下來並漸漸地伊斯蘭化。定居在小亞細亞的土耳其人建立起土耳其帝國。其他的土耳其人則抵達現在仍居住的地中海周邊以及歐洲的中心地域，直到十八世紀才撤出。

在這期間，在亞洲，蒙古人不斷威脅中國的邊境，並在一二〇六年征服中國，直到一三七一年才退出。我們將因此看到中國菜對土耳其菜和蒙古菜的影響，而蒙古人也非常喜愛中華美食。

另外，也別忘了中國人自古以來對南亞和西亞其他地區一直保有密不可分的關係。

　　別理會異國菜餚餐廳菜單上的餐後甜點，事實上，在中國（就像在全亞洲）並無所謂的飯後甜點，傳統的點心就是小吃。有用展平的麵團做成的捲類點心：米粉做成的「cha gio」和「nem」（越南春捲）、小麥麵粉做成的「hun tun」（中國餛飩）、西藏的「buzh」和尼泊爾的亞瑪利，大部份餡料是剁得極細的肉類和蔬菜，有時則裝入甜餡。這令我們想起這趟由北非直到此地的旅途中所遇到的各式甜點，正好逆著入侵之路而行。

　　中國的「棗泥餛飩」將橙味棗泥包捲了起來，有點像希臘的卡達菲，但棗泥餛飩兩端須密封再下油鍋炸。總是得有些改變吧！

加德滿都的千層派

　　亞瑪利是種由米粉團展平且捲成圓錐狀的尼泊爾食物，中間或填塞著某種用芝麻和蜂蜜做成的牛軋糖、或填塞著混合了奶油和砂糖的新鮮乳酪。烹調方法則是以蒸氣蒸約十五分鐘。這種糕點是有典故的。就和維也納一樣，亞瑪利是從前某位加德滿都國王希望讓兒童享用甜點的心意。

　　這位安舒瓦瑪國王於十一月滿月之時頒旨，下令每家最年輕的已婚女子須為親族中年滿六歲、十二歲及十八歲的男孩製作亞瑪利。男孩們不僅可享受甜點，還要在脖子上掛上用與自己歲數相同數量的亞瑪利做成的項鍊。

中華帝國的節慶糕點

近百年來，中國人定居在世界各個角落，他們在各大都會中建立起中國城，住在那些極易辨認的街區裡。透過電視，無人不知每年一月底左右的中國新年是如何慶祝的。這節日極為喧鬧，有時候還會變得過於激烈。除了黏糊糊的甜點、做成爆竹狀的紙包糖果，還有棗香四溢的蒸米糕外，實在無法舉出其他頗具特色的糕餅，或許除了香港那種帶來好運的甜味小麵包。

中國文明基本上仍是農業文明。在為期十來天的新年佳節中，為了每一種滋養人類的自然元素，每天皆會舉行慶典。分門別類的話，有家畜日、五穀日、水果日、蔬菜日等等，最後一天則頌讚能夠帶來豐收的好天氣。

至於廚房之神：在廚房深處的神龕中供有雕像或畫像，畫中那位身著華服的福泰男性，人稱灶王爺。這位神祇正月不在人間，因為祂得上天庭對玉皇大帝報告這家人一年當中的所作所為。為了讓祂說好話，人們會在肖像的嘴唇塗點蜂蜜。為了灶神的返天之旅，還會把糖果、食物，甚至是灶王爺騎的馬的飼料，通通都燒給他。在灶神不在的期間，廚房中會點亮一盞燈好讓牠知道回來的路。過年尤其不可碰觸菜刀和所有鋒利的工具，就連肉鋪老闆也不例外。另外，過年期間很難買到食物，一切都得事先就準備好。

相反地，農曆九月的第一次滿月、收割結束後的中秋節則是豐收之節，亦是女性的節慶。中秋節因此是個屬於糕餅的節日，商店的櫥窗中盡是甜食。每戶人家都會展示自己最漂亮的東西——各式各樣的物品、衣服、甚至是小孩子的玩具。人們互贈燈籠以及裡面放著四個月餅的美麗漆盒。

蛋糕

北京胡同內賣湯圓的小販，Samuel V. Constant，1937 年。

月餅

「十四世紀，在蒙古人的暴政下，北京貴族階級的日子過得特別晦暗不明。連在自己的家中，他們也不敢抱怨或批評時政，因為蒙古人的奸細滲透到了每個貴族的家中，以刺探謀反的陰謀。某年，這些貴胄的妻子想出了一條巧計。將近中秋節時，這些勇敢的婦女把起義的訊息藏在烤餅中，她們將烤好的餅分發給所有準備起義的人。這樣，在一選定的夜裡，每個參與起義者都知道在何地何時揭竿而起。帶著狼牙棒、菜刀及劈刀的謀反者，戰勝了完全沒料想到的蒙古衛戍部隊，也因此開啟了將中國從蒙古統治中解救出來的大戰。中國婦女對自家的月餅極為自豪，她們保留了在家中自製月餅的習慣，而非到商家購買。」

——艾密利．漢恩，《中國菜》，一九七三年。

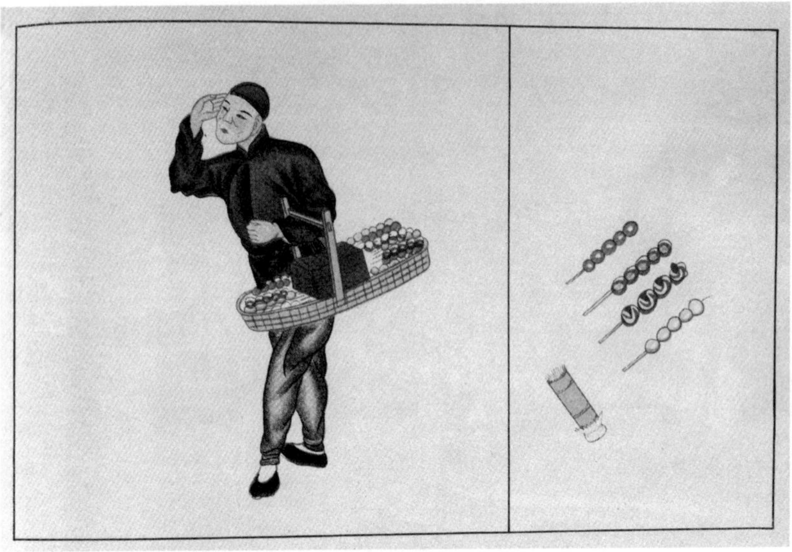

北京胡同內叫賣糖葫蘆的小販，Samuel V. Constant，1937 年。

這種在爐灶中燒烤而成的美味糕餅有如硬殼餡餅，約橘子大小，極甜，麵團使用了某種像蕎麥的淺灰色特殊麵粉，是一半油酥一半基本酥餅，餅中的餡料則有蛋黃、蜜餞、乾果、辛香料……甚至還有肥豬肉！在奠祭祖先的供桌上月餅堆疊成金字塔狀，周圍還會放置其他同樣擺成金字塔狀的供品與水果。

從前製作月餅的模子底部有雙喜字樣的浮雕（脫模後字就在上面），但有一段時期是紅軍的五芒星。如今，糕點店和工廠製造的產品已取代了自製糕點。

當然，中國還有許許多多的糕點，雖然在餐廳中不太容易找到。但在餐廳裡可找到甚受歡迎的「拔絲蘋果」，即蘋果炸糕。還有用杏仁糊及混以豬油的麵粉製成的杏仁餅，餅中有個杏仁，烘烤前還會先用蛋汁塗一層上色。

除此之外，其他甚受歷代皇帝喜愛，如今因工廠大量生產而變得便宜的糕餅還有「籤餅」。

其實也就是在小小的可麗餅中塞入一張小紙條，上頭寫著建議（對未婚妻要慷慨點）或預言（將有遠行）等等的字句，跟毛澤東思想一點關係也沒有。這種對摺起來的新鮮可麗餅相當酥脆，就像布列塔尼的可麗餅一樣。

不過對中國人來說，最有看頭的甜點仍非八寶飯莫屬，這道甜點在他們眼中是十全十美的美食：將攙了糖的糯米蒸好，放入模中，再加入一層層的棗泥和紅豆沙，倒扣在漂亮的盤子裡，並用八種水果蜜餞裝飾，其中當然有棗子，櫻桃也是不可或缺的。淋上以杏仁精增添香味的糖漿後，即可上桌。八寶飯不僅是不可不吃的甜點，還能夠帶來好運。

比利時糕點，傳統之樂

比利時是個一八三一年才建國的年輕國家，但它是由和西歐各國同樣古老的「地區」合組而成的。儘管有這些歷史的偶然，比利時各地仍因其自古以來的類似飲食習慣而連結在一起。也是何以就連凱撒大帝，都早已注意到這些地方的人民對其共通文化的強烈認同感。

比利時的地方糕點和菜餚一樣直接來自民間。這些糕點如同當地的人民，簡單樸實，無需複雜精細的調理手法。若是為了大型節慶舉辦的盛宴而製作的特殊美食，則份量相當充份，但不會故作姿態。

在列日一帶，有一則用當地方言述說的小故事，中世紀味甚濃：「在主日學中，神父問道：『小雷歐波德，您來說說，大家怎樣慶祝聖誕夜？』小雷歐波德答道：『神父，吃蕎麥可麗餅來慶祝啊。』」

甚受喜愛的可麗餅「布克特」源自法蘭德斯，因為荷蘭語的 Boekweit 就是指蕎麥粉。這種甜點常以蘭姆酒來增添香氣，食用時會撒滿葡萄乾（在法蘭德斯常常使用）及糖粉，並佐以一杯煮過的葡萄酒。雖然這是一種家庭式點心，但在午夜彌撒前也可在教會附近的市場買到。小孩子往往會要求買可麗餅來吃，列日的父母則以傳統的拒絕方式，推說好幾百年以來商人都是在鍋中吐口水而不用奶油或豬油。在家中做出的第一份可麗餅用手背拋到櫥櫃上，就這樣一直放著，最後可用來治療黃疸和牙痛。不過要做成糊劑，還是要……勇敢地吞下去？

同樣的可麗餅還可以在圖爾內、尼維勒和納慕爾找到，但名字卻是「friande」，而且是在諸聖譫禮節時食用。另外一種國民點心是在新年吃的肉桂鬆餅，瓦隆語稱之為「strème」（來自拉丁文的 strema，「壓歲錢」），算是種年節習俗。雖然在特定的日子非吃不可，但一年到頭都吃得到，無論是自製還是買來的。

不過，毫無異議地，比利時最具代表性的糕點還是塔。在列日曾有段時日把塔稱為「doràye」。因為實在太喜愛了，十八世紀的列日市民曾經把它當作政治象徵。當時這城市由兩個黨派分治，兩黨互取綽號，互稱對方為「吃塔者」或「吃香腸者」。香腸是聖誕節的特別菜餚之一。畢竟這兩種象徵比蒙塔古家族和卡普雷家族的徽章更能引起話題。

「布隆克」（blanke，白），也就是米塔的特別之處在於，將香草和肉桂口味的牛奶煮米填塞在發酵麵團做成的餅皮中，燉米中還混合了切成小塊的蛋白杏仁餅。

在維爾維耶，米塔被飛貓協會當作徽章。這個著名祕密社團會員都披著白鼬皮滾邊的白色斗篷，戴著綠色絲絨的貝雷帽。他們的使命在於要讓比空氣還重的東西飛起來，以使維爾維耶的藥劑師薩侯雷阿的名聲永存。薩侯雷阿在一六四一年時想讓貓飛起來，卻以失敗收場，畢竟當時尚未發現氦。在主教就職時也會吃米塔和黑咖啡。

不過，別想在行李箱沒塞滿「斯貝庫羅」的情況下離開比利時，這種極有名的扁平餅乾既硬且軟，在每個市集都可買到，亦可見於德國的巴伐利亞。斯貝庫羅之於糕餅，就如同「撒尿小童」之於布魯塞爾人。斯貝庫羅常被視為香料蛋糕的一種，麵團中使用了肉桂、丁香及粗紅糖增添香味，且毫不吝惜地使用奶油以讓舌頭享受獨特的溶化口感。生產斯貝庫羅、如今已傳承數代的名店 M. Dandoy 更早已成為歷史紀念性建築物。

伊比利半島的樸實糕點

糕餅製作是種藝術，西班牙人和葡萄牙人以這種方法頌讚信仰，也以這種方法表現鄉愁。樸實無華的假象掩飾了背後極為豐富的製作手法：蛋和糖的大量使用。是因為從前摩爾人的佔領和昔日為數眾多的猶太人社群才讓這兩地的

一公尺長的油條

西班牙人愛極了他們在墨西哥發現的巧克力。不過早餐用的巧克力則讓他們更加歡喜，因為他們會配上西班牙的道地油條一起品嘗。若不親身參與此一慣例習俗，是沒辦法真正認識西班牙的某些事物的。油條是一種將近一公尺長的炸糕，用攪了蛋的泡芙麵團製成，非常有營養。天一亮，在街上的攤子或麵包店都可買到熱騰騰的油條。也可自製。重要的是要有適當的工具：需大型的金屬灌注器，底部有個口徑一公分的擠花嘴，上部有個能拆卸的木製活塞。把幾近液狀，香草、肉桂或橙花風味的麵團裝在灌注器中。用活塞密封，拿到滾燙的炸油上方，擠出香腸狀的麵糊，麵糊會在炸油中盤捲起來並因熱膨脹。用漏杓將油條取出，趁熱放在白色的布上，這很重要。如此周而復始直到麵團用盡。油條要馬上吃，撒上糖粉，浸在巧克力中食用。

人那麼喜愛甜食吧？我們提過此地優越的中世紀甜食（請參見第67頁），伊比利半島的煉糖廠與威尼斯的煉糖廠彼此競爭，海上香料之路的快帆亦然。

對於這一點，我們可以說，西班牙人和葡萄牙人對於美食及吞噬海外各地的貪婪是一樣的。異國食物的色彩和香味令人難以抗拒，充滿奇想的產品因此得以從簡簡單單的原料中萃取出最絕妙的部分。尤其，別忘記在很久以前，是他們首先在歐洲的土地上栽培出了原產於亞洲的檸檬和柳橙。

雖然伊比利半島並非產乳區，但從庇里牛斯山直到直布羅陀海峽，含乳製品的甜點卻位居美食之首。焦糖布丁真的是這兩國人民的點心。各式各樣的牛奶燉米，無論使用杏仁與否，自穆斯林入侵以來就已廣為人知；穆斯林在歐洲其他地方食用以前，就將這種亞洲穀物帶到了安達魯西亞。不過奇怪的是，葡萄牙人一直到十五世紀才使用米。簡而言之，在土地貧瘠的加利西亞——位於西班牙西端，葡萄牙的「上方」——就算是再微不足道的慶典，大家都會享用「炸牛奶」：外鬆脆內滑潤，除了牛奶和米之外，還有其他必要的材料，一些美味卻簡單的材料，小小一塊肉桂和一些擦碎的檸檬皮，可讓牛奶燉米變得濃稠的三個蛋黃、玉米粉和麵粉。將香濃的牛奶燉米平放在四方型的模中冷卻後，切成磚塊狀，浸在二顆打散的蛋汁中，再裹上細麵粉油炸。炸好後趁熱撒上糖粉，若是富裕人家還會加上肉桂以增添香氣。為了不浪費蛋白，食用時會佐以加了糖的發泡蛋白。

葡萄牙，柳橙的第二個故鄉

「哥倫布在第二次航海時，將橘子從里斯本帶到了美洲。他把第一株橙樹種在新世界的西屬海地。這些來自葡萄牙的橙樹宛如現今的太空飛行員般地受到悉心的呵護，簡直就像明星一樣。結果，從波斯到費贊，阿拉伯世界不再稱柳橙為 naranj，而叫做 bortugal（在伊朗則為 porteghal），到現在還是如此稱呼（同樣的情形發生在羅馬尼亞，因其曾為土耳其殖民地），雖然文學上的阿拉伯語比較喜歡稱之為 tchina，因為大家認為最高貴的事物應該都是從中國來的。」

——瑪格洛娜·圖桑—撒瑪，《世界食物百科》。

值得慶幸的，位於馬德里東北，兩個卡斯提亞（新卡斯提亞和舊卡斯提亞）之間的瓜達拉哈拉並非只以西班牙內戰聞名，此城還擁有西班牙名點——醉蛋糕：肉桂口味的海綿蛋糕浸潤在馬拉加酒過半的焦糖風味糖漿中。雖然純粹主義者對加上攪奶油的現代派作法提出異議，其實卻沒有什麼好抱怨的。

舊卡斯提亞的阿維拉城有種非常有名的特產叫做聖泰瑞莎的蛋黃球。不過這種甜蛋黃球看不出和聖泰瑞莎有何關連。聖泰瑞莎是十六世紀偉大的加爾默羅會修女，神祕斷食的信徒。

在加泰隆尼亞，人們始終將苦黑巧克力當做香料，在烹調燉牛肉、龍蝦及嫩炒野兔時使用。巴雷阿雷斯群島至今仍非常喜歡甜（鰻）魚糕，雖然此道菜餚並不屬於主菜間的甜食或飯後甜點，卻是中世紀菜餚源於阿拉伯—加泰隆尼亞—安達魯西亞的見證。

在十四和十五世紀的歐洲宮廷中，加泰隆尼亞廚師的評價甚高。一三二四年，有位侍奉英國國王的加泰隆尼亞廚師撰寫了一本食譜書，名為《聖救主之書》。

因此，六百多年來，「芙勞（可譯成法文的 flan「雞蛋牛奶烘餅」）」一直是伊比薩島上的復活節美食。相當具有現代風味的芙勞，其材料與作法在西班牙最古老的中世紀食譜書中便已有詳細的記載。這種塔是真正的美味，特別是趁熱食

巴雷阿雷斯群島的芙勞

用兩百公克的麵粉、少許鹽、四湯匙軟化但未融化的奶油（從前用的是豬油或植物油）做出油酥麵團。加入一個打散的蛋和一茶匙的茴香酒（從前使用搗碎的大茴香或茴香種子），兩湯匙的冷牛奶。將麵團滾成球狀，置於陰涼處。接著製作餡料。將四個蛋、一百五十公克的糖粉及三湯匙的蜂蜜攪拌好，加入二百五十公克的鮮酪或凝乳、十五片切碎的薄荷及一湯匙的茴香酒。將麵團攤在塗了奶油的塔模中，倒入餡料，放入烤箱中，烘焙將近一小時（不到）左右。須隨時注意。當芙勞變得金黃且鼓起時即可出爐。放至稍微冷卻後再撒上糖，並用數片薄荷葉裝飾。

用時。

至於手環形狀的加泰隆尼亞小甜點羅斯奎利亞可說是西班牙的代表甜點，雖然跨國的大型製餅產業將這種甜點塞滿了法國、西班牙那瓦爾省及全歐洲的超級市場陳列架，但一直到十九世紀時，羅斯奎利亞都還是在家中就可製作的點心。作法則代代相傳。這種入口即化，極甜（蜂蜜與砂糖，現在是葡萄糖）比斯吉的正式作法是：在麵團中和入攪碎的熟蛋，烘焙後再加上蛋白糖霜。

葡萄牙愛雞蛋

從家常菜中誕生的西班牙點心使用了大量的雞蛋，直到最近，養雞農家的收入都相當豐潤。但在葡萄牙，雞蛋的使用量絕對高出更多。葡萄牙甚至有光用雞蛋做成的甜點——當然還加了砂糖。

在葡萄牙的甜點中，沿海的拜拉省那驚人的雞蛋「七鰓鰻」幾乎與當地的高級葡萄酒一樣遠近馳名。從其他文化紀錄來看，雞蛋「七鰓鰻」可說與古老的科英布拉大學歷史相當。若想製作這種歷史級名點，最好求助於大受歡迎的專家，通常也就是說話像連珠炮似的老太太。

八人份的甜煎蛋捲材料不只是準備六顆全蛋及蛋黃十八個而已，還要另外再準備一顆全蛋與五個蛋黃。為了模仿盤起來的七鰓鰻，煎蛋捲會做成開放式環狀。遇上大型宴會之類的場合，製作這樣奇特甜點的過程本身就已經是種奇觀，更何況還必須一再地重複。

一面把第一份雞蛋與蛋黃打散（不可攪拌過度），一面把蛋液一匙一匙地加進用湯鍋煮沸的糖漿中。照這種方式做出幾十個小小的蛋花團後，用漏杓舀起，像畫鰻魚那樣「畫」在耐熱的盤子上，盤子需一直處於極熱的狀態。

第一份雞蛋全部煮好以後，將去皮切碎的一百公克杏仁加進糖漿裡，讓糖漿再次沸騰，離火，將剩下的蛋打好加進鍋中。再以文火加熱，把糖漿收至濃稠但不可煮到結塊。將此份糖漿順著湯匙背面倒在「七鰓鰻」上，最後在鰻魚頭的地方放上兩顆小小的巧克力當作魚眼睛（絕對需要），並用刀尖劃出鱗片與尾巴。

若要製作另一種在阿連特茹地區的阿布漢泰斯一地大受歡迎的雞蛋甜點蛋絲，雖然方法相同，過程卻更加複雜，而且需要男性專業人員熟練的技術。雞蛋甜點蛋絲是把玻璃高腳盤堆成金字塔狀，以黃色瀑布般的蛋絲將之覆蓋後，飾以糖漬水果而做成的。與前者的作法相同，在糖漿中加入打散的蛋汁（蛋黃十二個與蛋白兩個），接著倒入開有四個大洞的過濾器具並使其流出，做出互相纏繞的蛋絲後，便能掛在堆疊起來的高腳盤上，形成從高處流瀉而下的瀑布。

阿連特茹地區的夏卡達雖以相同方式做成，卻是在圓盤上堆成環狀，再覆上如棉花糖般細柔的焦糖。

至於知名的聖誕節的圓形香料小麵包雖然同

樣是黃色的，卻是因為材料中的南瓜肉、玉米粉和肉桂，實際上完全沒有用到蛋。

不列顛教我們的事

在本書中，曾對約在五百年前為我們發明了午後休憩片刻的英國女性致上謝意（參見第30頁）。她們不但在下午端出稱為「tea」（茶）的飲料，還配上了品嘗「sweet cakes」的儀式。從那時起，幾乎所有的英國人都一定要喝茶，並有如舉行儀式般地，吃著各種搭配殖民地飲料的甜點。從過去到現在的始終如一，讓英倫三島更加充滿了魅力。

文藝復興時期的英國家庭主婦把這種宛如國教般的喝茶習慣向同胞傳揚了開來。而就這樣，在經過數個世紀後，「五點鐘茶」儼然已成為英格蘭的象徵。

但是，若不配著傳統美食一起享用，喝茶也就沒什麼了。反之，要是傳統美食還是「大不列顛製造」的，當然就會完美得讓人無話可說。雖然過去放在家庭甜點檯上的多是些蘇格蘭鄉下的樸素甜點，但這事早已被拋諸腦後；這些樸素的甜點在伊莉莎白時代，與瑪麗．史都華（女王）一起離開了蘇格蘭高地，來到英格蘭南部。

請記得，我們一直強調老百姓的糕點是女性文化的一部分，亦是女性文化的印記。而英倫三島的傳統糕點顯示，在某種程度上，英國比起別的國家，最早擁有女權主義者。這是偶然嗎？

恐怕不是。說起來，不但英國最偉大的君主都是女性，我們也在此認識了第一位撰寫食譜書的女性，以及第一位女性職業廚師。

英國的傳統糕點不只佐以下午五點的紅茶，也會出現在早茶時間。這裡指的早茶並不是只有飲料的醒腦茶，而是指早餐。至於在下午很晚的時間、當作晚餐吃的點心下午茶一般來說都相當豐盛，原因在於女王的多數臣民把這當作一天

最後的餐點，接下來的夜晚就只是看電視打發而已。正式的下午茶中不只有前述的甜點、果醬或橙皮果醬，且多半以包有肉類、魚肉或乳酪的小型餡餅等鹹糕點作為開始。

一直到十九世紀的三十年代，這種很晚吃點心的習慣在上流社會仍相當普遍。我們在珍．奧斯丁的小說裡看到，作為女主角的鄉紳之女常常要忍受無聊的社交下午茶。倫敦的名流會在午後喝點茶並等到八點才吃晚餐。原因是，鄉下為了節省照明用的蠟燭，必須早早就寢，但在都市中，水晶吊燈讓整個晚上都燈火通明。

到了十九世紀末，由於鐵路與燈油的使用，鄉村生活，尤其是上流社會的周末鄉村生活變得大為風行，當作晚餐的豐盛點心因此獲得了較崇高的地位。上流社會的人在愉快的戶外散步後往往饑腸轆轆，吃一頓豐富的點心並省略晚餐，便可把晚上的時間花在玩牌或音樂上。但不管怎樣，下午茶都保留了便餐的內涵。

「派」的語源

盎格魯—撒克遜人把法文的「tarte」直接翻譯成英文的「tart」，拿掉了字尾的「e」。但是他們幾乎不用這個老氣的詞彙，而喜歡稱之為pie。這相當於法國人所認知的tarte，甚至往往是tourte（請參見第285頁）。事情就是如此。英國的習慣或英文的詞彙不見得總是與法國的一致。話雖如此，pie的語源為何，又該如何解釋這字？這詞是從古老的蓋爾語而來，指的是放在教堂主祭台上的大本彌撒書「pighe」。應該是很久很久以前，某個以貪嘴聞名的教士在望彌撒時，把某樣體積龐大的東西放在僧袍底下卻被人家看到了吧？結果他拿彌撒書（pighe不然就是pie）當藉口。其實，派就是三層厚酥皮做成的圓餡餅：上層的酥皮、中間的填餡以及下方的酥皮。亦因如此，便有了將餡比喻成彌撒經本的習慣，特別是使用那種千層酥麵皮時。

不用說，最常見的甜派自然是蘋果派。英國產的小型蘋果簡直是為了蘋果派而培育的。果皮上有紅色與黃色斑點的考克斯種蘋果，硬而多汁，又甜又酸，再加上豬肉就是道完美的下午茶甜點。這種傳統就像是甜肉餡餅（請參見第284頁）一樣來自於蘇格蘭。檸檬派則是「老小姐」的最愛，每個人都有自己的配方與作法，很多人拿這道派參加在教區主保瞻禮節中舉辦的製派比賽。大黃派的製作更是精巧，因為要覆蓋上格子狀的麵糰，在格子之間通常會流出鮮奶油來。食用時一定要撒上迷迭香砂糖——混入迷迭香粉末的砂糖粉，才能端上桌。

歷史悠久古老且通常來自蘇格蘭的小型糕點有bun（加入葡萄乾的圓麵包，切開塗上新鮮奶油趁熱吃）和crumpet（迷你可麗餅）。crumpet在化學酵母（泡打粉）發明前是用天然酵母（現今做麵包用的酵母）製作的。泡打粉現在亦使用於馬芬蛋糕和司康。從前的蘇格蘭人會把三角形的餅乾司康用火烤來吃。

在英國或法國乃至於美國，到處都有賣製作馬芬蛋糕的套裝組，也就是加了果乾、巧克力或各類麵粉等等的盒裝材料。

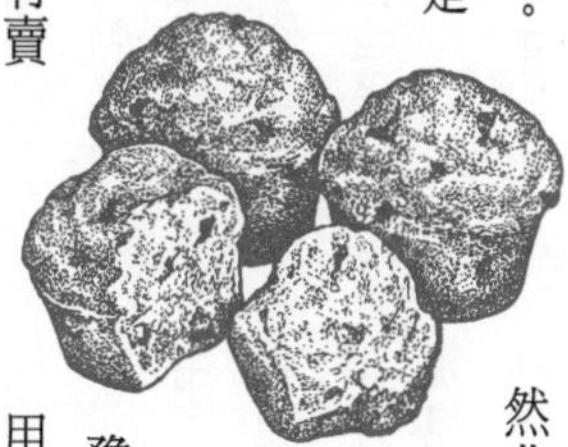

英國最有名的甜點，約翰牛的美食象徵，自然非布丁莫屬。布丁不能稱作糕餅，因為它不含麵團，正確地說是不使用派皮，因此是與法國人等拉丁語系民族無緣的食物（怎麼可能在一年前就開始做聖誕節吃的東西呢？）。就算偶爾會吃到吧——帶著猶豫——應該也不知道這是怎麼做出來的（是用脂肪或骨髓，加上果乾做成的嗎？）。不管怎麼說，總之是完全不了解這種點心的材料與

傳統的馬芬蛋糕

若無馬芬蛋糕的專用模具烤盤——像瑪德蓮一樣的專用模，可使用小乾酪蛋糕模來代替。小塔模的高度不夠。而盎格魯—撒克遜人的衡量標準當然是以茶杯為準囉！將一杯細砂糖粉、一杯半的麵粉及半包泡打粉混合在一大碗中。加入一顆打散的雞蛋、半杯植物油（或份量稍少的融化奶油）及半杯的牛奶。放入攪拌器中混合以使麵團變輕。倒入塗了奶油的模具中，放入預熱溫度為攝氏二一〇度的烤箱中烘烤十五至二十分鐘即可。

作法。不安之後接著來的是冷淡以對，甚至是輕蔑。就像對待所有我們不明白的事物一樣。

「pudding」一詞本身就引來了完全徹底的錯誤認知。布丁的歷史極為有趣，因為人種學、語源學及食譜通通被它結合在一起。有些法國人將之與法文的「boudin（血腸）」做比較，認為是在英法百年戰爭時被英國人奪走的，也有可能相反。事實上，這或許也是條線索。

過去，也就是三千年前，世界各處都有像凱爾特人那樣「正在發展中」的民族，他們幾乎沒有調理用具，在烹煮時，常把剛宰殺的動物的腸、胃或膀胱清洗乾淨，塞入肉，再放進添加了香料植物或根莖類蔬菜的湯鍋裡。那些內臟就像這樣被當作袋子（蓋爾各語中稱為poten、podin、put或pud）來使用。

在伊莉莎白一世登基以前，這種叫做puding或是poding的調理法就已越過了位於蘇格蘭與英格蘭邊境的舍維歐丘陵，以bag pudding（袋子布丁）之名在英格蘭流傳了開來。或許蘇格蘭人特別討厭同義疊用，尤其是英語的同義疊用，也或許是為了擺脫英語的影響，他們採用了clootie dumpling這個詞彙。蘇格蘭語的clootie意指「布」。我們因之察覺，在蘇格蘭拿布袋來裝dumpling（捏成小球狀的麵團），要比新鮮內臟來得方便、又容易得手。

直到一六七五年才有證據可以顯示，他們把有名的李子布丁（以李子乾與腎臟的柔軟脂肪做成的布丁）裝進布袋裡，用平底湯鍋烹煮。

從此時期開始，布丁的食譜呈現多樣化，使用了各類穀物，有米（加入蘋果與檸檬的維多利亞布丁）、弄碎的麵包心（加入大量果乾或糖漬水果的蘇格蘭布丁）、麵粉（約克夏布丁）、麵包粉（聖誕節布丁），甚至使用餅乾或海綿蛋糕（源自維多利亞時代的內閣布丁或公爵夫人布丁）等等。也使用各類油脂，通常是動物性脂肪，例如：腎臟脂肪（李子布丁）、牛髓（蘇

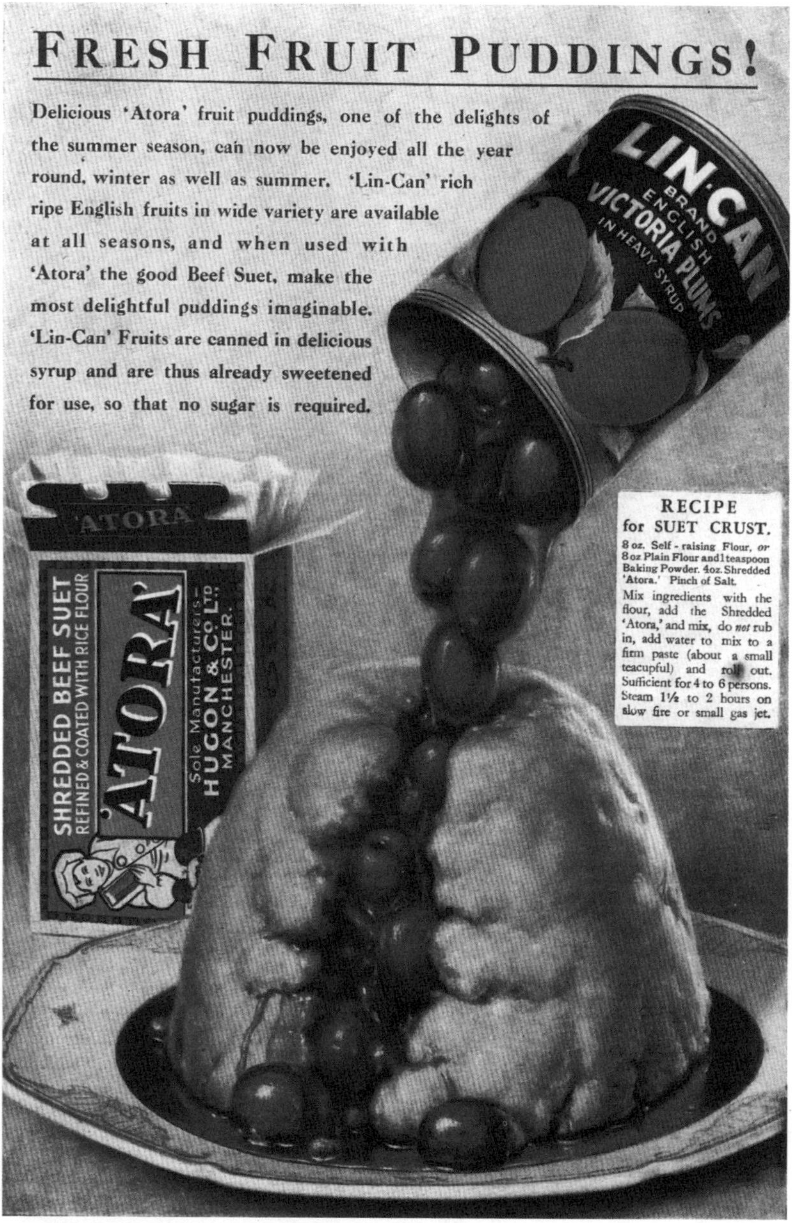

新鮮水果布丁的廣告，1935 年

格蘭布丁）、從烤牛肉上取下的油脂（約克夏布丁）。

日常蛋糕與特別蛋糕

雖然聖誕節蛋糕與聖誕節布丁一樣都屬於傳統點心，不過聖誕節蛋糕可吃到一月一日。在一般的意義上，英文的「cake」相當於法文的「gâteau」，但其外觀、材料及作法等方面的規範卻大相逕庭。某些糕點是為了特定場合而製作，如聖誕節蛋糕、結婚蛋糕、生日蛋糕。其他種糕點指的則是特色，如海綿蛋糕（在法文為mousseline「細薄柔軟的平紋細布」，而非éponge，海綿」）、巧克力蛋糕、同等份量材料做成的磅蛋糕（pound cake，法文為quatre-quarts「卡特—卡荷蛋糕」）。別忘了還有餅乾類，可追溯至十三世紀的燕麥餅乾或很快就可以做好的蘇格蘭油酥餅。而pancake就是可麗餅。

三種幾乎沒什麼不同的特別蛋糕：English cake或說Christmas cake，Irish cake和Scottish cake幾乎相當於法國的「cake」（英式水果蛋糕）。法國的英式水果蛋糕深深受到丹地蛋糕的影響。這種蛋糕在第二帝政初期甚受法國人的喜愛（請參見第230頁）。或許是因為拿破崙三世年輕時流亡英倫的緣故。

丹地蛋糕的作法相當明確：在如同熱那亞蛋糕般的奶油麵團裡加入泡打粉，放入糖漬水果及葡萄乾，上面再灑上杏仁碎片。倒入長方形的蛋糕模型烘烤，模型內側鋪上硫酸紙。

聖誕節蛋糕雖然可以使用相同的麵團，只要在麵團裡加上香料和酒即可，卻得做成圓形扁平的大蛋糕。出爐後塗上杏桃果醬，再用杏仁糊完全覆蓋整個蛋糕，其上再厚厚地覆上一層稱為glace royale的蛋白糖面[3]，並以刀尖挑直豎立。

【3】作者註：將蛋白和冰糖混合打發，以覆蓋或裝飾蛋糕。

而作為聖誕節不可或缺的一環，最後得再裝飾上糖漬櫻桃及枸骨冬青葉。

「cake」一詞（至今瑞典人還稱之為kaka）是維京人帶到泰晤士河畔的。與法國北部的「couque」一樣，cake也來自極古老的印歐語源，cou…或co…的意思為燒，煮（在拉丁文為coquere，德文為Küche，荷蘭文為koeke，英文為cook……）。不管怎麼樣，透過燒煮而食這件事就和這個世界一樣古老。

蘋果奶酥派及乳脂鬆糕：家庭的點心

遊學時寄宿在英國家庭的女孩子在回國時，不僅希望能說一口流利的英語，也希望能完美地做出一種名叫「crumble」（蘋果奶酥派）的美味蘋果甜點。說來，製作這種甜點也是學習英國生活方式的一部分。

一如其名，蘋果奶酥派在過去是利用弄得細碎的剩麵包，以及英國一年四季都不缺的蘋果組合起來做成的。這種甜點在非常非常早的年代就

卡士達粉

在十九世紀中期，有個名叫阿弗瑞．伯德的英國化學家為他那位無法食用蛋類食品的生病妻子發明了一種粉末，以澱粉、玉米為基礎，加上香草的香味，並以黃色色素上色。若將粉末以牛奶化開，就可得到類似卡士達醬（custard，法文為crème pâtissière）的東西。不過，卡士達粉要等到第二次世界大戰期間才獲得家庭主婦的青睞。如今，這種代用品已司空見慣。以雞蛋和麵粉製成的custard是從古法文croustade轉變而來的，僅指用來製作達里歐一類糕點的餡料。

卡士達粉的廣告，1922 年

聖誕節布丁

聖誕節布丁絕對是在聖誕節當天才出現，但卻早在聖誕節之前就已製作完成。布丁的製作要在聖誕節的三周前，甚至因為可以用冰箱保存的關係，在一年前製作也可以。在開始製作之前，要先準備和桌巾一般大小的白布：棉布或麻布等用久而柔軟的白布，上面不能開洞，而且一定要非常乾淨。在面布上撒上麵粉，攤平放好。

牛腎臟的脂肪五百公克，切成小塊，一定要把肉和血管清除乾淨。糖漬水果（尤其是柑橘和櫻桃）二百五十公克切碎，細長的杏仁片（不用杏仁粉）一百二十五公克，兩顆檸檬份量的皮切成同等碎粒。將這些材料與麵包粉五百公克，過篩麵粉一百二十五公克，肉桂粉二十五公克，四種混合香料二十五公克，半個刨過的肉豆蔻及一小撮鹽混合在一起。另外，以三百毫升的牛乳、五大匙蘭姆酒或白蘭地，以及兩顆份量的檸檬汁，稀釋八顆打散的全蛋，再加上一小撮的鹽。

將之倒進最先混合好的材料中充分攪拌做成麵團，再以灑過麵粉的布巾包裹成球狀。之後，隨著各個家庭的傳統做法，或是將包裹麵團的布綁緊，放進盛有四分之三之量滾水的鍋中烹煮，或者是以大砂鍋將水煮沸，將麵團放在蒸鍋中以大火隔水蒸煮四至五個小時。不管是哪種方法，當水因加熱的過程而變少時，都必須將熱水補足。

經過四至五個鐘頭後，取出麵團包袱，在打開前放到冷卻。將之放在涼冷處直到食用時。在聖誕節的早上，將之加熱至室溫，然後在晚餐前花兩個鐘頭蒸過。脱模，裝到大盤子中。

在布丁上插上枸骨冬青葉的樹枝，淋上極熱的蘭姆酒或是白蘭地酒，燃火燄，上桌，並佐以奶油白蘭地醬汁。

看，就像這樣子，做聖誕節布丁一點都不困難。

被發明了出來，其名稱「crumble」來自於古斯堪地那維亞語，表示「弄得細碎」此一動作。

現今，就和製作油酥麵團的要領一樣，運用指尖把等量的奶油塊（尚未融化的）、麵粉、砂糖粉混合做成麵團，將蘋果削皮去芯後切成四等分，排在已塗上奶油的淺盤上，再在上頭放上剛剛做好的麵團，用烤箱烤約三十分鐘。如此而已。不過，講究美食或專業一點的話，通常會用冰冷的英式醬汁或攪奶油搭配滾燙的蘋果奶酥派食用。

乳脂鬆糕擁有的歷史可追溯至英國海盜——伊莉莎白一世非常倚重他們——最活躍的時代。那時代已有所謂的「海上餅乾」，一種如鉛塊般又重又硬的烘餅，是水手遠渡重洋數月的基本糧食。有此一說，水手長為改善水手的飲食，把這種餅乾浸在熱的水果甜酒中使之柔軟，若有可能，再塗上卡士達醬、鮮酪（母牛或母羊也會上船）或果醬等等。

到了十八世紀，拜著名食譜作家漢娜．葛拉斯小姐所賜，乳脂鬆糕進入了市民的生活，奇蹟似地化身為美味無比的甜點，而且還放在精美的高腳盤中端出來，充滿了奢華感。作法是：將薩瓦比斯吉分成小塊，灑上雪利酒，覆以草莓果醬，加上英式醬汁，然後堆上山一般的攪奶油，上面再滿滿地撒上烤過的杏仁即可。其外貌形狀讓人無法不想起糖漬水果麵包布丁或夏洛特。

一八五〇年左右，乳脂鬆糕受到了西倫敦名流的熱烈歡迎。尤其是，大家都知道的，這道甜點常常端上白金漢宮的餐桌，是維多利亞女王的最愛。

乳脂鬆糕是一道豪華的甜點，還讓人一夕成名。但它實際上不過是道拼湊起來的甜點，在製作上不需要什麼特別才能或特殊的甜點天分。只要一點點巧思，把食櫥或冰箱裡的材料放進去就行了。

義大利沒有餐後甜點，但是蛋糕好吃

在義大利有種像乳脂鬆糕的甜點很受歡迎，大家都毫不猶豫地稱它為「英國風」美食。但若將英式醬汁夾餡蛋糕與乳脂鬆糕相比，其實完完全全是另一種不同的東西。

而且，製作英式醬汁夾餡蛋糕可是件大工程。義大利媽媽們在烹煮佳餚上雖是無人能出其右，但在大餐之後端上桌的，卻只有水果一類的東西。

實際上，在義大利，蛋糕就跟entremets一樣，是白天另外找時間吃的，義式冰淇淋與雪酪也一樣。義式冰淇淋造就了義大利的榮光，尤其是西西里的冰淇淋。我們之後還會再提到。

義大利糕點是世界上最棒的甜點，集輕巧與豪華豐富於一身，從不吝於使用糖漬水果、杏仁糖霜，以及砂糖製成的精巧裝飾。因此，即使每位媽媽絞盡腦汁為家人提供美味的菜餚，對於重要的節慶甜點，她們還是會去自己認為最好的糕餅店訂購。美味的蛋糕在特別的紀念日裡絕對不可或缺。

製作英式醬汁夾餡蛋糕比製作乳脂鬆糕要來得複雜許多。首先，需要一塊輕量的薩瓦比斯吉，以麵粉混以太白粉製成。脫模後放在鐵架上，等待八小時以後，橫切成三片。接著，每一片得先淋上攙有義大利利可酒或馬拉斯加酸櫻桃酒的糖漿，再滿滿塗上加有蘭姆酒的香草奶油。這至少必須要蛋黃六個、牛油五十公克、等量的麵粉以及許多用馬拉斯加酸櫻桃酒或蘭姆酒醃漬過的糖漬水果。然後，切成圓片的蛋糕夾著奶油重疊起來，組合成一個完整的蛋糕，之後整個覆上奶油，用刮刀厚厚地蓋上蛋白糖霜。

最後，在夠熱的烤爐中將蛋白霜烤至堅硬，但不要過熱。食用前必須先在冰箱裡放六個小時後再享用。此外，義大利甜點另一個深具獨創性的新發明，則是很像冰淇淋，名叫「semifreddo」的半冰凍糕點。

奶油巧克力冰糕

西西里也許是喜好美食的義大利最講究美食的省份，亦曾是整個義大利半島的美食之源。兩千年來，西西里屢屢成為其他民族的殖民地，不只是所有的地中海民族，在十字軍抵達前，這裡也被諾曼地人統治過。每個民族都留下了自己的飲食痕跡，西西里則從中選出優秀的，使之更完美。

與其他義大利人不同，西西里人對甜點的態度積極熱情。因此他們有一大串的好東西，遠遠超過了各大節慶所需。為數不少的甜食是薩拉森人佔領時期的遺產，尤其是gelato（冰淇淋）、sorbetto（雪酪），還有提拉米蘇類的semi-freddo（半冰凍的甜點）。提拉米蘇大家都略知一二，冰淇淋與雪酪則請見冰淇淋的相關章節，還會特別介紹西西里桃子雪酪。

不過，我們得特別提及真正的西西里奶油巧克力冰糕。這是一種使用乳清乳酪製作的半冰凍點心，不可以跟有著糖漬水果夾心，以開心果及巧克力冰淇淋做成的「簡單的」cassata gelato（冰淇淋奶油冰糕）混為一談，跟羅馬地區的gelato di ricotta（乳清乳酪冰淇淋）也不一樣。啊，甜點是如此不同！

ricotta是以純粹牛乳，或以牛乳混合山羊乳或羊乳製成的乳酪。柔軟、口感細綿、微帶酸味。不論是新鮮ricotta或是有鹹味的乾燥ricotta，在做菜或做點心時都常常被拿來使用。

在過去，清涼的奶油巧克力冰糕是西西里的復活節應景甜點，而輕柔軟綿的義大利蛋黃醬則在各種場合都嚐得到——請抱著醬汁流淌得到處都是的心理準備，盡可能在溫熱時享用。若是相信名稱隱含的意義，據說義大利蛋黃醬還有提振精神的功效，就像提拉米蘇（意指讓我變得強壯）一樣。但這兩樣東西也不是不能一起吃就是了。

蛋黃醬的祕密在於，每一人份需使用一個蛋黃加一湯匙砂糖粉，打到變白起泡後，徐徐注入兩湯匙瑪薩拉酒持續攪打，並放入平底湯鍋中——鍋內的水須事先溫熱至微微滾動的程度——繼續打出泡沫以讓醬汁逐漸變厚，量成為原來的三倍時，盛放在用熱水燙過的高腳玻璃杯中，盡快上桌。

提拉米蘇，戀人的糕點

另一項義大利糕點的榮耀年齡很淺，據說大約創作於一九七〇年，誕生在羅密歐與茱麗葉的城市威洛納。其奇特的名字 tiramisù 的意思是「讓我變得強壯」，奇怪吧？

提拉米蘇是一種 semi-freddo（半冰凍的甜點），食用時是以冰涼而非冰凍的狀態供人享用。在義大利，製作提拉米蘇的餡料時須使用始終以細棉布袋包裹販賣的馬斯卡爾波內鮮酪。而在法國，如果沒有馬斯卡爾波內鮮酪，可使用尚未熟成、非常新鮮的聖弗羅宏丹乳酪。酒要用苦杏酒，迫不得已時可使用瑪薩拉酒。瑪薩拉酒使用曬乾的葡萄釀製而成，在義大利以外的地方極易尋得，在西西里則有兩千年以上的歷史。

長方形的模具內側襯以白紙，將十八塊浸過二十毫升濃縮咖啡及兩湯匙上述酒類的指形餅乾鋪好，指形餅乾若用薩瓦比斯吉自然更佳。將三個蛋黃及兩湯匙的酒與馬斯卡爾波內鮮酪一起攪拌好後，再拌入打發緊實的蛋白霜，混合後倒在餅乾上面。將甜點覆蓋好，放入冰箱內冰鎮二十四個小時。食用時應快速脫模並撒上可可粉。

——取自瑪格洛娜·圖桑——撒瑪的《瑪格洛娜的廚房》。

西西里的奶油巧克力冰糕

製作訣竅與乳脂鬆糕相同。先把前一天預先做好的海綿蛋糕橫切成一公分厚，再將切得更碎的ricotta乳酪七百五十公克混以同樣切碎的糖漬水果兩百公克。加入苦味可可粉一百公克、砂糖粉二百五十公克、馬拉斯加酸櫻桃酒六湯匙。將另外六湯匙酸櫻桃酒澆在蛋糕上，並將四分之三的海綿蛋糕鋪排在蛋糕模的底部，模型內側須事先鋪好白硫酸紙或膠片。將剛才混合好的餡料倒入模型內，上面鋪上剩下的海綿蛋糕。用手掌確實壓緊，覆上混有鮮奶油的融化巧克力做為糖衣。放入冰箱三十分鐘使其凝固，將紙或膠片從模型中取出，再度放入冰箱，經過數小時後，脫模即可食用。

要把義大利的甜點講完必須出一本專書才成，最後只再舉出米蘭知名的「panettone」。這種加進糖漬水果與葡萄乾的布里歐許一開始只在復活節或聖誕節早餐時食用，如今每天早上都可能出現在餐桌上。還有，我們也得提及有苦杏仁、柳橙、巧克力等等口味的杏仁蛋白餅、果仁餅、修頌、炸糕等等……等等……。

神聖的俄羅斯節慶甜點

無異於其他以希臘正教為主流的國家，直到現在，復活節仍是俄羅斯最重要的節慶，也依然為個人生活與社會生活帶來諸多影響。在宣告復活節前夜結束的午夜彌撒之後，各個家庭都會盡其所能地擺出最豐盛的餐點。而這一頓豪華絢爛的餐點，可以說，道盡了數世紀以來將大俄羅斯塑造出來的所有民族，包含了曾經來過俄羅斯或從他處移民定居下來的種種民族之美食傳統。

其中，與本書相關的是這席盛宴中的附屬品——鮮酪蛋糕帕斯哈。此甜點的起源可追溯到韃靼人，他們在西元一千年左右將凝乳（小牛胃皮袋中自然凝結成的東西）帶進了俄羅斯。

鮮酪在這數千年來都是製作糕點的基本材料（請參見第75頁）。不過很明顯，韃靼人使用鮮酪的方法與現今的帕斯哈傳統製作方法有很大的差別。

每年的準備工作依慣例自聖星期四開始，也就是那場盛大晚宴的前兩天。在這一天，須預先準備十來位賓客份量的糕點，因此得準備兩大張方方正正的細棉紗布，以全脂牛乳製成的凝乳則至少需要一公斤。這種凝乳的脂肪成份甚高，就像在法國東部極新鮮且尚未熟成的聖弗羅宏丹乳酪。女性掌廚者（俄文為marouchka）會將凝乳切塊，壓實在鋪有細綿布的濾器中，把布的四角合上完全包裹住凝乳，蓋上盤子，上負重物，放在瓦罐上，置於冷涼處十二小時以將水瀝出。與此同時，要將一大把的葡萄乾完全浸在半杯伏特加裡。並把奶油從冰箱中取出，使其在隔天早上前回升至室溫。

聖星期五，將變軟的奶油用叉子壓碎，再度重壓縮凝乳將水擠出，移至大碗中與奶油充分混合。再以小火隔水加熱，加入蛋黃三個、砂糖粉一百二十五公克，香草精、一個份量磨碎的檸檬皮與檸檬汁攪打，接著再加進糖漬水果、浸在伏特加中的葡萄乾，以及鮮奶油一杯。

持續攪打，煮至濃稠但不可煮滾。加入攙有奶油的乳酪與一杯杏仁粉，繼續攪打，將鍋離火並放入冷水中冷卻。接著，將前一天準備的第二張布鋪在夏洛特模或庫格洛夫模、甚至是瓦鉢中，洗淨的花瓶有時也很適合。將材料倒入其中，確實包裹好。像前一天做過的那樣，把布的四角合上，疊上盤子與重石，放在室外的雪中或冰箱裡。我們不放在冷凍庫，因為雖然要讓帕斯哈冷卻下來，但不能讓它結凍。

聖星期六，在晚宴開始前才將甜點從冰箱中取出，或從室外搬進來，取下重石與盤子，揭開布巾，倒扣在另一個盤子上後，將所有的布巾取下。接著用糖漬水果裝飾帕斯哈，以縱向分兩色排列。在甜點上以西里爾字母畫出H與V，即羅馬字的X與B，意指傳統用語 Hristas Vasdres「基督復活」的第一個字母。

另外一種每天都吃得到的俄羅斯傳統糕點是瓦圖西卡。這是一種在油酥麵糰做成的塔中，填入與帕斯哈幾乎完全相同的東西，加上打泡至白雪狀的蛋白，以大火烤三十分鐘做成的點心。

納雷斯基也是非常好吃的點心，是種用可麗餅麵糰做成的油煎薄餅，可填入自己喜歡吃的東西，甜鹹皆可。

布里尼則是以混有麵粉的蕎麥粉發酵麵團做成，是一種厚而小的可麗餅，在融化的豬油中烹煮，佐以燻魚或魚子醬，與酸奶一同食用。

俄羅斯人泡茶的方法也與英國人不同，他們使用一種名叫薩莫瓦的燒水壺，一整天隨時都喝得到茶。喝茶時可佐以上述糕點，或與各式各樣的麵包、小塔、炸糕、鬆餅、做成8字型的布里歐許等糕點一起享用。

「Priatnogo apetita!」（祝您胃口大開）絕對不是出於好心的祝福喔。

美洲各式各樣的美味遺產

北美洲的早期移民大多是農人或工匠，小康人家甚少。自十六世紀起登陸的法國人、英國人和西班牙人在滿滿的期待中，把他們自己的習慣、傳統和身邊的財產通通一同攜來。而在接下來的數世紀裡，其他來自全歐洲，沒有什麼財富的逃亡者也加入了移民的行列。接著，是從故鄉密林中硬被強搶出來、比最身無分文的人還要糟、極其絕望的無數黑奴。最後，自一八五〇年有了鐵路之後，大批大批貧窮的亞洲勞動者也不斷地湧了進來。

雖說目前還沒有獨特的純粹北美菜餚（上帝將為我們保存這種菜餚，直到……至少下一個千禧年！），在新世界北半部所見的各式菜餚既反映了每個社群所保存的祖先傳統，也反映出普遍的文化適應性，無論該適應性是不自覺的、還是創造性的。而在另一方面，新移民不得不使用那些讓美洲印第安人這數千年來得以生存的當地物資，否則將無以為繼，新的食材也因此進入他們的習慣中，並因此延續下去。

懂吃的魁北克人

最早移民到魁北克的居民大多是法國西部來的人，他們依循故鄉的做法快速順利地開發出

「本地市場」。就和法語一樣，魁北克人相當珍視這項文化和美食遺產。而這樣的影響，儘管是鄉巴佬式的，卻保留了某些已成為傳說的過往痕跡。

不過，就如我們不該忘記十七世紀新法蘭西的人們創立了世界上最古老的美食俱樂部「好時光協會」，我們也應該知道，在魁北克的社會裡，縱使是在城市中，直到第二次世界大戰之後，皆依循著十七世紀和十八世紀的簡樸觀：憐憫、勇敢及節約，一如在此地負責教育了十五個世代的天主教神職人員。

因此，十七世紀中葉創立蒙特婁聖母修會的瑪格麗特·布爾朱瓦於一九八二年封聖時自然大受歡迎。從這片「美麗之省」的歷史來看，宗教活動教育出了此地的大部分女性，特別是在深受務實的魁北克人喜愛的家政與烹飪方面。

就因如此，在拉諾迪耶地區被喬麗葉修院的修女撫養長大的蓓爾特·桑荷葛雷決定將一生投注在烹飪上。她以自己的方式成為民眾心中真

妮克修女的胡蘿蔔蛋糕

將半杯（一百公克）的奶油融成鮮奶油狀。加入砂糖一杯（二百公克）和雞蛋三個，邊攪拌邊一個個放入。混入刨好的胡蘿蔔絲兩杯（四百公克）。除此之外，將半杯（六十五公克）浸泡過水的葡萄乾和半杯（一百公克）格勒諾伯核桃撒上麵粉待用。在上述混合好的材料中再加入以下材料：麵粉二杯（三百公克）、碳酸氫鈉一茶匙、化學發粉二茶匙、肉桂粉一茶匙、肉荳蔻刨絲半茶匙，以及撒上麵粉的葡萄乾和核桃。在麵包模中塗上奶油且撒上麵粉，加上麵糊。以攝氏一百六十度烘烤約一小時到一小時半，需在旁照看。

——莫妮克．舍芙里耶，《莫妮克的菜餚》，Mirabel出版社，蒙特婁。

正的偶像。蓓爾特修女廣博的烹飪知識，近半世紀的經驗，與世界上最傑出的大廚們的相遇與學習，都把她帶往了蒙特婁廚藝學校。今日，她的食譜已宛如聖經。若再透過魁北克人不可或缺的電視，蓓爾特修女的聲音早已傳到了魁北克最偏遠的地方。

而說到大北方，不能不提一下雪花蛋。這道世界知名的點心是用牛乳烹調的蛋白糖霜球，食用時要佐以英式醬汁。蓓爾特修女則想出了所謂的巧克力雪花球，一道現今看來理所當然的美味甜品，當時卻沒有人想過要這樣做，非常奇怪。只要用牛奶做出巧克力醬汁，再用巧克力醬來煮蛋白糖霜球即可。這並非哥倫布的雞蛋，但卻從此而出。

本名為莫妮克．舍芙里耶的莫妮克修女在修院學校畢業之後就成了蓓爾特修女的門生，之後

核桃

更成為合作夥伴。她擔任過加拿大肉品協會廚藝學校的校長，且是專業的烹飪記者。她的食譜是魁北克的代表性家庭糕點。

份量以茶匙和茶杯來表示，法國讀者則可能會驚訝於其刻意指定的「格勒諾伯核桃」。在法國，所有人都知道這才是真正的核桃。美洲人雖然進口了這種核桃，卻向來偏愛使用美洲薄殼核桃，也就是密西西比盆地原產的核桃科山核桃木果實。橢圓形的美洲薄殼核桃風味佳，價格也便宜。

在糕餅中使用胡蘿蔔的做法在美國路易斯安那州也看得到，可能是被「征服者」（英國人）放逐的阿卡迪亞人從加拿大帶去的。胡蘿蔔有甜味，經常代替南瓜成為點心的甜味來源。

碳酸氫鈉的使用早在一百年前就開始了。不過，為了強化價格較昂貴的化學酵母之效力，幾乎不使用做麵包用的（小麥）麵粉。莫妮克修女食譜中的糕餅常以玉米粉，亦即「印度小麥」為底。

之前提過，早期移民過著非常辛苦的生活，常常很快就用盡了庫存的麵粉和種麥。許多編年史上都記載著，天生好客且純真的原住民，將歡迎的禮物和餐點送給有著「蒼白臉龐」的人，也讓入侵者得以認識這種金黃色的大種子，玉米。美洲大陸從北到南，有多少個原住民部落就有多少種玉米的名稱——名稱中皆有「我們的生命」之意。在白人抵達時，北美的原住民認識二十九種玉米，而從德州到南美最南端的火地島，玉米種類更高達七十九種！

可是，大約在路易十四在位末期，來此地與擔任士官或行政官的丈夫會合的少數貴婦卻因「印度小麥」而對總督德．比安維發動絕食抗議。這位總督規定新到者必須上烹飪課，以學

【4】作者註：*Home Life in Colonial Days*, Alice Morse Earl. Macmillan edit. New York.

會使用當地的糧食。總督在日記上記載著「她們向著魁北克大主教咆哮，說他以將她們送來享受流奶與蜜的應許之地為藉口，將她們從家鄉引誘到這個偏僻之地」[4]。那時候，在美國南部還有ashcake（在灰燼中烤成的玉米烘餅）和hoecake（放在長柄鐮刀扁平部分上面烤成的玉米烘餅）。

魁北克歐卡保留區的摩霍克族使用蒸氣來烹調印第安式的玉米布丁。聖羅倫斯河畔的「布丁」拼法則為pouding，傳承自蘇格蘭毛皮商——今日蒙特婁上流英語社群的祖先。這種所費不多，富營養，組成的材料也簡單的糕點不但食用方便，還可用手邊現有的材料做成各式各樣的形狀。

已不在世的著名美食專欄編輯，加拿大廣播電台的貝納·阿西尼威是阿爾拱金人。他住在渥太華和蒙特婁之間的馬尼瓦基荒蕪河畔，且收集了很多食譜。他在書中的序文這麼寫：「即使

美洲印第安布丁
阿尼許那貝—孟達曼—帕克維吉岡

將三杯麵粉、一又四分之三杯的玉米粉、一茶匙的小蘇打、一茶匙的鹽、三又三分之一杯的牛奶、兩杯的楓糖漿及四分之三杯新鮮且柔軟的玉米粒混合在一起。將麵團置於有蓋，塗了油的盤子或陶罐中。在一有蓋的小鍋子中放進一鍋墊，將陶罐放在鍋墊上，將水注入鍋中直到陶罐的一半高度。將蓋子都蓋緊蒸上三小時。時間一到，將陶罐取出，打開蓋子，靜置二十分鐘。用刮刀將黏在罐邊的布丁鏟離，倒扣以脫模。配上奶油，冷熱皆宜。*

*作者註：印第安人使用玉米油或葵花油，歐洲人使用奶油。

楓葉與翅果

政府和宣教士盡了一切的努力，我們照樣有所進展，我們的食譜也一樣。千萬別相信我們要等到賈克．卡地耶（發現加拿大的法國人）到來後才知道什麼叫做鍋子，況且我們早就有了盤子和陶罐」。

雖然我們沒有教導紅人什麼是鍋子，但我們傳授了「布丁」。美洲原住民極為喜愛布丁，毫不遲疑地用自己的食譜做為交換，這是木已成舟的事。

同樣地，森林中的漿果，如藍莓和小紅莓、草莓和覆盆子大大豐富了餡餅的裝飾。而如今，不必再一大早趕到森林去採集果實了，不管去哪一家便利商店，花個三塊加幣，裡頭盡是冷凍豔紅果實的小小紙盒就可輕鬆到手。非常方便，只可惜沒有什麼香味了。

楓糖漿

既然楓樹的汁液自太古時期就是加拿大人的糖，似乎也就沒有必要再問為什麼楓葉會是加拿大的象徵了。答案早已經在問題裡。

楓糖漿可以做出一長串的蛋糕、甜食、舒芙雷、果凍、果醬、利可酒和開胃酒，英語系住民稱它為「黃金糖漿」。想當然耳，楓糖漿是從原住民那裡學來的，它曾是早期移民的唯一甜味來源，今日則是真正的學習寶庫。楓糖獨特的風味讓魁北克菜餚得以擁有自己的特色，楓糖奇特的魔力則讓人在聞到它深具草本植物特色的芳香時，特別容易產生幸福感。

魁北克最知名，或說全加拿大最有名的女性烹飪者是出生於一九〇四年的潔安．帕特諾德（婚後冠夫姓為貝努瓦）。潔安本來是醉心於烹飪的優等生，在蒙特婁大學以優異成績畢業後，她前往巴黎索邦大學完成了食品化學的博士課程。之後，潔安婉拒指導教授愛德華．德．波米安為她安排的大學教職，返回魁北克創辦了一所廚藝學校，並在賈克．卡地耶抵加四百周年之際開了

潔安．貝努瓦的楓糖漿奶油塔

我常將這種美味的塔做成以攢奶油點綴的小塔，當作正餐及開放式自助餐的甜點。

融化二大匙的奶油，加上等量的麵粉攪拌均勻。將兩個蛋黃加上楓糖漿一杯和水三分之一杯打好，加入奶油和麵粉的混合物中，隔水加熱並不停地攪拌。加進切碎的格勒諾伯核桃半杯，使之冷卻。將餡料倒入事先烘烤好的塔皮中，塔皮可以是一個直徑二十公分的塔皮，或是六個小塔皮。為了多點變化，可將核桃撒在塔上而不加在餡料中。

若要做楓糖戚風塔，則需將兩個蛋白打發起泡，加入上述已冷卻的餡料中再倒入塔皮裡。

份量：四或五人份。

——潔安．貝努瓦，《我的家庭菜餚》，Editions de l'Homme，蒙特婁。

一家古風餐廳。學識淵博、善交際、熱愛美食、辯才無礙，身為人妻又為人母的貝努瓦夫人留下極為可觀的作品，有書籍、文章、講座、訪談及電視節目，數量高達數百萬！為此，受人推崇的料理人理查．畢吉耶指出「這國家中的每一個人在從前吃潔安．貝努瓦的菜，在現在，在未來也都還會繼續吃她的菜」。這是我們在提到魁北克糕點時非得說到的一點。試問，根據調查，世界上還有哪個國家的國民會如此推崇一位女性烹飪者？

魁北克人，無論是土生土長的還是定居已久的，對於廚師的重視和情感可謂相當獨樹一幟，這點從報刊、電視廣播、出版物中便可見到。這些專家的文化和能力與中等消費者頗為一致，因

楓糖漿和廢糖蜜

與懸鈴木（法國梧桐）甚為相似的糖楓生長於北美東北部，尤其是魁北克地區。每逢春季，在樹幹上做出切口並收集無色的樹液後，將之煮至濃縮，首先會得到金黃色的糖漿，然後是純糖。冷卻後的楓糖可模塑成麵包狀或磨碎成顆粒。

在糖漿和糖之間的濃稠糖漿經急速冷卻和離心器處理後變得極為黏稠，並以「楓糖奶油」之名大受歡迎。著名的楓糖漿糖果則是將煮了又煮的楓糖漿滴入鋪滿白雪的盤中做成的。楓糖漿糖果的製作和品嘗都是在「糖屋」裡舉行，那時亦是歡聚的時刻，大家不僅吃吃喝喝，也在林中深處歌唱。

廢糖蜜事實上和原住民一點關係也沒有。相反地，廢糖蜜是十六世紀後由移民們自安第列斯群島引進的，因為當時甘蔗的栽植已經遍佈安第列斯群島島內。廢糖蜜是甘蔗製糖（十九世紀以後用甜菜）後的剩餘物，長久以來一直是蔗糖的經濟代用品，之後，甜菜的栽種讓各地都能在當地製作出更加便宜的廢糖蜜。

廢糖蜜極為營養，因為內含礦物質和含氮化合物。古人憑經驗得知這點。為了熬過漫長的嚴冬，「營養豐富又美味」的菜餚是再理想不過，廢糖蜜甜而微嗆的味道因此非常適合傳統點心，也很適合魁北克的鄉土菜餚五花肉燉蠶豆。不過所謂的「蠶豆」其實是四季豆。同樣地，純正的魁北克人從不稱廢糖蜜為「mélasse」，而稱「ferlouche」或者是「farlouche」。

廢糖蜜塔

將半杯的楓糖、五大匙的玉米粉及四分之一茶匙的鹽在鍋中混合好。慢慢加入一又二分之一杯的水混合均勻。加上半杯的廢糖蜜、一杯葡萄乾、一茶匙的橙皮屑及一撮肉豆蔻。將混合物以中火煮至透明且濃稠。離火放至微溫。將之倒入已烤好的塔皮中。將塔放入冰箱冷卻三十分鐘。食用時佐以鮮奶油。

——收錄於塞西爾・葛宏丹—加瑪許之《昔日的菜餚》中的老祖母們的回憶。此書乃為資助退休老人，由魁北克博斯的聖瑪利亞的聖母護佑養老中心出版，此中心由魁北克退休鞋商路易・畢洛多於一九一九年創立。

為他們知道不僅要尊重「新法蘭西」的烹飪遺產，並使之開花結果，也知道要展開雙臂歡迎前來敲門的現代美國和各色異國菜餚。看起來總是那麼年輕的里卡多就是其中的明星級代表人物，圖文並茂的雜誌讓他聲名大噪，恰如其色香味俱全的好手藝。

典型的魁北克糕點和魁北克菜餚一樣，多半屬於自家製作，商品化一直不明顯。新移民們仍心繫出身地的傳統美食。大都市中並不缺少來自其他地方的食品商，其中自然也有時髦昂貴的法式糕餅店，顧客也不見得全都是從法國過去的居民。

另一方面，蘇格蘭人詹姆士・麥克吉爾在蒙特婁英語區的高級地段開了一家綽號為Passe-Partout（萬能鑰匙）的咖啡店，店內提供舊式手工麵包和蛋糕。蒙特婁各大學的民俗學及人類學系可是用極認真的態度且帶著極大的樂趣來研究這些菜餚和糕點的，教授及學生成群結隊前往店中大快朵頤。可想而知，這地方是實習的最佳場所。

美國的特質與同質性

若將路易斯安那州——一六九九年起屬於法國，直到一八〇三年波拿巴割讓給美國為止——的地方風格，或新墨西哥及南加州的濃郁西班牙風味排除在外，共組聯邦的五十州將很快地便能把來自舊世界的數百萬移民潮融合成一個全新、獨特且充滿生機的國家。

新到者通常要花上兩到三個世代才能徹底美國化，然而他們也不曾忘記自己的根源。在最保守的農業地區中，始終有人心繫過往的身份認同。那些生活習慣與宗教敬拜緊密相連的族群，特別是猶太教、伊斯蘭教或佛教，其族群在任何城市中都非常團結一致，美食是其信條、也依然受到相當程度的重視，因為宴客可以讓社交關係更為緊密。也由於各社群女性（母親）保存與傳承了傳統的糕點，人們在節慶的餐桌上才得以再次見到那已失落的祖國。「自製」仍是家庭主婦的驕傲，但在每一個稍具規模的城市裡，至少都可以找到同鄉經營的雜貨店，讓人再次與過往有所連繫，不論是經由食品的來源，還是經由食物本身。

另外，在移民初期，為了不讓自己感到脆弱，來自同一地的人會聚集在某一最適合其心理或其能力的地方，以創造出一個聚合力極強的移居地，也因之形成並突顯了某種以當地資源及主要社群傳統而產生的特殊飲食風格。

阿米許人的美食責任

以賓夕法尼亞州的情況來說是這樣子的：十八世紀時，來自荷蘭、瑞士、波希米亞、摩拉維亞、德國及阿爾薩斯等地的移民群聚在一個新教的宗派中——德語系的阿米許人。不久後，他

蘋果奶油和蘋果奶油塔

首先將蘋果酒二又四分之一公升煮開收至一半。與此同時，將四公斤半的蘋果削皮，切成薄片放入濃縮蘋果酒裡。以小火加熱時一邊用木匙攪拌，直到蘋果開始呈現糊狀。加入砂糖粉二杯、肉桂粉一茶匙、玉米糖漿二杯（可用廢糖蜜或楓糖漿），邊煮邊攪拌，並煮至這些蘋果奶油滴上冷碟子裡時呈現糊狀。離火，不時攪拌直至完全冷卻為止。最後，裝在已消毒過的廣口瓶中。

若要製作蘋果奶油塔，將半杯的蘋果奶油、打散的雞蛋二個、牛奶二杯和砂糖二杯及香料（若需要的話）混合好。填進預先已烘焙好的（顏色尚淺）塔皮中。以中火烘烤約三十五分鐘。

們被稱為賓夕法尼亞的德國人，之後又變成了賓夕法尼亞的荷蘭人。阿米許人是遵循聖經教訓的卓越農民，愛好和平，宗教信仰熱忱。他們與進步、電話和騎馬等等為敵。他們是刻苦的工作者，儘管使用的是另一時代的工具。阿米許人最喜愛的座右銘是：「拼命工作的人的胃口最好。」他們的廚藝根本就是真正的民俗藝品。就和阿米許人本身一樣，他們的菜餚簡單、新鮮，且對身體有益。

阿米許人的食譜拒絕使用重量和度量，僅以比較的方式來呈現：「約核桃般大小、約蘋果般的重量、做個祈禱的時間」等等。像打蛋器那樣的工具仍在使用。他們最喜歡的菜餚是湯，每天不可或缺，無論是哪一餐都有。任何材料都可以做成非常美味的湯。

至於在糕點方面，可將其看作是一種祈禱的形式，藉此來感謝上帝所創造的美味食物。在聖誕節和封齋前的星期二尤其如此，德文名為

「Fastnachts」的球狀肉荳蔻炸糕多到不可勝數。

每一天，或是一天中的任何時刻，阿米許人都不能沒有派。媽媽們除了準備當日所需的份量（一次六個到八個），甚至還會多做次日的份量。這樣即使是早餐也好、中餐也好（通常在田裡）、晚餐也好，都吃得到派，就算深夜肚子餓了也可立刻食用。

阿米許的家庭主婦可以把所有東西都做成派。即使食物儲藏櫃空空如也，她們仍會製作沒有任何餡料的派「rivel pie」：以一杯的麵粉（小麥或玉米）、半杯的砂糖或廢糖蜜、半杯的奶油和現成的香料混合而成。

主婦會事先烤好圓盤狀的派皮，預先保存備用。當派皮出爐時，如果可以的話，她們會用一到二湯匙的廢蜜糖在上面描繪出美麗的圖案。

阿米許人還有葬禮派。浸過水的葡萄乾一杯、粉砂糖一杯半、打散的蛋一個、一個檸檬汁和檸檬皮，再加二杯水混合好，隔水加熱約十五分鐘並不時攪拌。冷卻之後，將餡料倒入已事先烘烤好的淺色派皮中。在派上飾以細帶狀麵皮交織成的格子狀派皮。放入烤爐，將派皮烤至金黃色。這種派好吃到讓人不願意再次強調它的原始目的。

最常見的派是蘋果派，因為蘋果是阿米許人最喜愛的水果。

蘋果被用在各色的甜鹹味菜餚中，還可製成蘋果酒和多到可供全美國牛飲的蘋果汁。

不過，有項「賓夕法尼亞的荷蘭人」的名產就是真正的社會現象了，也就是美國人的共同美食——「蘋果奶油」。阿米許人擁有蘋果奶油的專賣權。這道美食甚至還讓某部好萊塢電影得到靈感。

由「賓夕法尼亞的荷蘭人之鄉」供應的大量蘋果奶油並非來自工廠，那樣的製作方式是種罪過。這道美食完完全全以手工製作而成。在秋季的某一天，全村都會動員起來，把這一天視為假日般地，以幸福的心來完成這件工作。所有的鄰居會圍成一大圈，帶著刀子將堆在村舍中央的一大堆蘋果削去果皮。然後用木柴升起旺火，架上大鍋，把蘋果和必要的材料一一加入。年輕人以兩人一組的方式輪班，用極大的木鏟子不停地攪拌著。當蘋果奶油完成時，村子裡的人接下來要做的事，就只剩下在冬天來臨前選個結婚的好日子了。

墨西哥，極喜愛甜食的亡者

義大利的喜劇作家哥爾多尼讓其劇中人物說了這麼一句話：「巧克力和發明巧克力的人萬歲！」。當然，我們要感謝阿茲特克的偉大神明魁查爾科阿特讓古墨西哥人認識了如此受人喜愛的巧克力。不過，基於最新的統計，我們驚訝地發現，墨西哥並未列入可可亞十二個主要生產國之列，連在尾端的巴布亞新幾內亞都不及。更讓人更驚訝的是，中美洲的傳統糕點竟然沒有使用任何的巧克力。在瓜地馬拉沒有，在墨西哥也沒有。馬雅人和阿茲特克人的子子孫孫直至今日，仍然將可可亞視為飲料。這項神的恩賜在加泰隆尼亞風的燉肉中被當作香料使用，其作法僅只一種形式，也就是濃郁的西班牙式醬汁，「黑醬」。

墨西哥的甜點主要以盛產於此一低緯度地區的熱帶水果做成，不過也使用進口的蘋果。雖然北部地方有密集的畜牧業，但乳製品的生產僅夠鄉村地區消費。而且若不是為了做玉米餅，幾乎沒人願意栽種穀物。

卡黑塔，有名的牛奶醬

這種美妙又濃稠的鮮奶油焦糖是墨西哥人發明的。當拿破崙三世「炮製」出一個短暫又災難連連的墨西哥帝國時，前比利時公主，任期短暫的墨西哥皇后夏洛特曾說卡黑塔是她最喜愛的甜點。這道甜點會用葡萄酒或香草來為極甜的山羊乳增添香氣，並用小火煮了又煮，直到變成焦糖為止。在歐洲，卡黑塔仍然是雜貨店陳列架上最昂貴時髦的食品。

但是，就像城市裡的墨西哥人，我們也可以在沒有山羊的情況下製造出極受歡迎的卡黑塔，花費低廉。只要有一罐煉乳即可。

墨西哥的穹哥斯

薩摩拉的穹哥斯（薩摩拉為米丘坎州的城市）是很受歡迎的凝乳，由牛奶或山羊奶製成，有極強烈的肉桂風味。肉桂雖然並非此地的原生植物，但在這香草、花生及辣椒的祖國中卻隨處可見。前墨西哥駐巴黎總領事，同時也是作家、畫家和美食家的費南多．戴爾．帕索在其充滿熱情的食譜中，為我們報導了他美麗妻子索克蘿的作法：「為了製作穹哥斯，索克蘿在可放在火上加熱的搪缸器皿中，先將五滴凝乳酶和一公升牛奶混合，再在室溫中靜置一晚。到了早晨，她輕輕地將凝乳切成大塊，撒上一杯（約一百五十公克）糖，並倒入等量的肉桂。不可攪拌凝乳。然後她以極小的火將之加熱二或三小時，直到糖漿成形。」

——費南多．戴爾．帕索，《墨西哥菜的甜美與熱情》。

事實上，二十世紀初gringo（中南美洲人對歐洲人的蔑稱）就已將煉乳介紹給革命家薩帕塔的同胞了，他們可以很輕鬆地利用這東西做出一道真正的美食。只要將未開罐的煉乳放進一鍋水中滾上三小時即可。很重要的一點是，水要一直蓋過罐頭，不然罐子就會爆裂。最後只要讓罐頭冷卻下來就大功告成了。

若先製作法式可麗餅（拿破崙三世的軍隊所留下來的食譜），然後在餅上塗滿撒有烤過的碎花生的卡黑塔，就完成了一道非常有名的甜點。在墨西哥，大部分甜點都會使用煉乳，甜味煉乳或一般煉乳都有。cacahouète（花生）則一如其馬雅名稱，是此地的原產。

亡者麵包和蛋糕

所謂的「亡者之日」是十一月一日和二日，也是墨西哥最大的節日。墨西哥人認為，現在的人類是由阿茲特克的最高神祇魁查爾科阿特之血，混以祖先的骨頭和血而誕生的。生命由死而生，一如死亡因生命而生。墨西哥的哲學和社會學在哥倫布到來前早就以此神話為基了。而在今日，每個人都還繼續保有祖先流傳下來的思想，並摻雜了由西班牙人傳播的、最怪異的天主教信仰。因此，亡者之日之所以如此特別，便在於它完美呈現了當地各階層人民的文化大雜燴風貌。

這種在過去極為血腥野蠻的慶祝生命循環儀式，已成為與親朋和祖先共享幸福和美食的歡樂場合。墨西哥人有張極愛吃甜食的嘴，其嗜甜程度就像他們嗜食最辛辣的辣椒一樣。

在十一月一日這一天，大家都會上麵包店購買狀似骸骨並撒上砂糖的小型麵包，名為亡者麵包。這種麵包象徵著由死亡而生的生命。因為麵粉來自各類穀物，意即植物在土壤中分解後又從中重生而出。

家庭主婦會製作其他極甜的點心以在家中供奉死者。在裝飾著花邊或優雅紙飾的祭壇或桌子上，擺放著死者生前的照片，照片之間擺上飲料，並有死者生前最喜愛的菜餚，香煙或香水等等。

人們也會在墓地中舉行宴會，墓地則用氣味強烈的金盞花做裝飾。但不論是在家裡或在墓地，慶祝活動都是以親朋好友互相交換禮物或食物作為開始。在對死者的追念之後，暢飲了龍舌蘭酒的樂隊會用木琴演奏傳統樂曲。音樂不但能

糖製供品

一五六三年，在已福音化的墨西哥，賽巴斯提安．德．阿帕里修神父在現今墨西哥城附近的卡雷阿加莊園中，建立了使用供品紀念逝者的習俗。

這種方式傳播得很快，不但變成了民族傳統，還催生出了真正的砂糖藝術，因為此一場合需要製作各式各樣的各類甜食。十八世紀的亡者之日就已經產生了無數的創作。一七七七年，璜．德．維耶拉記下了他的所聞所見：「製作甜食的花費超過五千匹索，糖錠變成了各種鳥類、美人魚、綿羊、花卉、酒壺、甕、床、棺木、主教冠及戴上帽子的金黃色男男女女。……每個街角的攤子上都擺滿了糖製的玩具，就連最窮苦的人都會買糖玩具給小孩。」

傳統延續到了今日。用糖錠做成的無數雕刻精美的雕像，有各種動物、日常生活用品及宗教器物。……糖製的死者頭顱是墨西哥製作者偏愛的主題。每逢亡者之日，他們會模塑出頭顱並在凹陷處添上鮮艷的色彩。

——M. P. Bernardin et A. Perrier-Robert 之《糖之大全》，©Solar 出版社，一九九九年。

夠助興，還能讓人沉醉在生命的歡愉之中。同樣的，酩酊大醉並不會受到譴責，而是像分享美食一樣，被視為是增強社會凝聚力的集體行為。

最美麗的亡者之日慶典是在歐哈卡城與中央溪谷其他城市的薩波泰族慶典，以及在米丘坎州的帕次傍洛族慶典。不過，為了替這趟跨國甜點之旅做一結尾，讓我們引用戴爾·帕索領事所說的話：

「我們在大城市裡的其他墨西哥人雖然失去了許多傳統的東西，但對這些祭典並不完全陌生：我們與同胞們一起分享喜悅和悲傷——喜悅是因為即使我們為死者哭泣，因為他們死了，但我們對他們在世之時的追憶是件喜悅的事，而且大家在這天的白天也好，晚上也好，都會一起分享食物。我們為死者準備食物——在墳墓前奉上水果、餅乾、玉米餅和巧克力——也為活人準備食物，有被稱為亡者麵包的美味麵包，用砂糖和杏仁牛軋糖做成的頭蓋骨、大腿骨及脛骨以及棺木。不過太陽底下無鮮事，我得對自己的說法略帶保留。當我們想起卡洛斯·索拉在《甜之讚歌》中敘述著，十二世紀在拿波里的亡者之日，大家把淋上糖漿的糖骨分送給親戚朋友。沒有什麼能比吃掉糖製頭顱更能夠象徵生者所表現的強烈愛意了。因為正如讀者所知，每個頭顱的前額都會標上食用者的名字。還有什麼能更優雅更幽默地表現出生命戰勝死亡，這種不可能但總是根深柢固的願望呢？還有什麼能比吃掉自己的屍骨更好？……而這屍骨又有糕點般的香甜？……[5]」

【5】作者註：同一本書。

第七章

吃冰淇淋的樂趣

即使有人不喜歡糕點或其他任何甜點，但對冰淇淋甚至是雪酪不感興趣的人肯定不多。確實，在品嘗冰淇淋時會有享受美食的快感。

我們甚至不需追尋如普魯斯特般地感性，只要試試魁北克兒童享受美食的小訣竅：僅僅把切塊的柳橙放在窗台的積雪上或家中的冷凍庫即可。一定會有好消息的！

誰曉得是什麼樣的奇蹟，讓因寒冷而昇華的鮮奶油醬汁，變成了大人小孩品嘗時的無比喜悅？即使是現在，若無中場休息時間的「愛斯基摩冰淇淋」（塗抹上巧克力的棒棒冰淇淋），電影亦將失去了魔力。假使（美國的）雜貨店裡沒有「聖代」和「香蕉船」這兩種在一九四四年從悲慘的舊世界中冒出頭來的東西，作為歐洲解放的特殊榮譽獎品，那又該怎麼辦？雖然冰淇淋並非源自於美國這件事，幾乎已被人遺忘。

賈克·塔提導演的電影喚起了吾輩法國人孩童時代海邊「冰淇淋小販」的三輪送貨車回憶。不過在當時，我們只知道「戴」著「香草、草莓、咖啡、巧克力或開心果」口味的薄酥鬆餅捲筒冰淇淋，若要奢侈一點的，就來個兩種口味的雙球冰淇淋，讓貪愛美食的舌頭輪流輕舔。

說到這裡，一位名叫伊塔洛·馬奇歐尼的義大利糕餅師傅在一八九六年放棄了可盛裝冰淇淋的圓錐狀鬆餅捲的專利，這種捲筒可讓人在「戶外露天的環境中品嘗冰淇淋」。

冰淇淋的歷史

其實，冰鎮的甜點早在兩千年前的歐洲羅馬帝國時期就已經製作出來了。當時大家對這類冰冰涼涼、甘甘甜甜的高價點心並不陌生：從阿爾卑斯山及亞平寧山出發的牛車隊，把用麥桿、毛皮、布袋包裹的冰塊及擠壓成冰的雪，運送到羅馬的集貨市場去，為了不讓冰融化，只要冰一卸下，都會先放在水井裡。

冰淇淋的廣告，1908 年，Carter & Sons 製作。

每逢夏天，尼祿皇帝便以軋碎的水果、蜂蜜和先前儲藏的雪，混合成冰品來宴請賓客，整個上流社會也競相仿傚。皇帝的家庭教師，一位愛發牢騷的老人家塞尼加極力譴責如此虛妄的奢侈生活，讓自己落得被邀請到祭壇自行結束生命，不得延遲刑罰的下場。

不過，中國人早在兩千年前就已發明出冰淇淋調製機的基本原理：他們在盛裝果汁的容器外邊放入儲藏的雪並混以硝石。也就是說，硝酸鹽除了可讓水溫上升到沸點，也可讓水溫下降到結冰的程度。據傳義大利的雪酪就是依照馬可波羅從中國帶回威尼斯的技術製作而成，使得義大利命中注定成為gelato（具冰淇淋與雪酪雙重意味）的專家。

把水果壓成果泥狀或榨汁就可以做成sorbet（雪酪）。但這還不是冰淇淋。「sorbet」這個字來自土耳其語的chorbet，此字則是阿拉伯語chourba的變形，意指「含有果粒的飲料」，也是「sirop」一字的字源。要等到十五世紀後半葉，義大利人利用中國的方法來製作了，冰淇淋才算問世。

自然而然地，我們不免推斷是凱薩琳·梅迪奇將冰鎮飲料的風尚帶到了法國。冰鎮飲料離開了特權階級的餐桌，在十七和十八世紀咖啡廳蓬勃發展時，隨之普遍了起來，專業人士也陸續登場。與在名門望族家中任事的藝術家相反，當時的糕餅業者尚未在這東西上動腦筋。布瓦洛像塞尼亞一樣——這次沒有性命之危——在〈可笑的飲食〉（諷刺詩，第三集）詩中大大地嘲笑這樣的迷戀：

「……不過，到底是誰會這麼想：真倒楣，／連點冰都沒有：沒一點冰！老天！在夏之炎熱！在六月！我真是一肚子火，／這不像樣的宴會真是氣死人，／我已有二十次想要離席……」

享用冰淇淋的女士們，1827 年的彩色版畫，出自 'Le Bon Genre'，巴黎。

在剛從土耳其威脅中解放的維也納，一名曾為戰俘的男子於一六八四年開了一家非常成功的「咖啡屋」，一連串類似的店家也橫掃全歐。當然，大家在咖啡屋中是以維也納的方式來品嘗的，不論是黑濃的摩卡，或是有著鮮奶油奶香的咖啡。但是，「跟在威尼斯一樣」的咖啡冰淇淋——起初是以冰淇淋調製機做成的咖啡雪酪，然後是用天然鮮奶油或加了咖啡的鮮奶油為基礎做成的柔軟冰淇淋——則大獲全勝似地穿越各國國界。

然而，一六六〇年在巴黎，一位機靈的西西里年輕人普羅科皮歐．戴伊．科爾泰利已經因為在家中販賣土耳其咖啡而賺了大錢，他接著在戶外開起了最早的咖啡廳。在被明鏡及金箔圍繞、舒適又快樂，可以用合理價格品嘗咖啡並享受奢華氣氛的店裡，顧客們在十九世紀末發現到，最美味的「維也納式」冰品並不一定是咖啡口味的，而是巧克力這種使人愉快的新美味。菜單裡

何謂冰淇淋調製機？

冰淇淋調製機有手動式及電動式，前者要轉動裝有冰淇淋的容器，後者是用機器槳葉在容器裡不斷攪拌冰淇淋，讓空氣得以拌入材料中。如此一來，冰淇淋的質地將充滿泡沫，結凍時的冰淇淋結晶也能保持極其細小，讓冰淇淋非常滑順。若僅僅是冰凍起來，只會形成堅硬的一大塊。市售冰淇淋含有化學乳化劑或安定劑，以便讓冰淇淋維持凝固並柔軟的狀態。

提供了八十種不同的冰淇淋和雪酪可以選擇！順便一提，自一六七三年以來，王室法令僅僅授權給所謂的清涼飲料製造商製造和販賣冰淇淋。之後，在一七二〇年，已成為普羅科普的普羅科皮歐被委任為承辦香提德·孔德親王城堡盛大宴會的負責官員，並憑藉其多年經驗創造出了攢奶油——法蘭西之島地區的特產——這種甜點還能冰鎮成冰淇淋。這道美味的甜品被稱為香堤風冰淇淋。香堤這名字至今也仍然與攢奶油連在一起。

之後，大約在一七七四年，巴黎的卡佛咖啡廳為了讓人覺得好玩，提供加入蛋、用模子塑

形、以蜜餞或圖片裝飾的冰淇淋，並稱此乳製品為「冰酪」。接著，一七七九年，各大報報導了這家店的「利可酒冰酪」廣受顧客好評。

十八世紀後半，中產階級也能在家中製作冰淇淋，多虧各式各樣的食譜不斷出籠，例如墨農的食譜，便讓人看到具有豐富烹飪經驗的婦女也能在家中製作冰淇淋，手動冰淇淋調製機在富裕人家和統治階層的王公家中則一樣普及。同一時期，英國有名的烹飪作家漢娜・葛拉斯（1708-1770），在她的《甜點全才》一書中也發表了一種冰淇淋食譜。但她同胞的反應並不熱烈，英格蘭在冰淇淋的戰場中敗下陣來。

一七九八年，拿波里出生的知名咖啡販賣商兼糕餅業者托爾托尼發明了冰淇淋餅乾和冰淇淋砲彈，這兩種食品因為不被當作飲料，也就讓托爾托尼合法規避了不是清涼飲料製造商的問題。

墨農的布爾喬亞風冰酪

若可以，取半升特濃鮮奶油或其他上好產品，半 septier* 的牛奶，一個蛋黃，四分之三斤的糖。將材料煮沸五或六次，離火，加入少許如橙花水，甜萊姆或檸檬之類的香精，接著倒入白鐵模中，準備冰鎮。將模子放入大小相稱的桶中，先在桶底放入碎冰及一把鹽或硝石，接著繼續在桶邊加上冰塊和硝石，直到頂端。當奶酪結冰且要準備食用時，取一小鍋的熱水將模浸於其中，冰酪即可脫模，放入大碗中，須即刻食用。

——墨農，《布爾喬亞女廚師》，於布魯塞爾，一七七四年。

* 約 0.232 公升

從冰塊的保存到冰塊的製作

從十七世紀的最後二十五年至十九世紀，就像古羅馬人、中國人和巴格達的哈里法一樣，巴黎人保存壓實的雪或天然冰塊，法國各大城市亦然。現今在巴黎南邊仍有個由採石工人挖掘而成，位於曼恩河屏障外邊的地下冰窖區使用於此一用途。

接著，由科學加持的工業文明總算讓訂製冰塊這種奇蹟變得可能，而且幾乎是即時的。首先，法國工程師費迪南．卡黑（1824-1900）成功地製造出能夠製作冰塊的機器，並在一八五九年的倫敦萬國博覽會中進行展示。而直到一九六〇年代末，工業製冰業者仍然在製造大冰棍，並在每天早晨以舊皮袋裹住，運到住家或商店中。在當時，商家會把碎冰存放在妥善隔離的「冷藏櫃」中，以存放食物和飲料，或是製作冰涼的甜點。一個世代之後，幾乎所有家庭裡都有冷藏庫與冷凍庫，它們成為不可或缺的經典居家設備，也是歐洲食品製造業及餐飲業的必要設施。

作為高級筵席甜點的冰淇淋砲彈會用模子做成圓筒尖頭形，並疊上一層層的鮮奶油或水果蜜餞。

當然，卡漢姆的天才使冰淇淋更美味且更有看頭。他的冰淇淋立刻被譽為是完美的咖啡口味甜點。其水果口味冰淇淋更因極為豐富的鮮奶油、無比的滑膩並以模型製作而特別傑出。

就如同我們在前面說過的（請見第229頁），挪威煎蛋捲是在第二帝政時期末期構思出來的，起初是大餐廳用來吸引顧客的點心，之後普及於資產階級的家中，當時巴黎也才剛有瓦斯烤爐及瓦斯烤肉架。

這期間英國急起直追。多虧了大量到來的義大利移民在各大城市的街角流動販賣「one penny licks」，也就是小紙盒冰淇淋（通常水比鮮奶油多），讓人得以悄悄舔食——或多或少有點偷偷摸摸地，程度則依據各自的社會階級。

不過，同樣的情形自一八四〇年起在美國也見得到。一八四六年，一位名為南西·強生的家庭主婦發明了手動式冰淇淋製造機，使用起來比一般冰淇淋調製機更方便。十一年後，工業控制了冰淇淋的製作。不久，約莫在一八八五年，德國人卡爾·馮·林德發展出具備壓縮機的家用冰箱，對於美食之普及的工商業之飛躍發展，貢獻極大，雖然這發展因為第一次世界大戰而減緩了腳步。

美好時代巴黎最好的冰淇淋店

「親愛的阿貝爾婷，我並不討厭冰淇淋，且讓我來為妳來訂做。我自己也不清楚這要在普瓦黑——布蘭詩、在荷芭泰，還是在麗池訂購……總之，我會去看看。」

——普魯斯特，《女囚》，嘎里瑪出版社，一九二三年。

在二〇〇〇年來臨之際，法國人一年的冰淇淋消費量為六公升，英國人是八公升，而美國人是十六公升。冰淇淋製造商對於二十一世紀的來臨極為樂觀。進步的腳步不會停滯：他們開發出了更加輕盈的冰淇淋。

這就是所謂的 glace foisonnée（膨脹的冰淇淋）。藉由注氣法將空氣注入在工業冰淇淋調製機內準備冷凍的材料中，增加冰淇淋的體積，減少每一公升的營養價值及卡路里。每兩球傳統冰

香蕉船及聖代

香蕉船及聖代皆於一九五〇年代登場，當時是雜貨店概念欣欣向榮的時代。兩者皆大受歡迎。一如點餐單上的文字所述，這兩種「杯裝冰淇淋」都是美國的產物，其組合的繽紛色彩點出了當時的裝飾精神。每個世代的兒童總將之視為美食的最高峰。

Banana Split（香蕉船）的意思是「剖成兩半的香蕉」：在長形的器皿中放上三球口味各異的冰淇淋，其上放著蛋白糖霜，剖半的香蕉置於周圍。將巧克力醬或覆盆子醬淋於其上，再以擠奶油、杏仁或烘烤過的榛果果實、刨絲的巧克力或水果蜜餞來裝飾。聖代（Sundae）源自週日（Sunday）的家庭點心，其名稱像是孩子拼錯字的結果（或許是故意的）。

手動式和緊接著的電動冰淇淋調製機在新世界裡快速地普及開來，女性報刊發現家庭主婦受到誘人的美食插圖的吸引，於是在家裡自己作這道甜點，因為它們大致上不過是用在任何一家超市都可以買到的產品裝配而成。香蕉船亦是如此。

若要自行做出美味可口的聖代，可用自製或自家附近買回的冰淇淋、各式各樣的水果罐頭、柑橘皮果醬或果凍及糖漿，再淋上擠奶油（自製或罐裝噴擠式）。聖代通常會用特大號的容器來盛裝。

淇淋的熱量有一百卡路里，但輕盈的冰淇淋僅只有五十卡路里。相反地，約於一九九〇年出現在美國的優格冰淇淋有七十卡路里的熱量，同時比傳統冰淇淋有更豐富的鈣質。布里亞—薩瓦漢會怎麼想呢？做為其《味覺生理學》結尾的「窮乏之歌」確實可用來述說當今的情況：「羅馬的有錢人榨取全世界人的財富。在您那麼有名的餐廳裡既瞧不見懶人的美食——令人垂涎的肉凍，也看不到其冰冷能對抗酷熱時節的各式冰淇淋，我真為您感到惋惜。」

第八章

蛋糕上的櫻桃：果醬及蜜餞

雖然普羅旺斯的占星家諾斯特拉達姆斯的「小冊子」，著名的《論果醬和化妝品》第一頁提到「即使是對女性」等等之類的話，但我們或許可以添上更佳的措詞。當時他已經曉得果醬有豐富的熱量且可以用糖來保存嗎？

果醬自古以來被當作點心食用。在人類於九世紀左右知悉砂糖以前，果醬是用蜂蜜或無花果、葡萄等極香甜的水果所製成[1]。早在諾斯特拉達姆斯在書中暢談果醬前，這東西早已存在。他的書在二十年間再版十次，是當時的暢銷書籍。直到十九世紀，除了填裝圓餡餅以外，糕餅師幾乎不使用果醬。但接下來，卡漢姆與他同代的糕餅師在各種地方使用果醬，以便裝飾為數眾多的甜點和蛋糕，使之更加完美。

製糖和製造果醬的飛躍發展

「諾斯特拉達姆斯在一五五五年仍然提供了每種果醬的三種不同製作方法：第一種方法使用砂糖，公認此法比其他兩種優越許多；第二種方法使用蜂蜜；第三種方法則使用濃縮葡萄汁。但這些製作方法在《法國的果醬製作者》或其他十七世紀的書籍中卻見不到。雖然砂糖的替代品不曾完全消失——法國某些地方的鄉村到二十世紀中葉時都還在使用濃縮葡萄汁——當時的作者卻可能認為其讀者群所屬的社會階級已不再使用這類替代品了。在十六及十七世紀，砂糖使用量的大增可能也是為了讓甜味和鹹味分別清楚，而製糖最新技術的出現則有助於此。」

——尚—路易．弗隆德漢為《法國的廚師》所寫的序文，Bibliothèque Bleue, Montalba，巴黎，一九八三年。

[1] 作者註：在第二次世界大戰期間，這些無需用糖的食譜很快地再被發現使用。

果醬，國王的享受

凱薩琳・梅迪奇的天文學家喬凡尼・巴第斯塔・卡瓦久利的名聲已被人遺忘，他在一五五〇年出版了《製造各種果醬的方法》一書。奇怪的是，一五五七年，王后的另一位占星師盧傑里也出版了《令人尊敬的皮耶蒙人，阿雷克西老爺的祕密》並大獲成功。這書和諾斯特拉達姆斯的小冊子一樣，談論的是果醬和化妝品。我們在其中驚見義大利式醬汁裡混合了果醬、美容用品及魔法。尚—路易・弗隆德漢指出，這些著作填補了一六〇〇年至一六五〇年間書店中的廚藝著作空缺，唯一例外是一六一〇年由比利時的大師隆瑟洛所寫的《廚藝入門》（見第80頁）。

路易十四世在位時，尼可拉・德・玻訥豐在其《法國園丁》中對果醬甚感興趣。一六五二年，《法國廚師》的知名作者拉・瓦黑納寫了《法國的果醬製作者》以為補充。之後，《膳食總管》於一六五七年出版，而十七世紀末，《王室的果醬製作者》經過增補後成為了《完美的果醬製作者》。

製作果醬的原則

糖是保存果醬的基本要素。作法是應要使用同等重量的糖和預備好的水果。若糖的量不足，或者是煮的時間不夠，果醬會有發酵或發霉的危險，因為水果中的水份沒有充分蒸發出來。若糖的量太多，濃縮的果醬會結出糖晶。煮得太久會讓果醬變成焦糖且變質。學做果醬的生手應參考一份好食譜以得知烹煮各種水果的規定溫度和時間。

醋栗凍

醋栗凍和櫻桃凍的作法相同。首先將這兩種水果榨到最後一滴汁。兩種果汁中櫻桃汁較為濃厚，每品脫*櫻桃汁至多需要四分之三斤**的糖。醋栗汁只需半磅的糖，因醋栗凍要吃酸的。它對病人極為合適，可洗淨口腔，甚至能讓最頹喪的心歡樂起來。然後將兩種果汁煮至濃稠，稍稍冷卻，即可食用。果凍在一天內無需加蓋，但需放在污物及灰塵無法企及之地。覆盆子凍的作法同櫻桃凍，草莓凍亦然。

——L．S．R．，《烹飪的藝術》，一六七四年。

*作者注：在巴黎為0.93公升。

**作者注：在此為四分之三品脫。

給蒙福的讀者

「此書為要滿足若干親愛的讀者的期待及熱誠，即使是對求知若渴的女性亦是如此。大家都喜歡傾聽有關最新事物的話題，且在食品收藏櫥中收進世界各地若干種類的果醬，為要讓身體得到完全的放鬆。只有本書能讓人通曉保存各類水果的方法。從果園採摘回來的水果若不防止其腐壞變質的話，無法長期保存，因為有的水果水份過多，而有的過乾。製作果醬能防止水果腐壞，且使之甜美。如有必要，與其食用大量的其他食物，不如吃上一些果醬對人體還較佳。」

——米榭．德．諾斯特—達姆，普羅旺斯 Salon de Craux 市的醫生。為亟需精緻食譜者所準備，且使用蜂蜜、砂糖及濃縮葡萄汁等方法製作果醬的卓越且極實用小冊子。里昂，一五五五年。

法國國王路易十三不僅是業餘的烹飪高手，也是甜點專家，特別是果醬。一六四二年，當他在羅浮宮的廚房裡製作自己冬天要吃的食物時，得知了前寵臣桑克—馬爾斯處決的消息。國王的弔唁之言甚短但相當合宜。那時，他晃了晃攪拌果醬容器的底部，淡淡地說了一句「桑克—馬爾斯的靈魂跟這鍋底一樣黑。」

路易十三之子延續了其父對果醬的喜好。編年史學家詳盡地向我們述說路易十四「偉大世紀」的王室宴會光華——素來以盛放在大銀盆中的柑橘醬及果凍作為結束。王公貴族不再自製果醬，因為在凡爾賽宮裡就能吃到用國王的菜園和溫室栽種的水果做成的美味果醬。溫室裡甚至還培育鳳梨，當然，是用來做果醬的。

十九世紀，果醬已大眾化，像從前的國王那樣擁有果園甚至是溫室的資產階級家庭，特別喜歡以果醬的方式來保存水果。「下層」人民若能力許可，也會利用「籬笆下的果實」以及森林中的黑莓、野薔薇果實、藍莓等等，製作既實惠又含有豐富維他命（當時的人當然不認識維他命）的果醬，甚至連巴黎以外的外省吝嗇資產階級也不排斥。巴爾札克在描述葛蘭代家族的早餐時，用來塗抹麵包的果醬就是這類果醬。

根據《Quid 年鑑》報告的消費統計，二十世紀末在法國的果醬年消費量是每人二公升半。但在家自製的數量無法查證，僅知應該是增加的，看看美食雜誌及書籍的暢銷就可知道。

水果蜜餞

放在蛋糕上的櫻桃總是櫻桃蜜餞。

依照大小，將整顆或切塊的水果，甚至是

販賣糕餅與蜜餞的女人，1850-1860 年，Anon 繪。

植物的莖、種子、花或根，放入微沸的糖漿中熬煮後，幾乎都能照原來的形狀將其保存下來。這個方法在於依次地將水果放入越來越滾燙的糖漿中，使糖份能漸漸取代果肉中的水分，讓水分在果肉不會變形、變硬或煮爛的情形下，慢慢地蒸發掉。

若阿拉伯人是公認的發明者，那麼人們知曉製作蜜餞及果醬已有數世紀之久。但別忘了，古希臘羅馬時期的人就曾使用蜂蜜來烹調水果。

在東方、在羅馬，然後在中世紀的全歐洲都不陌生的蜜餞，很快地便在果園遍佈的法國南部成為名產。一六八〇年，官方編年記載在當時尚未成為法國領土的尼斯，薩瓦的安東親王在歡迎其兄，薩瓦大公的繼承者嘉布里耶時，根據尼斯市政府檔案處所載，贈送了「最上等的蜜餞六盒」作為禮物。贈送蜜餞成為歡迎王侯造訪的當地傳統。

當時還會以花朵做成蜜餞，蔚藍海岸是鮮花的盛產地。土魯茲早在數個世紀以前就以其知名的紫羅蘭蜜餞為榮，這種蜜餞用於蛋糕裝飾上，既美麗又芳香四溢，讓人不忍心大口吃掉它。不過，毫無疑問地，上普羅旺斯省的阿普特至今仍然是蜜餞和果醬的最大產地。

事實上，大部分糕餅店的「自製」蜜餞都來自在阿普特填裝的大型罐頭。要不把醃漬水果的糖漿瀝乾；要不再熬煮一次，適當乾燥後再裹上一層薄薄的糖衣使之更為美觀，然後再包裝起來。這個小祕密跟製作品質無關（價格上肯定有差別），但是在品嘗的同時，是不是也該問問所謂「自製」這字的意思為何？

至於幾世紀來已廣為人知的糖栗子，在十九世紀末成為阿爾戴什省的工業產品。如果吃過阿爾戴什的糖栗子，肯定不會想吃別地的。

一八八二年，人工絲綢的發明為阿爾戴什地區的經濟帶來毀滅性打擊，是阿爾戴什糖栗子拯救了地區經濟，降低了養蠶場工人及天然絲工匠

房間蜜餞與法官的蜜餞

除了水果蜜餞，中世紀的上流社會也大量食用許多用種子和辛香料作成的蜜餞。這類事情並不允許我們現代人感到驚訝。對二十一世紀的消費者來說，中世紀的上等佳餚顯得難以消化，主要原因在於，當時的菜餚通常是為了宗教祝聖，為了擺場面充高雅，或為了遮掩肉和魚的不新鮮，總是大量或過量地使用香料。另外，也為了舒緩經常性的腸胃及膀胱灼熱感，並消減口臭，不只需要用糖來讓「排尿順暢，疏通腎臟和膀胱，軟化宿便」，也要使用具「濕」性的甜味香料來除去有害的體液，莫里哀說的「peccnates」。

當時的作法是在「用餐之後」，端上這些香氣撲鼻，對嘴巴和腸胃都很溫和的糖果，來幫助消化香料味已經相當濃厚的豐盛菜餚。在《玫瑰的故事》中，這些「在餐後食用的許多美味辛香料」是用種子做成的，例如將茴香、大茴香、芫荽的種子放在砂糖中熬煮或一再熬煮，由此得出焦糖糖果，是為糖衣杏仁的前身。在富有人家裡，會將攙有濃烈香料的水果蜜餞，甚至是辛辣的生薑含在嘴中來代替當時近似果泥的果醬。但不論是用哪一種方法調理食材，都是為了節省砂糖的使用。

當時的大富豪會將此類甜點裝在精美的小盒子中送給客人，讓他們帶回家後，能在自己的房間裡於就寢前啃上一些。這樣一來，睡醒時口中就還黏糊糊的。也是房間蜜餞之名的由來。

至於法官的蜜餞一樣是用水果和辛香料做成，由訴訟人或受審者贈與法官。這原來是案件訴訟勝利時的答謝禮。後來幾乎沒有人不在這件事上用心的，這些謝禮得在合議前送達。而從兩造都收了贈禮的法官，終結審理時便會敷衍了事。

審判官會將蜜餞轉賣給香料商，從而得到相當可觀的額外收入。法國大革命的首要任務就是要廢除「法官的蜜餞」，並讓司法順利運作。正義女神竟因美食而瞎了眼！

甜點桌下鑽出的小男孩，卡士達粉的廣告，1901 年。

的失業率。

阿爾戴什省除了栗子樹森林以外沒有其他資源，一位來自普里華斯名叫克雷蒙．佛吉葉的人為了幫助「同胞」而大量生產糖栗子。之後為了把產品推銷到世界各地，他還想出使用銀色錫箔紙來包裝的法子。銀色錫箔紙也很快的被巧克力製造業者採用。

沒多久，阿爾戴什的栗子不敷佛吉葉的生產，他開始從西班牙及南義大利（卡拉布里亞地區進口栗子。不過，杜林的製果商也開始大量生產糖栗子，而糖栗子也已成為不可或缺的聖誕甜點（瓦爾省及科西嘉島森林出產的糖栗子也非常美味）。

喜愛美食的讀者們，為了對這趟甜點之旅有您陪伴表示衷心感謝，也為了讓每一天都是聖誕節，我們從今天起送您一顆「虛擬」的糖栗子，做為一份再見之禮。

譯名對照表

一劃

8字形餅乾　bretzel
《一四六〇年代的黎亨施塔爾編年史》*Chroniques de Richenstalh des années 1460*
「一個奶油塔」　une tarte à la crème

二劃

「七鰓鰻」　lampreia de ovos
二粒小麥　amidonnier
《十九世紀末的餐桌生活》　*La Vie à table à la fin du XIXe siècle*
十三道甜點　Treize Desserts

三劃

三角形慕洛伊　mulloî
三個半 septiers　trois demi-septiers
三細亞　séah
下午茶　high tea
下諾曼第　Basse-Normandie
上布列塔尼　haute Bretagne
上諾曼第　Haute-Normandie
凡夫　Vanves
凡森大道　cour de Vincennes
凡爾登　Verdun
凡戴　Vendée
亡者麵包　pan de muertos
千層派　mille-feuilles
千層糕　gâteau feuillé
土魯茲　Toulouse
大仲馬　Alexandre Dumas
大多西　Le Grand d'Aussy
「大君王」　Grand Monarque
大流士　Darius
大軟帽　gros bonnet
大黃派　rhubarb pie
大黃塔　Rhabarber torte
《大鼻子情聖》　*Cyrano de Bergerac*
《女子學校》　*L'école des femmes*
《女囚》　*La Prisonnière*
小千層捲糕　sacristain
「小牛之繩」brideauxà veaulx
「小王后」　reinette
小布雷　Boulay fils
小田新街　rue Neuve-des-Petits-Champs
小安東・卡漢姆　Antonin Carême
小舟狀糕點　barquette
小杏仁餅　massepain
小侯貝字典　*Le Petit Robert*
小修女　nonette
小茴香　cumin
小乾酪蛋糕模　ramequin
小提亞儂宮　Petit Trianon
「小傻子」　petit janot
小圓麵包　buns
「小薄餅」　crêpe
「小鬆餅」　gaufrette
小麵包　petit pain
工匠　ouvrier
《工業的奇蹟：製糖工業》*Les Merveilles de l'industrie: L'Industrie du sucre*
干邑白蘭地　cognac

四劃

中央高地　Massif central
《中國菜》　*La Cuisine chinoise*
丹地蛋糕　Dundee cake
五毛錢　sols
五旬節　Pentecôte

五劃

《世界的起源》 L' Origine du monde
《世界食物百科》 Histoire naturelle et morale de la nourriture
主顯節 épiphanie jour des Rois
主顯節國王烘餅 galette des Rois
主顯節國王蛋糕 gâteau des Rois
以拉他 Eilat
《令人尊敬的皮耶蒙人，阿雷克西老爺的祕密》 *Les Secrets du révérend seigneur Alexis, Piémontois*
加利西亞 Galice
加來海峽 Pas-de-Calais
《加剛圖阿》 *Gargantua*
加紐 Gagneux
加納許 ganache
加富爾 Cavour
加斯東·馬斯佩羅 Gaston Maspero
加斯東·勒諾特 Gaston Lenôtre
加斯科涅 Gascogne
加萊 Calais
加糖面 glaçge
加賽斯·德·拉·布雨涅 Gacès de la Bugne
《包法利夫人》 *Madame Bovary*
北方省份 Nord
半升 chopine
半斗 boisseau
卡尼維 Canivet
卡皮耶洛 Capiello
卡托 Marcus Porcius Cato
卡佛 Caveau
卡拉·穆斯塔法 Kara Mustafa
卡拉布里亞地區 Calabrie
卡洛利·昆德 Kàroly Gundel
卡洛斯·索拉 Carlos Zolla
「卡修佩」 Cassiopée
卡特—卡荷 quatre-quarts
卡茲諾伏 Cazeneuve
卡馬格 Camargue
卡畢胡斯 Cabirous
卡彭塔斯 Carpentras
卡斯帕魯斯·范·胡登 Casparus Van Houten
卡斯提亞 Castilla
卡普雷 Capulet
卡黑塔 cajeta
卡塔真葡萄酒 carthagène
卡達菲 kadaïfi
卡雷阿加莊園 hacienda de Carréaga
卡漢姆的巴瓦華茲奶油凍甜點 bavaroise de Carême
卡漢姆的冰慕斯 mousse glacée de Carême
卡漢姆的花式小點心 petits-fours de Carême
卡漢姆的舒芙雷 soufflé de Carême
卡漢姆的酥脆甜點 croquembouche de Carême
卡爾·馮·林內 Carl von Linné
卡爾·馮·林德 Karl von Linde
卡爾瓦多斯 Calvados 省
卡爾登卡爾登 Carlton Carlton
可可豆 fève de cacao
可頌 croissant
可麗餅 crêpe
古格 couque
古斯塔夫·凡特羅布 Gustave Weintraub
古斯塔夫·加爾蘭 Gustave Garlin
古斯塔夫·福樓拜 Gustave Flaubert
司康 scone
史托何 Stohrer
史克里伯大宅 hotêl Scribe
史克里伯大道 boulevard Scribe
史提利 Styrie
史塔尼斯拉斯 Stanislas
史塔尼斯拉斯·萊欽斯基 Stanislas

Leszczynski
史蒂芬妮 Stéphanie
四分之一斤 quarteron
四旬齋第三個星期的星期四 mi-carême
四種混合香料 quatre épices
奶汁烘蛋 amès
奶皮 fleurette
奶油 beurre
奶油布列多 butterbreedle
奶油夾心烤蛋白 meringues
奶油夾心蛋糕 nougatine
奶油餡 crème au beurre
奶油醬汁 crème au beurre
奶酥派 crumbles
尼可拉・香朋 Nicola Champon
尼可拉・勒布隆 Nicolas Leblanc
尼可拉・普桑 Nicolas Poussin
尼可拉・德・玻訥豐 Nicolas de Bonnefons
尼姆 Nîmes
尼約勒 nieulle／nieule／niole
尼斯 Nice
尼斯的甜菜圓餡餅 tourte aux blettes nissarde
尼祿 Néron
尼維內 Nivernais
尼維勒 Nivelles
「巧克力油炸點心」 diabloins au chocolat
巧克力指形餅乾 biscuits à la cuillère
巧克力雪花球 boule de neige au chocolat
巧克力餅乾 biscuits de chocolat
左拉 émile Zola
「市集鬆餅」 gaufres de foire
布丁 pudding
「布丁塔」 tarte au flan
布加 Boujat
布瓦洛 Boileau
布伊賽 Bouisset
「布列多」 breedle
布列斯 Bresse
布列塔尼 Bretagne
布列塔尼的庫伊尼阿曼 kouign amann breton
布西路 rue de Buci
「布克特」 boukète
布利斯男爵 baron Brisse
布呂諾・羅希午 Bruno Laurioux
布宏多姆 Brantôme
布里 Brie
布里尼 blini
布里克 brik
布里克千層餅 brik
布里乳酪 Brie
布里歐許 brioche
布里歐許奶油圓球蛋糕（發酵麵團） brioche（pâte levée）
布里歐許風味的葡萄乾麵包及米塔 cougnol de Noël & cramique & tarte au riz
布拉瓦海岸 Costa Brava
布洛涅森林 bois de Boulogne
布洛麥特 Bloemaert
布朗—賽嘉 Brown-Séquard
布紐 Bounieu
布荷達錄 bourdaloue
「布景式entremets」 entremets de peintreries
布黑地區 Pays de Bray
布爾日 Bourges
布爾克劇院 Burg Theater
布爾貢人 Burgonde
布爾傑湖 lac de Bourget
《布爾喬亞女廚師》 *La Cuisinière bourgeoise*
布爾喬亞風冰酪 fromage à al glace à la bourgeoise
布爾德洛 bourdelot
平底籃 banaste

「平等烘餅」 galette de l'égalité
弗日山區 Vosges
弗日廣場 Place des Vosges
弗宏許—孔戴 Franche-Comté
弗宏許—孔戴人 Francs-Comtois
弗宏—諾安 Fran-Nohain
弗拉斯卡提 Frascati
弗凱亞人 Phocéen
弗雷德貢德 Frédégonde
弗蘭西斯・勒馬克 Francis Lemarque
弗蘭茨・札赫 Franz Sacher
弗蘭斯瓦・哈伯雷 François Rabelais, 1494-1553
弗蘭斯瓦・達特瓦 François Dartois
弗蘭斯瓦・維雍 François Villon
弗蘭斯瓦・薩利涅亞克・德・莫特—費內隆 François Salignac de Mothe-Fénelon
弗蘭斯瓦—艾米勒・阿夏 François-émile Achard
札赫蛋糕 Sachertorte
札薩・巴勒維 Shah de l' Iran
玉米粉 icitte
玉米餅 tortilla
瓜達拉哈拉 Guadalajara
瓦倫西亞 Valence
瓦泰爾 Vatel
瓦特里給・德・顧凡 Watriquet de Couvin
瓦許漢 vacherin
瓦隆語 wallon
瓦圖西卡 vatrouchka
瓦爾省 Vars
甘松香 nard
白色牛軋糖 nougat
白麵包 Semmelweiss
皮亞謙察 Piacenza Plaisance
皮耶・貝隆 Pierre Belon
皮耶・拉坎 Pierre Lakam
皮耶・夏佩爾 Pierre Chapelle
皮耶・葛里宗 Pierre Grison
皮耶・雷爾梅 Pierre Lhermé
皮耶特羅・德每特里歐・加采利 Pietro Demetrio Gazzelli
皮耶—路易 Pierre-Louis
皮耶蒙 Piémont
皮提維耶 Pithiviers

六劃

伊比薩 Ibiza
伊西斯—阿忒米斯 IsisArtémis
伊波西者 Iposy
伊斯特凡・瓦加 Istvàn Varga
伊塔洛・馬奇歐尼 Italo Marchioni
伊鳳・德・西克 Yvonne de Sike
伊蘇敦小杏仁餅 massepain d'Issoudun
「伊蘇敦蛋糕」 gâteau d'Issoudun
伏爾泰 Voltaire
《全新食物大全》 *Libre novo nel qual s'ensegna a far d'ogni sorte di vivande*
冰淇淋 crème glacée
冰淇淋炸彈 bombe glacée à la plombière
冰淇淋砲彈 bombe glacée
冰淇淋餅乾 biscuit glacé
冰酪 fromage glacé
冰糖細條酥 allumettes
冰鎮糕餅 biscuits glacés
列日 Liège
《匈牙利菜的變遷及食譜，直到十八世紀末》 *L'évolution de la cuisine et les livres de cuisine hongrois, jusqu'à la fin du XIIIe siècle*
印度 Lyu
印度河 Indus
印度纈草 valériane des Indes
吉利丁 gelatine
吉侯 P. Guiraud
吉耶 Gillet

吉耶 Gilliers
吉勒・梅那局 Gilles Ménage
吉歐姆・提黑 Guillaume Tirel
吉歐姆・德・阿雷格何 Guillaume d'Allègre
名人勾舒瓦 l'illustre Cauchois
「吃香腸者」 Magneñ d'Tripes
「吃塔者」 Magneñ d'Doràye
〈回憶錄〉 *Mémoire*
在自由的婚禮 noce franche
「在兩道菜餚之間」 entre les mets
《在斯萬家那邊》 *Du côté de Swann*。
「在鐵架上燒烤」 griller
多黑 Doret
「好時光協會」 Ordre du bon temps
《如畫的糕點》 *Le Pâtissier pitoresque*
《字典》 Dictionnaire
安古萊姆公爵 duc d'Angoulême
安古慕瓦 Angoumois
安布華茲・多洛里 Ambroise Dolori
安東・卡漢姆 Antonin Carême
安娜 Anne
安格爾 Ingres
安茹 Anjou
安產感謝禮 Relevailles
安傑的李子餡餅 pâté aux prunes angevin
安斯 Hans
安舒瓦瑪 Anshuvalma
安當堤道 Chaussée d'Antin
安德烈・洛埃斯特 André Lhoest
安德雷・布雪 André Boucher
安德雷阿斯・馬格拉夫 Andreas Marggraf
托洛尼亞 Tholoniat
「托洛老爹」 père Tholo
托倫 Torun
托爾托尼 Tortoni
收藏家 favophile
《有條有理的家》 *La Maison réglée*
朱庇特神廟 Jupiter Capitolin。
《百科全書》 *Encyclopédie*
百葉窗 jalousie
米丘坎 Michoacán
米亞荷 millard
米拉蘇 millassou
米迦勒 Michel
米修 Michaux
米涅亞 Mignard
米特拉 Mithra
「米婭」 millat
米凱・魏斯 Michaël Wyss
米塔被飛貓協會 Confrérie du chat volant
米達斯 Midas
米榭・德・蒙田 Michel de Montaigne
米榭・德・諾斯特—達姆 Michel de Nostre-Dame
米爾 Myre
米薛爾 Michel
米蘭油酥餅 milanais
老大 Aîné
老卡托 Caton l'Ancien
「老實人」 braves gens
考克斯種 cox's
肉末千層酥 petits pâtés friands
肉桂滋補酒 hypocras
肉餡捲 cannelloni
肉類圓餡餅或魚肉圓餡餅 tourtel/tourte
「自由的」 franche
「自製」 maison
舟形醬汁碟 saucière
艾田・布瓦洛 étienne Boileau
艾田・托洛尼亞 étienne Tholoniat
艾米 Emy
艾克斯 Aix
艾利 Hélye

艾姆利　Emery
艾非波斯　Ephippos
艾格莫荷特　Aigues-Mortes
艾密利・漢恩　Emily Hahn
艾斯卡利特斯　escharitès
艾斯科菲耶　Escoffier
艾爾克曼　Erckmann
艾德蒙・加隆　Edmond Galland
艾德蒙・侯斯坦　Edmond Rostand
行會管事會　Jurande
西乃半島　Sinaï
西布斯特　Chiboust
西布斯特醬汁　crème Chiboust
西西里奶油巧克力冰糕　cassata siciliana
西利西亞　Silésie
西班牙微風　Spanische Windtorte
西黃蓍膠　gomme adragante
西屬聖多明尼加　Hispaniola-Saint Dominigue

七劃

亨利二世　Henri II
佛維爾　Fauvel
《佛維爾的故事》　*Roman de Fauvel*
何維爾　Revel
佐林根　Solingen
但澤烈酒　eau de vie de Dantzig
伯諾　Benaud
佈道家路易・布荷達錄　Louis Bourdaloue
克努姆霍特普　Knoumhotpou
克里米亞　Crimée
克里西普　Chrysippe de Thyane
克里斯多夫・哥倫布　Christophe Colombe
克里福　Clive
克拉夫特　Krafft
克倫威爾　Oliver Cromwell
克雷提安・德・特洛瓦　Chrétien de Troyes
克雷蒙・佛吉葉　Clément Faugier
克雷蒙・馬侯　Clément Marot
克雷蒙六世　Clément VI
克雷蒙—費宏　Clermont-Ferrand
克羅德・傑雷　Claude Gelée
克麗巴內斯　kiribanès
利可酒　liqueur
利貝里歐　Liberio
《利特雷》　*Littré*
努比亞　Nubie
呂內維爾　Lunéville
呂西亞　Lycie
呂貝克　Lübeck
呂底亞　Lydie
呂諾・洛修　Bruno Laurioux
坎巴賽雷斯　Cambacérès
坎佩　Quimper
坎城　Cannes
夾心巧克力酥球　profiterole
「妓女的屁」　pets-de-putain
《完美的果醬製作者》　*Le Parfaict Confiturier*
希卡何大師　Maître Chiquart
希伯崙　Hébron
希爾佩里克　Chilpéric
希羅多德　Hérodote
希臘紅花　carthame
庇卡第　Picardie
《我的回憶》　*Mes mémoires*
《我的家庭菜餚》　*Ma Cuisine maison*
《技術及職業之書》　*Le Livre des arts et métiers*
投石黨人　Frondeur
李子塔　tarte à l'pronée
杏仁千層糕　pithiviers
杏仁小塔　tartelettes amandines
杏仁奶油餡　crème frangipane

八劃

始祖乾果蛋糕 bazyma
孟加拉 Bengale
「孤島」 insulœ
尚・卡湘 Jean Cassien
尚・尼可拉・路易・莒宏 Jean Nicolas Louis Durand
尚・弗蘭斯瓦・何維 Jean-François Revel
尚・安泰姆・布里亞—薩瓦漢 Jean Anthelme Brillat-Savarin
尚・糾黑斯 Jean Jaurès
尚・德・拉・布呂耶 Jean de la Bruyère
尚—弗蘭斯瓦・保羅・德・貢迪 Jean-François Paul de Gondi
尚—呂克・佩提特諾 Jean-Luc Petitrenaud
尚貝喜 Chambéry
尚—路易・弗隆德漢 Jean-Louis Flandrin
帕次傍洛族 Pàztcuaro
帕西 Passy
帕夏馬迪 Pachamadi
帕提那 patina
帕斯哈 paskha
帕斯提亞 pastilla
帕斯提松 pastissoun
帕斯提斯 pastis
底比斯 Thèbes
彼俄底亞地區 béotie
「房間蜜餞」 épices de chambre
拉・瓦黑納 La Varenne
拉・瑪季依 La Mazille
拉丁區 Quartier Latin
拉巴 Labat
《拉胡斯大字典》 Grand Dictionnaire universel Larousse
拉坎 Lacam
拉非特街 rue Laffitte
《拉胡斯美食字典》 *Larousse gastronomique*
拉寇斯特 Lacoste
拉莫特—博夫宏 Lamotte-Beuvron
拉維紀草 livèche
拉諾迪耶 Lanaudière
旺代 Vendée
《昔日的私人生活》 *Vie privée d'autrefois*
《昔日的菜餚》 *Les Plats d'autrefois*
易溶於口的糖果 fondant
昂希・貝納丹・德・聖—皮耶 Henri Bernardin de Saint-Pierre
果仁餅 torrone
《果醬、利可酒及水果之新知》 *Nouvelles instructions pour la confiture, les liqueurs et les fruits*
林茨 Linz
林茨蛋糕 linzertorte
「杯裝冰淇淋」 coupes glacées
松德 S. G. Sander
松德爾 S.G. Sender
「松露」 "truffes" à la serviette
波古斯 Bocuse
波托拉 Potola
波城 Po
波拿巴特—玻阿內 Bonaparte-Beauharnais
波旁香草 vanille Bourbon
「波旁塔」 tarte bourbonnaise
波特萊爾 Charles Baudelaire
波納文圖・貝勒漢 Bonnaventure Pellerin
波馬榭大道 boulevard Beaumarchais
波路克斯 Pollux
波爾多 Bordeaux
波爾多的坎雷 cannelé bordelais
波維里耶的酥脆甜點 croquembouche de Beauvilliers
法文版本 *Le Cuisinier moderne*
法呂 fallue

阿普特 Apt
阿黑涅 Araignée
阿爾戈納 Argonne
阿爾比 Albi
阿爾貝·多紮 Albert Dauzat
阿爾罔提耶 Argentières
阿爾拱金人 Algonkin
阿爾哥斯 Argos
阿爾泰蜜絲 Artémis
阿爾諾夫 Arnolphe
阿爾戴什 Ardèche
阿爾薩斯的蘋果塔 tarte à l'alsacienne
阿爾豐斯·德·黎希留 Alphonse de Richelieu
阿維拉 ávila
阿維斯 Avice
阿蒙·法里耶 Armand Fallières
阿諾·德·呂貝克 Arnold de Lübeck
阿藍·黑伊 Alain Ray
雨果 Victor Hugo
雨格諾 huguenot
《青春的克蕾蒙汀》 *L'Adolescence Clémentine*

九劃

侯克堡乳酪 roquefort
侯貝 Robert
侯貝·艾斯田 Robert Estienne
侯貝·庫爾丁 Robert Courtine
侯貝先生 Le Sieur Robert
《侯貝慣用語辭典》*Dictionnaire Robert des expressions*
侯蘭夫人 Mme Roland
便宜百貨公司 Le Bon Marché
保羅·拉孔布 Paul Lacombe
保羅·法瓦 Paul Favart
保羅·寇格蘭 Paul Coquelin
《保羅和薇吉妮》 *Paul et Virginie*
俄爾甫斯教派 Orphée
勃艮第 Bourgogne
《勃艮第宮廷之輝煌》Splendeurs de la cour de Bourgogne, *Récit et chroniques*
南瓜派 pumpkin cake
南瓜塔 tarteà la courge
南瓜餡李子塔 tarte aux prunes sur citrouille
南西·強生 Nancy Johnson
南法的小杏仁酥 calisson
南泰爾 Nanterre
南特 Nantes
南特詔書 édit de Nantes
南錫 Nancy
哈夫瓦吉耶 Ravoisier
哈伯雷 Rabelais
哈格 Hagger
哈格諾 Ragueneau
城中高塔 torre
《城市及鄉村女性烹飪者》*La Cuisinière de la ville et de la campagne*
城堡門 barrière du Trône
姜杜亞 gianduja
威尼斯的麝香葡萄酒 muscat des Beaumes de Venise
威洛納 Verona
封齋前的星期二 mardi gras Shrove Tuesday
後哲學論戰 symposion
拜拉省 Beira Litoral
「持續加熱至細絲狀」 cuit au filet
《持家寶典》 *Book of Household Mana-gement*
指形餅乾 biscuit à la cuillère
枯樹街 rue de l'Arbre-Sec
柯比耶 Corbière
柯芬園劇院 Covent Garden
柯爾貝 Colbert
柑香酒 curaçao
柑橘果醬 marmelade

查理四世 Charles IV de Luxembourg
查理曼 Charlemagne
枸骨冬青葉 houx
枸櫞 cédra
柏拉圖 Plato
柏桑松教務會 chapitre de Besançon
洋梨塔 croustade aux poire
洛林 Lorraine
洛林的夏爾 Charles de Lorraine
洛林的露易絲 Louise de Lorraine
「洛林煎蛋」 omelette lorraine
洛林豬油鹹肉塔 quiche lorraine
炸丸子 croquette
「炸牛奶」 leche frita
炸柳橙 oranges frictes
炸糕 beignet
玻該 Beaucaire
玻維利耶 Beauvilliers
珍・奧斯丁 Jane Austen
皇后燉米 riz à l'impératrice
皇帝小麵包 Kaisersemmel
《皇帝的廚師》 *Cuisinier impérial*
省份 département
砂 sable
砂糖欺眼畫 trompe-l'oeil
砂鍋塔今 tajin
科卡涅之地 pays de Cogagne
科西嘉 Corse
科英布拉 Coimbra
科泰斯 Cortés
《科特葛拉夫字典》 *Dictionnaire de Cotgrave*
科梅希 Cormery
紅酒海綿蛋糕 éponge au vin]
紅棕色塚雉 mégapode
紅葡萄酒 claret
約克夏布丁 yorkshire pudding
約瑟夫・吉耶 Joseph Gilliers
約瑟芬 Joséphine
約翰・吉拉貝 Johan Gilabert
約翰・杜艾特 John Dwight
約翰三世索必斯基 Jean III Sobieski
約翰牛 John Bull
「美女夫人」 Dame de Beauté
美女海倫煮梨 poire belle Hélène
「美化巴黎的建築計劃書」 Projets d'architecture pour l'embellissement de Paris
美心餐廳 Maxim's
美好年代 Belle époque
美西斯博格 Messisbogo
美林根 Mehringhen
美洲薄殼核桃 noix de pécan
《美食年鑑》 *Almanach des gourmands*
「美食家」 Homme de bouche
《美食家必備之書》 *Bréviaire du gastronome*
「美麗之省」 Belle Province
耶利哥 Jericho
耶漢 Jehan d'Arras
耶穌會修士 jésuite，
胡埃格管狀蛋糕 Rouergue
胡傑 Rouget
胡凱洛 Roucayrol
范・艾克 Van Eyck
苦杏酒 amaretto
苦味杏仁餅 amaretti
英式水果蛋糕 cake
英式醬汁 crème à l'anglaise
英式醬汁夾餡蛋糕 zuppa inglese
《英格蘭的家庭主婦》 *The English Hus-wife*
迪皮洛斯 dypiros
迪米特 Déméter
迪亞寇濃 diakonon
迪南 Dinan
迪奧尼索斯 Dionysos
革呂桑 Gruissan
韭蔥 poireau

「食肉日」 les jours <<gras>>
《食物供給者》 *Le Viandier*
《食物暨美食史》 *Histoire de l'alimentation et de la gastronomie*
《食品報》 Gazetin du comestible
食品貯藏櫃 garde-manger
香皮尼 champigny
香料油酥餅 short breads aux épices
香料蛋糕 pain d'épice
香料蛋糕工匠 Lebzelter
香草醛 vanilline
香堤 Chantilly
香堤風冰淇淋 glace à la Chantilly
香提奶油 crème Chantilly
香菸捲筒餅 cigarette
香腸 boudin
「香蕉船」 Banana Split
香檳區 Champagne
香檳區的特洛瓦 Troyes en Champagne

十劃

修士大道 boulevard des Capucines
修女 Visitandine
修女泡芙 religieuse
修女的屁 pets de nonnain
修麥特 Chaumette
修頌 chausson
倫巴底 Lombardie
倫敦薩瓦大飯店 Hôtel de Savoie
唐・安托紐・貝阿提斯 don Antonio Béatis
哥爾多尼 Goldoni
埃諾 Hainaut
夏丹 Chardin
夏卡達 charcada
夏宏—普瓦圖 Charente-Poitou
夏希代 Charité-sur-Loire
夏帕提斯 chapatis
夏侯雷大公 duc de Charolais
夏洛特 Charlotte
夏洛特・柯黛 Charlotte Corday
夏荷洛特 charlottes
夏爾・布杭 Charles Brun
夏爾・佩侯 Charles Perrault
夏爾・法瓦 Charles Favart
夏爾・莫里斯・德・塔雷宏—佩里戈 Charles Maurice de Talleyrand-Périgord
夏爾・莒宏 Charles Durand
夏爾・德・蒙司雷 Charles de Monselet
夏爾九世 Charles IX
夏爾五世 Charles V
夏爾五世 Charles V
夏爾六世 Charles VI
席梅 Chimay
庫伊尼阿曼 kouign amann
庫格洛夫 kouglof
庫爾貝 Courbet
庫爾泰 Courtrai
庫爾儂斯基 Curnonsky
庫邁 Cuma
恩代 Hendaye
恩佩塔斯 empetas
《悅樂之書》 *Le Livre des déduits*
扇子餅 évantail
扇貝 coquille Saint-Jacques
挪威蛋捲 omelette norvégienne
「旅行蛋糕」 gâteau de voyage
旅行餅乾 biscuit
朗克多 Languedoc
朗德 Landes
核桃 Juglans regia L.
核桃木 Carya olivaeformis
桂西—佩里戈地區 Quercy-Périgord
桂哈 J. Guiral
栗子可麗餅 crêpe de châtaignes
桑克—馬爾斯 Cinq-Mars
桑松 Sanson

馬賽爾・布佳　Marcel Buga
馬闕・德・艾斯顧西　Mattieu d'Escouchy
高級訂製服飾　haute couture
涂爾戈　Turgot

十一劃

乾式花式小點心　petit-four sec
《做好冰淇淋的藝術》　*Art de bien faire les glaces d'office*
「偉大世紀」　Grand Siècle
偉大的孔德　Le Grand Condé
「健康巧克力開心果」　pistache au chocolat santé
《健康術》　*Exercitationes Hygiasticae*
《健康寶典或人之生命的管理》　*Le Thrésor de Santé ou mesnage de la vie humaine*
勒・洛漢　Le Lorrain
勒胡吉　Lerouge
勒費弗爾　Lefèvre
勒慕安　Lemoine
勒諾特　Lenôtre
曼恩河　Le Maine
「啃亡者之頭」　croquer la tête du mort
啤酒酵母　spuma concreta
國王布里歐許　brioche des rois
《國王的廚師》　*Cuisinier royal*
國王蛋糕　gâteau des Rois
國民公會　Convention
國家廣場　place de la Nation
國家檔案局　Archives nationales
「基耶式醬汁」　crème à Quillet
基耶老爹　père Quillet
基涅亞　Guignard
《基爾凱女巫的宮殿》　*Palais de Circé*
基薩　Guizèh
《奢華之書》　*Le Livre somptueux*
寇勒瑪　Colmar
密斯特拉　Mistral
專業技術合格證　CAP, certificat d'aptitude professionelle
康梅西　Commercy
康斯坦茨　Constance
彩色石印畫片　chromo images d'épinal
從聖特　Saintes
情人節　Saint-Valentin
「教士」　calotin
教育暨學徒中心　CFA, centre de formation et d'apprentissage
教宗雷翁四世　Léon IV
教條完整主義　intégrisme
敘拉庫斯　Syracuse
桶槽街　rue du Bac
梭紐　Seugnot
梅特涅　Metternich
梅傑—慕列斯　Mégé-Mouriès
梅斯　Metz
梅寧根　Menningen
梅爾巴水蜜桃　pêche Melba
《梅縷金》　*La Mélusine*
梅麗貝阿　Melibea
清涼飲料製造商　limonadier
《烹飪大字典》　*Dictionnaire universel de cuisine*
《烹飪之藝》　*Art culinaire*
《烹飪的藝術》　*L'Art de bien traiter*
《烹飪者的技術》　*L'Art du cuisinier*
理查・畢吉耶　Richard Bizier
現代的冰淇淋　crème glacée
《現代廚師》　*The Modern Cook*
「現成食品」　prêt-à-régaler
《甜之讚歌》　éloge du sucré
甜味布里克　brik b'es sekker
甜帕斯提松　sucré languedocien
甜食　dolci
《甜食手冊》　*Manuel de la friandise*
「甜甜圈」　dough nut
甜菠菜塔　tarte sucrée aux épinards

甜菜塔　tarte aux blettes
甜點　dulcia
「甜點工廠」　laboratoires
《甜點全才》*The Compleat Confectioner*
甜點高塔　pièces montées
甜點羚羊角　corne de gazelle 或 kaâb ghzaâ
甜鰻魚糕　pastis dolá de peix
「產區」　cru
畢伯　biber
畢達哥拉斯　Pythagore
畢頓夫人　Mrs Beeton
硫酸紙　papier sulfurisé
祭品　oblations
「第一餡餅師」　premier tourtier
《第三之書》　*Tiers Livre*
第五日　quintidi
《第四之書》　*Quart Livre*
第戎　Dijon
粗紅糖　cassonade sucre roux
習藝手工業公會會員　Compagnons du devoir
莎巴女王　reine de Saba
莎草紙　Papyrus
莽夫夏爾　Charles le Téméraire
莫尼耶　Monier
莫克特祖瑪　Moctezuma
莫里哀　Molière
莫里斯・薩楊　Maurice Saillant
莫妮克・舍芙里耶　Monique Chevrier
莫泊桑　Guy de Maupassant
莫塞爾　Moselle
莫爾特　Meurthe
莒巴克　Duparc
莒加斯特　Dugast
莒布瓦　Dubois
莒宏　Durand
《莒宏大廚》　*Le Cuisinier Durand*
莒勒・馬斯奈　Jules Massenet
莒勒・顧非　Jules Gouffé
莒給　Dugay
荷內・佩拉吉　Renée Pélage
荷米蒙　Remiremont
荷芭泰　Rebattet
荷蘭人　Pennsylvania Dutch
莧蒿　carvi
蛋白糖霜　meringue
蛋捲　oublie
蛋捲師傅　obloyer oublieur oublier
蛋黃球　yemas
蛋糕　gâteau
《責任報》　Le Devoir
貪食的嘴　gueule
貪愛甜食的嘴　bec sucré
軟乾酪　jonchées
速成蛋糕　tôt-fait
都德　Daudet
野薔薇果實　églantier
陶魯斯—札格羅斯　Taurus-Zagros
雀巢　Nestlé
雪月　nivôse
雪花蛋　œuf à la neige
雪酪　sorbet
《頂好食譜》　*Livre fort excellent de cuysine*
魚肉香菇餡酥餅　vol-au-vent
魚販郊區街　faubourg Poissonière
麥克—馬洪　Mac-Mahon

十二劃

傅葉　Feuillet
傅爾提耶　Fourtière
傑安・德・歐特顧爾　Jehan de Hautecourt
傑宏・畢雄　Jérôme Pichon
傑波　Gerbeaud
傑曼・舍維　Germain Chevet
傑維・莒・布雨斯　Gervais du Bus
凱薩琳・梅迪奇　Catherine de Médicis

勝利紀念碑　trophée
《博士之饗宴》　*Les Deipnosophistes*
博斯　Beauce
博端　Baudouin
單粒小麥　engrain
喬凡尼・巴第斯塔・卡瓦久利　Giovanni Batista Cavagioli
喬治　Georges
喬治桑　Georges Sand
《喬治桑的餐桌》　*à la table de Georges Sand*
喬麗葉　Joliette
「喉嚨」　gosier
《寓言集》　*Fables*
復活節　fête de Pâques
提比留斯皇帝　Tibère
提拉米蘇　tiramisù
提耶利・雷斯坎　Thierry Lescanne
敦克爾克　Dunkerque
斐揚千層酥　feuillantine
斐揚派修女　Feuillantine
斯弗爾札　Sforza
斯托斯寇普夫　Stoskopff
斯特拉斯堡　Strasbourg
普瓦杜　Poitou
普瓦提葉　Poitiers
普瓦黑—布蘭詩　Poiré-Blanche
普呂姆黑　Plumerey
普呂塔克　Plutarque
普里華斯　Privas
普拉孔　plakon
普拉提那　Platina
普拉謙塔　placenta
普林尼　Pline
普波蘭（泡芙麵團）　poupelin（pâte à choux）
普珥日　Pourîm
「普萊季」　plaisir
普隆畢耶　plombière
普隆畢耶—雷—班　Plombière-les-bain
普羅旺斯　Haute-Provence
《普羅旺斯的民族菜餚》　*Ethnocuisine de Provence*
普羅旺斯的艾克斯　Aix-en-Provence
普羅旺斯的阿爾卑斯山地區　Alpes de Provence
《普羅旺斯的鄉村菜》　*La Cuisine rustique de Provence*
普羅科皮歐・戴伊・科爾泰利　Procopio dei Coltelli
普羅科佩　Procope
「朝鮮薊」炸糕　beignet <<d'artichaux>>
「棗泥餛飩」　zao-ni-hun-tun
棗椰夾心小麵包　fiire agwa
「港口邊的聖尼古拉」　Saint-Nicolas-de-Port
渾頗邁爾　Rumpelmayer
焦糖　caramel
焦糖布丁　crème brûlée cremada
無邊圓帽　calotte
猶大　Judée
猶太區　ghetto
「發泡蛋白餅乾」　biscuits de sucre en neige
發酵餅　puramis
「窗子」　fenêtre
「結合糖」　zucche maritate sucre marié
結婚蛋糕　gâteaux de mariage
紫葡萄酒　grenache
善人尚　Jean le Bon
華盧瓦　Valois
《萌芽》　Germinal
菲利克斯　Félix
菲利克斯・波丹　Félix Potin
菲利克斯五世　Félix V
菲利浦　Philippe le Bon

菲雷阿斯・吉爾貝　Philéas Gilbert
菲德烈五世　Frederic V
菊苣茶　tisane de chicorée
《詞源字典》 *Dictionnaire d'étymologie*
《象徵字典》 *Dictionnaire des symboles*
費內特拉杏桃塔　fenetra
《費利布里吉的寶藏》 *Lou trésor dou Felibrige*
費希耶　Ferrière
費南多・戴爾・帕索　Fernando del Paso
費洛　filo
費迪南・卡黑　Ferdinant Carré
費塔乳酪　feta
費爾南・莫利尼耶　Fernand Molinier
費贊　Fezzan
《鄉村之樂》 *Les Délices de la campagne*, Paris, 1654.
《鄉村及都市的女廚師》 *La Cuisinière de la campagne et de la ville*
酥皮包蘋果　bourdelots
酥麵團　pâte brisée
隆瑟洛・德・卡斯多　Montois ce Lancelot de Casteau
「黃金糖漿」　golden syrup
黑克里斯　réclisse
「黑泰什」　rétès
黑茨　Retz
黑麥　blé noir
黑森林蛋糕　forêt-noire
「黑醬」　mole negro
菘藍　pastel
「菖蒲」　doux roseau

十三劃

圓形大麵包　miche
圓形香料小麵包　broinhas de Natal
圓餡餅　tourte
塞巴斯托波　Sébastopol
塞尼加　Sénèque
塞西爾・葛宏丹－加瑪許　Cécile Grondin-Gamache
塞克斯丟斯・帕圖丘斯・菲利克斯　Sextius Patulcius Felix
塞維涅侯爵夫人　marquise de Sévigné
塔　tarte
「塔內西」　ténésie
塔伊斯　taillis
塔伊馮蘋果塔　酥麵團　tarte aux pommes de Taillevent　pâte brisée
塔佛　Tavot
塔奎紐斯　Tarquin
塔娣內　Tartine
塔恩省　Tarn
《塔恩省特產美食的歷史研究》 *Recherches historiques sur les spécialités gourmandes du Tarn*
塔當　Tatin
塔當蘋果塔　tarte tatin
塔圖庸　tartouillon
塔慕茲　talmouse
奧地利的安娜　Anne d' Autriche
奧克語　occitan
奧波爾　obole
奧斯丁・喬其　Austin Church
奧爾良　Orléans
奧維涅　Auvergne
奧維涅的燒薄餅　flaugnarde auvergnate
愛之井　puit d'amour
愛因吉登　Einsiedeln
「愛斯基摩冰淇淋」　Esquimau
愛爾西　Elsi
愛德華・德・波米安　édouard de Pomiane
「新世界」　Nouveau Monde
新法蘭西　Nouvelle France
新鮮乳酪　fromage frais
新鮮花式小點心　petit-four frais
《極盛時光》 *Très riches heures*
椰棗　datte

椰棗夾心小麵包　fiture agwa

「楓糖奶油」　beurre d'érable

楓糖漿糖果　tire

煎蛋捲　omelette

煎麵包　pain perdu

碑銘博物館　Musée lapidaire de Narbonne

義大利人大道　boulevard des Italiens

義大利蛋黃醬　zabaglione

義式冰淇淋　gelato

義式冰糕　semifreddo

聖人街　rue Sainte

聖日爾曼德佩　Saint-Germain-des-Prés

聖代　Sundae

聖加勒　Saint-Gall

聖尼古拉　Saint Nicolas

聖弗羅宏丹乳酪　saint-florentin

聖母護佑養老中心　Centre d'accueil Notre-Dame-de-la-Protection Inc.

聖伊萊爾山街　rue du Mont-Saint-Hilaire

聖安東　Saint-Antoine-des-Champs

聖灰星期三　mercredi des Cendres

聖艾弗蒙　Saint-évremont

聖艾米里雍　Saint-émilion

聖西端・阿波利奈爾　Saint Sidoine Apollinaire

「聖彼得堡建築計劃書」　Projets d'architecture pour Saint-Pétersbourg

聖於爾絮勒會修女　Ursuline

聖枝主日　dimanche des Rameaux

聖泰瑞莎　sainte Thérèse d' ávila

《聖救主之書》　*Livre de Sant Sovi*

聖梅利路　rue Saint-Merri

聖荷儂　Saint-Renan

聖傑尼斯　Saint-Genis

聖博夫　Sainte-Beuve

聖雅各　Saint-Jacques-de-Compostelle

聖須比斯　Saint-Sulpice

聖塔菲的尼可勞　Nicolau de Santa Fe

聖路易　Saint-Louis

聖瑪利亞　Sainte-Marie

聖瑪格麗特街　rue Sainte-Marguerite

聖維克多　Saint Victor

聖維克多船形糕　navette de Saint-Victor naveto de Sant Vitou

聖德尼　Saint-Denis

聖德田　Saint-étienne

聖歐諾黑　Saint-Honoré

聖歐諾黑郊區路　rue Faubourg-Saint-Honoré

聖誕老人　père Noël

聖誕節大餐　gros souper

聖誕節布丁　Chrismas pudding

聖誕節柴薪蛋糕　bûche de Noël

聖誕節蛋糕　Christmas cake

聖餐麵餅　oblée

聖燭節　Chandeleur

聖禮拜堂　Sainte-Chapelle

聖體餅　hostie

葬禮派　funeral pie

葛瓦斯・馬克罕　Gervase Markham

葛艾師傅　Maître Gay

葛宏夫洛　gorenflot

葛耶　goyère 或 gohière

葛特夏克　Gottschalk

葛雷瓜　Grégoire de Tours

葛德福瓦　Godefroy

葛蘭代　Grandet

葡萄酒渣　marc

葡萄乾蛋糕　cramique koukeboteram

葡萄糖　glucose

蜂蜜小米粥　gaude

詹姆士・貝提葉　James Berthier

詹姆士・麥克吉爾　James McGuire

詹姆士・德・羅特席爾德　James de Rothschild

賈克・卡地耶　Jacques Cartier

賈克・胡梭　Jacques Rousseau

十四劃

維農斯・佛圖納　Venance Fortunat
維爾－瑪麗廣場　Place Ville-Marie
維爾維耶　Verviers
蒙地卡羅　Monte-Carlo
蒙佩里耶　Montpellier
蒙特伊　Montreuil
蒙馬特水溝街　rue des Fossés-de-Montmartre
蒙給／「做壞的」蛋糕　manqué
蒙給模　Moule à manqué
蒙塔古　Montagu
蒙頓　Menton
蓋爾語　gaélique
蓓爾特・桑荷葛雷　Berthe Sansregret
蜜餅　panis mellitus
裹上蛋汁的倫巴底風炸麵包片　lesches lombardes
裹糖衣　enrobage
《製作甜食的司廚長》　*Maître d'hotêl confiseur*
《製作麵包的藝術》　*L'Art de faire le pain*
《製造各種果醬的方法》　*La Manière de faire toutes confitures*
賓夕法尼亞州　Pennsylvania
《輕佻仕女傳》　*Vie des dames galantes*
輕食　collation
酵母　levures
領著牛做盛大遊行的日子　bœuf gras
餅乾　cookies
《魁北克森林中的茶葉及麵包》　Thé et pain dans la forêt québéquoise
魁查爾科阿特　Quetzalcóatl
攪奶油　crème fouettée

十五劃

廢糖蜜　mélasse
廚房　cuisine
《廚藝入門》　*L'Ouverture de cuisine*
《廚藝之書》　*Art culinaire*
《廚藝字典》　*Dictionnaire de cuisine*
《廚藝新論》　*Nouveau traité*
德・孔德親王　prince de Condé
德・羽克塞勒侯爵　marquis d'Uxelles
德・貝利公爵　duc de Berry
德・塞維涅侯爵夫人　marquise de Sévigné
德・葛拉蒙伯爵　comte de Grammont
德・維何儂　Jean de Vernon
德・歐洛那伯爵　comte d' Olonne
德尼耶　denier
德本　deben
德拉・皮涅亞　Della Pigna
德拉夸　Delacroix
德拉克馬　drachme
德侯姆　Drôme
德勒斯登　Dresden
「德國製餅中央職業學校」　ZDS
德摩　Demel
慕夏　Mucha
慕斯林布里歐許　brioche mousseline
慕雄　Mouchons
摩卡　mocka moka
摩卡咖啡　caffé Mocka
摩根女士　Lady Morgan
摩霍克族　Mohawk
「撒尿小童」　Manneken Pis
歐巴利亞斯　obalias
歐卡　Oka
歐古斯特　Auguste
歐古斯特・朱利安　Auguste Jullien
歐布里歐　Aubriot
歐伊勒語　langue d'oïl
歐艾特克　Oetker
歐克語　langue d'oc
歐克語作家　félibre
歐利維耶・德・拉・馬許　Olivier de La Marche

十六劃

糖漬水果麵包布丁 diplomate
糖蜜 mélasse
糖漿 dêbar
糖漿的糖骨 ossis de zuchero
糖錠 pastillge
糖錠製作法 pastillage
《膳食總管》 *Le Maître d'hôtel*
蕭邦 Chopin
諾安 Nohant
諾斯特里 Neustrie
諾斯特拉達姆斯 Nostradamus
《諷世書》 *Satiricon*
貓舌餅 langue de chat
遺忘 oublié
《遺言詩》 Grand Testament
醒腦茶 early tea
霍皮斯 Hopis
霍爾巴赫 Holbach
靜物 nature morte
「餐後酒」 digestif
餡餅 pâté
龍舌蘭酒 metzcal
蕓香 rue assa foetida

十七劃

優居洛烏斯 euchyloïs
戴波特 Desportes
「戴格拉」 dégla
戴歐多・玻特雷爾 Théodore Botrel
濱海的聖馬利亞 Saintes-Maries-de-la-Mer
燴兔肉 Fricassée de Lapin
環形小餅乾 gimblettes
「聯合商店」 Magasins réunis
薇薇安街 rue Vivienne
賽巴斯提安・德・阿帕里修 Sebastian de Aparicio
賽爾冏 Sergent
鮮奶油草莓蛋糕 fraisier
鴿舍蛋糕 colombier
點心 dessert
「點心桌」 table des desserts

十八劃

瞻禮節 kermesse 或 ducasse
簡易薄餅 MATZOT
職業團體 collège
「舊世界」 Vieux Monde
薩布勒 Les Sables
薩布雷 Sablé
薩瓦的安東 Antoine de Savoie
薩瓦蛋糕 biscuit de Savoie gâteau de Savoie
薩瓦漢蛋糕 savarin
薩克斯—科堡 Saxe-Cobourg
薩甸 Sartène
薩帕塔 Zapata
薩林貝內 Salimbene
薩波泰族 Zapothèques
薩侯雷阿 Saroléa
薩莫瓦 samovar
薩爾特 Sarthe
薩爾斯堡 Salzbourg
薩德侯爵 marquis de Sade
薩摩拉 Zamora
薩蘭波 Salambô
薩蘭波泡芙 salammbô
藍納 Lannes
覆有烤蛋白的牛奶雞蛋烘餅 flan meringué
雜貨店 drugstore
雙粒小麥 far
雞肉一口酥 bouchée à la reine
雞蛋牛奶烘餅／布丁 flan
雞蛋甜點蛋絲 fios de ovo ovos réais
雞蛋濃糊 puls
雞蛋麵糊炸糕 daulphins de cresme
顏城 Yenne

圖片版權出處：
達志有限公司：頁 11,16,43,76,87,113,116,166,169,172,198,242,255,262,280,295,298,309,310,323,326,355,357,370,373
可樂：頁 64,89,94,96,102,110,156,337,341
Art Exlosion：頁 7,8,21,26,28,31,35,42,47,49,53,55,61,78,82,122,129,131,195,201,205,207,224,228,229,230,264,268,274,319,321,348,356,358,361,363,374

甜點的歷史

作者　瑪格洛娜・圖桑—撒瑪（Maguelonne Toussaint-Samat）
譯者　譚鍾瑜
發行人　楊榮川
總編輯　王翠華
企劃主編　陳姿穎
責任編輯　何宣穎
特約編輯　陳詠瑜
封面設計　吳雅惠

出版　五南圖書出版股份有限公司
地址　106 台北市和平東路二段 339 號 4F
電話　（02）2705-5066
傳真　（02）2709-4875
劃撥帳號　01068953
戶名　五南圖書出版股份有限公司
網址　http://www.wunan.com.tw/
電子郵件　wunan@wunan.com.tw
版權代理　家西書社
法律顧問　林勝安律師事務所　林勝安律師
出版日期　2011 年 6 月初版一刷
2014 年10月二版一刷
2015 年12月二版二刷
定價　新台幣 450 元

國家圖書館出版品預行編目資料

甜點的歷史 / 瑪格洛娜. 圖桑-撒瑪(Maguelonne Toussaint-Samat)著 ; 譚鍾瑜譯. -- 二版.
-- 臺北市 : 五南, 2014.10
面 ; 公分
譯自 : La très belle et très exquise histoire des gâteaux et des friandises
ISBN 978-957-11-7765-6(平裝)

1. 飲食風俗 2. 食物 3. 文化史

538.71　　103015634